도서해양 교양문고
10

수선화의 섬
선도

대표집필진

최성환 | 목포대 도서문화연구원·사학과 교수
송기태 | 목포대 도서문화연구원·교양학부 교수
박성현 | 목포대 도서문화연구원·교양학부 교수
이경아 | 목포대 도서문화연구원 교수
김재은 | 목포대 도서문화연구원 교수
이성운 | 목포대 도서문화연구원 연구원

참여연구원

조미은 | 한국학호남진흥원 연구위원
남아현 | 목포대 도서문화연구원 연구원
류동진 | 목포대 도서문화연구원 연구원
박상민 | 목포대 도서문화연구원 연구원
이승하 | 목포대 도서문화연구원 연구원
이우섭 | 목포대 도서문화연구원 연구원
임정민 | 목포대 도서문화연구원 연구원

선도의
미래를
생각하며

　이 책은 수선화의 섬으로 명성을 얻고 있는 전라남도 신안군 지도읍 선도의 역사와 문화, 현재와 미래를 종합적으로 살펴본 후 한 권의 책에 담아낸 것입니다. 국립목포대학교 도서문화연구원의 교수진과 연구원들이 함께 선도의 현장을 답사하고, 주민들을 만나서 조사한 내용을 토대로 만들어졌습니다.

　국립목포대학교 도서문화연구원은 1982년 신안군 암태도 공동 조사를 시작으로 첫걸음을 내디딘 후 1983년에 공식으로 연구소가 설립되었습니다. 2023년 설립 40년을 맞이하는 도서문화연구원은 국내를 대표하는 섬 전문 연구소로 성장했습니다. 현재는 교육부 한국연구재단의 국책사업인 인문한국 플러스 연구소로 선정되어, 섬 인문학 연구를 진행하고 있습니다. 연구주제는 '섬 인문학, 인문지형의 변동과 지속가능성'입니다. 섬을 둘러싼 환경이 급변하는 상황 속에서 섬 문화에 어떤 변화가 일어나고, 어떻게 하면 지속가능할 지를 살피는 것입니다. 이번에 발간하게 된 『수선화의 섬, 선도』도 그러한 연구 과정의 하나입니다.

　국내에서 가장 많은 섬으로 이루어진 신안군은 일명 '천사(1004)의 섬'으로 불립니다. 최근에는 압해도와 암태도가 연결되는 천사대교가 개통되어 중부권의 주요 섬들이 다리를 통해 목포와 연결되면서 사람들의 왕래도 많아지고 관광지로 주목받고 있습니다. 대교의 개통은 섬 인문지형에 급속한 변화를 일으키는 요소가 되기도 합니다. 반면 선도는 여전히 배를 타야만 갈 수 있는 섬입니다. 접근성에서는 다리가 놓인 섬에 비해 불편한 것이 사실이지만, 주민들과 신안군 행정이 힘을 합쳐 수선화의 섬으로 가꾸면서 그 명성이 널리 알려지기 시작했습니다. 섬을 가꾸고 섬 문화를 유지하기 위해 노력하는 선도 사람들의 모습이 참으로 아름답습니다. 2019년부터 수선화 축제를 개최하고 있으며, 2020년에 전라남도의 '가고 싶은 섬'으로 선정되었습니다. 또한, 선도의 갯벌은 유네스코가 지정한 세계자연유산에 속합니다. 갯벌은 섬 주민들의 삶의 터전이기도 합니다. 선도에는 갯벌 맨손어업의 전통이 그 어느 섬 지역보다 잘 유지되고 있습니다.

이 책은 크게 5부로 구성되었습니다. 1부 선도의 현재와 미래에서는 선도의 지리적 환경, 선도 사람들의 인문사회적 기반, 수선화의 섬으로 탄생하기까지의 과정, 선도의 미래에 대한 이야기를 함께 나눕니다. 2부 역사 속 선도와 문화유산에서는 선도면 시절의 선도, 선도의 마을, 옛 서당인 회영재 이야기, 선도 사람들의 삶이 담긴 문화유산과 고문서를 살펴봅니다. 3부 선도 사람들의 민속과 생활문화에서는 섬 주민들의 나룻배와 나루터, 바다지식과 낙지잡이, 당제와 세시풍속, 출산과 혼례, 상장례, 음식에 얽힌 풍속을 풀어보았습니다. 4부 선도의 자연환경에서는 지형, 식생, 토지피복과 갯벌, 환경성, 생태자원에 대한 특징을 정리하였습니다. 5부 선도 사람들의 삶에서는 현재 선도를 지키며 살아가고 있는 섬 주민들의 다양한 삶의 모습을 생애사 방식으로 담아내었습니다. 6부 선도의 옛 기록과 이야기에서는 선도 관련된 옛 기록, 지명, 설화, 옛 사진을 수록하여 선도를 이해하는 데 도움이 되도록 하였습니다.

코로나19로 인해 사회적 거리두기가 유지되던 상황에서 조심스럽게 현장 답사와 면담 조사가 이루어졌습니다. 여러 가지로 어려움이 많았지만, 그 결과물을 세상에 선보이기까지 많은 도움이 있었습니다. 이 책이 발간될 수 있도록 후원해주신 신안군 박우량 군수님을 비롯하여 선도 가고 싶은 섬 추진단과 신안 수선화 축제위원회에 감사의 말씀을 전합니다. 수선화의 섬 선도가 섬 문화의 고유성을 잘 유지하면서 보다 많은 사람들에게 더욱 사랑받는 섬으로 발전하기를 기대합니다.

국립목포대학교 도서문화연구원

목차

1부
선도의 현재와 미래

I. 선도의 지리적 환경 살펴보기   14
  1. 위치
  2. 행정구역과 생활권역
  3. 지형과 토지이용
  4. 선도 사람들의 교통

II. 선도 사람들의 인문사회적 기반   21
  1. 선도의 인구
  2. 선도의 마을조직
  3. 선도의 사회기반시설
  4. 선도 버스공영제 도입과 운영
  5. 작은 섬 도선 공영제 도입과 운영

III. 수선화의 섬으로 탄생하다   32
  1. 수선화의 섬
  2. 수선화 할머니 이야기
  3. 수선화축제

IV. 선도의 미래를 꿈꾸다   45
  1. 가고 싶은 섬, 선도
  2. 수선화를 통한 새로운 소득원 발굴
  3. 인근 섬과의 관광네트워크

2부

역사 속 선도와 문화유산

I. '선도면' 소재지 시절의 선도 58
1. 행정구역 변천과 지명
2. 지도군의 신설
3. 선도면 시절

II. 선도의 마을을 찾아서 64
1. 선도의 중심지, 주동
2. 선도 교육의 산실, 남악
3. 송아지 등을 닮은 마을, 석산
4. 범덕산 아래의 큰마을, 대촌
5. 나루를 통해 지도와 오가던 포구마을, 북촌
6. 닭이 알을 품고 있는 명당, 매계

III. 선도 정신의 뿌리, 회영재 84
1. 섬마을의 교육과 서당
2. 선도의 서당, 회영재

IV. 선도 사람들의 문화유산 찾기 98
1. 고대의 흔적이 담긴 유물산포지
2. 선도 사람들의 삶이 담긴 기념비
3. 우물

V. 고문서를 통해 본 선도 사람들 119
1. 박기남 문중 소장 고문서
2. 매계리 박씨 문중 소장 고문서

3부

선도 사람들의 민속과 생활문화

I. 섬주민의 소통로 나룻배와 나루터　　134
1. 전통시대 신안군 지도읍 행정권의 나룻배와 나루터
2. 나룻배시대 선도의 진번나루와 북촌나루
3. 선도항 나룻배 관행과 뱃길의 변화
4. 선도 나룻배의 산증인 박종택 선장

II. 바다지식과 낙지잡이　　145
1. 봄낙지와 가을낙지
2. 갯벌의 묻음 낙지잡이
3. 어선을 이용한 낙지주낙

III. 당제와 열두 달 세시풍속　　152
1. 당제
2. 월별 세시풍속

IV. 선도의 일생의례　　160
1. 출산 관행
2. 혼례 절차와 부조
3. 상장례와 초분
4. 제례

V. 선도의 음식과 풍속　　173
1. 낙지호롱구이
2. 게젓국 혹은 칠게장
3. 굴국
4. 감태지와 감태장아찌
5. 고구마 막걸리

4부

선도의 자연환경

I. 선도의 산과 지형 둘러보기   188
   1. 선도의 산(3D)
   2. 등산로

II. 선도의 식물 살펴보기   190

III. 선도 토지이용의 과거와 현재   193
   1. 토지피복
   2. 갯벌

IV. 선도의 생태환경 가치   199
   1. 국토 환경성 평가
   2. 생태자연도

V. 선도의 생태문화자원   202
   1. 선도의 바위
   2. 중생대 백악기 화산활동 흔적(부가화산력)
   3. 느티나무 숲

5부

선도 사람들의 삶

I. 선도 사람들의 생애이야기 … 210

II. 수선화의 섬, 선도에 살다 … 212

    1. "선도를 수선화 섬으로
       만들려고 노력 많이했어요"(박기남)
    2. "앞으로는 수선화 구근으로
       6차산업 같은 것을 했으면 하는 생각이지"(박영식)

III. 평생을 살아온 내고향 선도 … 253

    1. "선도에 들어온 사람들은
       우리집을 한번씩은 거쳐간다고 봐야제"(박홍)
    2. "우리가 선도에서 징그럽게도 오래 살았지라"
       (주이선·양옥실 부부)

IV. 선도의 갯벌과 함께하다 … 268

    1. "고기 잘 먹어서는 절대 건강 안하요.
       마음을 잘 먹어야 건강하요"(박종삼)
    2. "그냥 구녕에 손을 쏙 느면
       낙지가 딱 나와!"(이길심)

V. 제2의 고향, 선도의 귀촌라이프 … 287

    1. "저는 서른아홉, 84년생 청년어부입니다"(김영민)
    2. "우리는 아름다운 선도를
       가꾸는 부부입니다."(조철종·주현주 부부)

6부

선도의 옛 기록과 이야기

I. 기록 속의 선도　　　312

1. 『지도군총쇄록』 속의 선도
2. 『심진록』 속의 선도
3. 『지도군지』 속 선도
4. 근대 신문기록 속 선도

II. 선도의 지명 이야기　　　324

1. 마을
2. 여(바위)
3. 섬
4. 산
5. 골짜기
6. 묘지
7. 갯벌
8. 바다
9. 항구
10. 논경지

III. 선도의 설화　　　334

1. 물 위에 뜬 섬, 선도
2. 바다의 좁은 수로를 부르는 이름 '앞강'과 '뒷강'
3. 독사가 없는 섬
4. 대덕산 절터
5. 범덕산 호랑이 바위
6. 범덕산 명당과 샘물
7. 매계마을 밀양박씨의 정착
8. 삼형제 바위
9. 넋바위
10. 장사 이야기
11. 김치바위
12. 도깨비와 씨름한 이야기

IV. 선도의 옛 사진　　　339

부록 신안군 수선화섬 조성 및 지원 등에 관한 조례　　　356
참고문헌　　　358

선도의
현재와
미래

1부

Ⅰ. 선도의 지리적 환경 살펴보기

Ⅱ. 선도 사람들의 인문사회적 기반

Ⅲ. 수선화의 섬으로 탄생하다

Ⅳ. 선도의 미래를 꿈꾸다

I
선도의
지리적 환경
살펴보기

박성현

1. 위치

　신안군 지도읍에 속한 선도는 좌표계상 동경 126°16′, 북위 34°59′에 위치한 섬으로 목포시청에서 북서쪽으로 약 23㎞, 무안군청에서 서쪽으로 약 20㎞ 직선거리에 위치한다. 선도를 중심으로 북쪽에는 지도(직선거리 약 0.5㎞), 서북쪽에는 비파섬(약 1.5㎞), 서남쪽에는 병풍도(약 2.6㎞)와 마산도(약 2㎞), 남쪽에는 고이도(약 0.8㎞), 동쪽에는 무안군 탄도(약 4.1㎞), 동남쪽에는 무안군 운남면(약 2.4㎞)이 위치한다. 이러한 입지적 특징으로 인해 선도 최고봉인 범덕산에서는 주변 섬들과 광활한 갯벌을 한눈에 바라볼 수 있는 풍광을 볼 수 있다. 선도에 부속된 무인도는 주민들에 의해 불리고 있는 '장구섬'과 '지에이'라는 2개의 섬이 있으며, 주민들은 아직까지 이곳을 활용한 적도 없었으며 앞으로도 특별한 계획도 없다고 한다.

선도의 위치
출처 : 카카오 맵(kakao map)을 기반으로 필자 작성

2. 행정구역과 생활권역

　선도는 과거 지도군 선도면에 속하였으나, 1914년 행정구역 개편 때 지도 군이 폐지되고 지도면으로 무안군에 편입되었다. 이때 선도의 주동, 매계, 석산, 대촌, 북촌 마을을 합하여 '선도리'라고 하여 무안군 선도면에 편입되었다가, 1917년에 다시 지도면에 편입되었다. 1969년 무안군에서 신안군이 분리되면서 선도리를 포함한 지도면은 신안군에 속하게 되었으며, 1980년 지도면에서 지도읍으로 승격되었고 이 당시 선도에 출장소가 설치되었다.
　선도는 행정구역상 신안군 지도읍에 속하지만, 주민들의 실제 생활권은 주로 무안군 운남면 신월리에 속한다. 이는 지리적 특성으로 기인한 것이다. 선도 주민들은 신안군청이나 지도읍에 갈 때 먼저 배를 타고 무안군 운남면 신월리로 건너가서, 다시 버스를 타고 3개 면을 넘어 먼 길을 가야 하는 불편을 감수하고 있다. 다시 말해, 신월선착장까지는 1.5㎞, 뱃길로 10분 거리라 가깝지만, 이웃 섬 고이도처럼 행정과 생활이 일치하지 않는 대표적인 섬이다.

3. 지형과 토지이용

선도의 면적은 5.6㎢이고, 지형은 해안선 길이 6.6㎞로 비교적 경사가 완만한 구릉성 산지가 형성되어 있다. 이러한 지형적 특징으로 대부분의 평지는 농경지로 활용되고 있다. 선도의 남쪽에 있던 청도淸島와 일정도一靜島가 방조제를 통해 연결되고 그 뒤 간척으로 섬의 면적이 확대되었다. 해안은 사질해안이 많으며 섬 주위에는 간석지가 넓게 발달되어 만입부를 방조제로 막아 농경지로 이용하고 있다.

2020년 말 기준, 지적공부상 등록된 선도의 면적은 5.60㎢이며, 이 중 임야면적이 2.75㎢로 전체의 49.1%로 차지하고, 전이 1.29㎢로 23.0%, 답이 0.96㎢로 17.1%로 등록되어 있다. 이러한 토지이용의 형태를 통해 선도의 중심산업이 농업과 관련되어 있음을 알 수 있다. 실제 주요 농산물로는 쌀과 보리이며, 그 외 소량으로 고구마, 마늘 등이 생산된다.

연도별 지목의 변화를 살펴보면, 농촌용 지목인 임야, 전, 답은 감소하고, 대지 등 주택용지와 창고용지가 증가한 것으로 나타나 도시형태의 토지이용이 점차 진행되고 있음을 알 수 있다.

토지이용(지적) 현황(단위: ㎢)

구분	계	전	답	임야	기타
2020년	5.60	1.29	0.96	2.75	0.60
2018년	5.60	1.30	0.97	2.78	0.55
2016년	5.60	1.30	0.97	2.78	0.55
2014년	5.60	1.30	0.97	2.78	0.55

자료: 2021 신안군 통계연보(https://www.shinan.go.kr/) 참조 작성

4. 선도 사람들의 교통

오늘날과 달리 과거 선도 사람들의 외부활동은 북촌선착장에서 도선을 타고 지도쪽으로 나가 노두길을 건너고 길을 따라 지도 읍내까지 걸어가 장을 보러 다녔다고 한다. 그러나 북촌선착장의 기능을 쇠퇴하고 현재는 남쪽인 선도선착장을 주로 이용한다.

선도는 신안군 압해읍 가룡항과 무안군 운남면 신원선착장에서 천사카훼리호를 이용하는 방법과 신월선착장에서 도선을 이용하는 방법이 있다. 2023년 1월 현재, 운행 중인 천사카훼리호는 1일 4회에 걸쳐 가룡, 매화, 마산, 선도, 고이, 신월선착장까지 순회한다. 이 배는 차량을 승선할 수 있는 장점은 있으나 다른 섬을 순회하여야 하므로 도선보다 오랜 이동시간이 걸린다는 단점이 있다. 천사카훼리호 선도행 배편은 1항차 오전 7시 50분, 2항차 오전 10시 30분, 3항차 오후 2시, 4항차 오후 4시이다. 압해읍 가룡항에서 선도까지 약 30분에서 1시간이 소요되고, 각 항차마다 경유지가 달라 이동시간이 차이가 난다. 선도에 차량을 가지고 가고 싶은 사람들은 이 선박을 이용하면 된다.

천사카훼리호(좌)와 선치호

천사카훼리호 운항정보(2023년 1월 기준)

항차	기항지	들어가는 편		나오는편	
		출발	도착	출발	도착
1항차	가 롱	07:50	-	-	09:30
	매화(기섬)	08:10	08:07	-	-
	마 산	08:30	08:27	-	-
	선 도	08:45	08:42	-	-
	신 월	09:05	08:58		
	고 이	-	09:10	09:15	
2항차	가 롱	10:30	-	-	12:11
	고 이	10:48	10:45	-	-
	신 월	11:03	10:53		
	선 도	11:19	11:16	-	-
	마 산	11:34	11:31	-	-
	매화(기섬)	-	11:51	11:54	-
3항차	가 롱	13:30	-	-	15:10
	매화(기섬)	13:50	13:47	-	-
	마 산	14:10	14:07	-	-
	선 도	14:25	14:22	-	-
	신 월	14:45	14:38		
	고 이	-	14:50	14:55	-
4항차	가 롱	15:30	-	-	17:26
	고 이	15:48	15:45	-	-
	신 월	16:03	15:53		
	선 도	16:19	16:16	-	-
	마 산	16:34	16:31	-	-
	매화(기섬)	-	16:51	16:54	-

자료: 신안군 문화관광(https://tour.shinan.go.kr/)
주: 위 시간표는 수시로 변동될 수 있으므로, 한국해운조합에서 운영하는 여객선 운항정보를 참고 필요

도선인 선치호는 1일 4회 운행하고 있으며, 신월선착장에서 선도선착장까지 10여분 정도 소요된다. 운임은 마을주민과 외지인과 차이가 있는데, 마

을주민은 1,000원, 외지인은 2,000원이다. 1일 4회 운행하는 시간은 1항차로 오전 7시 40분(선도 출발), 7시 50분(신월 출발), 2항차로 오전 10시 40분(선도 출발), 10시 50분(신월 출발), 3항차로 오후 13시 40분(선도 출발), 13시 50분(신월 출발), 그리고 4항차는 하절기(4월부터 9월까지)와 동절기(10월부터 3월까지)에 차이가 있다. 하절기는 17시 40분(선도 출발), 17시 50분(신월 출발), 동절기는 16시 40분(선도 출발), 16시 50분(신월 출발)이다. 선치호는 매월 10일 휴무일로 지정되어 있으므로 선도를 찾는 방문객들은 이점을 유념해야 한다.

선도는 도선의 운항이 4회에 불과해 주민들이 느끼는 교통 불편에 대한 체감도가 상당한 편이라고 한다. 주민 박기남(선도 1구)씨는 "예전에는 여객선이 아닌 군에서 지원하는 화물선이 운영됐고, 이 배는 기상주의보나 정원에 크게 구애되지 않고 다녔다. 그런데 현재는 정원 규정이 엄격해 안전은 제고됐지만 주민들의 불편은 매우 크다"고 말하였다.

선치호 운항시간(2023년 1월 기준)

구분		선도 출발	신월 출발	비고
1항차		07:40	07:55	선도주민 : 1,000원 일반인 : 2,000원 정기휴무일 : 매월 10일
2항차		10:40	10:55	
3항차		13:40	13:55	
4항차	하절기	17:40	17:55	
	동절기	16:40	16:55	

신안군은 전국 최초로 전 지역 버스공영제를 시행하여 전국 지방자치단체 대중교통 불편 해소의 모범사례를 제시하고 있다. 2007년 임자도를 시작으로 2013년 압해도를 끝으로 7년만

선도 1004버스

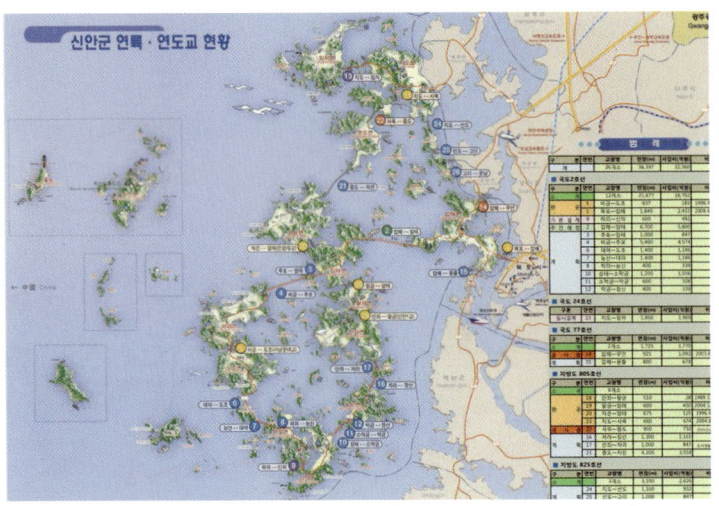

선도의 연륙·연도교 계획구간
자료 : 신안군 홈페이지(https://www.shinan.go.kr/)

 에 14개 읍·면 전 지역에 대형버스를 투입하는 '버스완전공영제'를 완성했다. 버스공영제 사업은 낙도형 버스 12대를 포함한 버스 69대가 투입돼 도시보다 저렴한 요금으로 차별화된 교통서비스를 제공되고 있다. 2009년 5월부터는 압해읍 매화도를 시작으로 11개의 낙도에 낙도맞춤형 공영버스(수요응답형 1004버스)를 운행되고 있다. 선도는 매화도 다음에 도입되어 현재 25인승 소형버스가 운행 중이다. 이용료는 일반 1,000원, 65세 이상 무료로 현재까지 요금인상 없이 동일한 버스요금을 적용하고 있다. 선도공영버스는 선박 도착시간에 맞추어 선도선착장에서 각 마을별로 순회하며 운행된다.

 한편, 앞으로는 선도를 배가 아닌 차를 타고 이동이 가능하게 된다. 현재 선도는 지도읍 및 운남을 연결하는 연륙·연도교 건설이 예정되어 있다. 지방도825호선(임자도찬~함평나신)의 연결구간으로 지도~선도(640m, 998억원), 25번 선도~고이(900m, 639억원), 26번 선도~고이(72m, 511억원)으로 총 3개소 1.612km를 2,148억원의 공사비가 소요될 것으로 산정하고 있다. 그러나 이 연결구간이 언제 준공될지는 구체적인 일정은 알 수 없다.

II
선도 사람들의 인문사회적 기반

박성현

1. 선도의 인구

　최근 들어, 인구소멸이라는 단어가 지방도시의 살생부처럼 회자되면서 지역 내 인구증가를 위한 지역사회의 노력이 절실한 시기가 도래하였다. 인구는 지역사회의 힘을 평가하는 절대적인 수단으로 받아들여지며 경쟁력을 대변하는 요소로서 중요한 위치를 점하고 있다. 따라서 해당 지역에서 인구가 감소하게 되면 마치 지역사회 전반에 걸쳐 침체를 경험하고 있는 것으로 각인될 정도로 중요한 척도이다. 특히, 섬 지역은 인구소멸 위기의 최전방에 놓여 있으며, 선도 또한 이 문제에 자유롭지 못하다.

　2022년 8월 기준, 선도는 233명, 153세대가 살고 있다. 선도의 인구는 2010년 비해 전체 56명의 인구가 감소한 수치로, 2014년을 기점으로 계속 감소하고 있는 추세이다. 세대당 인구수도 비슷한 양상으로 현재는 1.52명이다.

　아래 그래프에서 보는 바와 같이, 신안군의 다른 섬들과 비슷하게 선도도 저출산·고령화 문제가 심각하게 나타나고 있다. 60대 이상의 인구가 전체의 58.7%를 차지하고, 10대 이하 인구가 전체의 3.8%를 차지하여 그 정도를 한눈

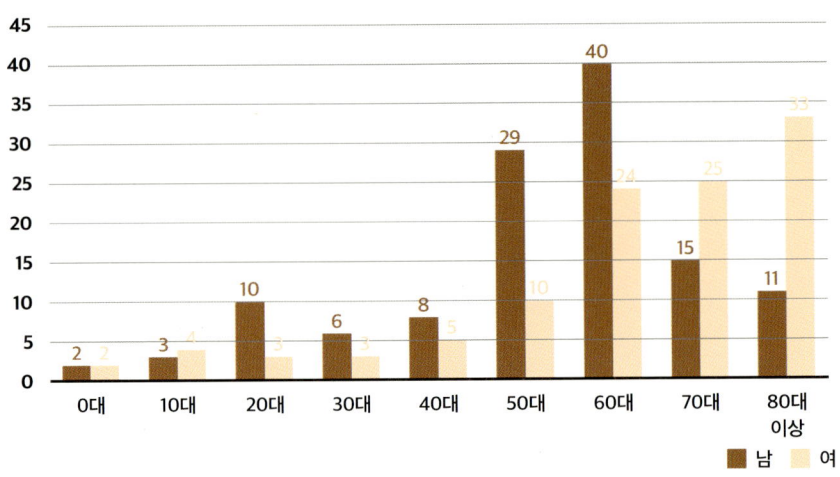

선도의 인구구조(2022년 8월 기준)

에 알 수 있다. 이러한 인구 특징으로 인해 선도의 유일한 교육기관인 지도초등학교 선치분교가 2018년 8월 31일부로 폐교되었다. 섬 내에 교육기관이 없다는 것은 선도로 이주하려는 청년 세대의 걸림돌이 되고 있다. 결혼을 하고 아이를 낳고 싶어도 기초교육기관의 부재는 가족 간의 생이별을 겪게 만든다. 현재도 선도의 30~40대 가정의 자녀들은 목포 등의 주변 도시에서 자취 또는 기숙사 생활을 하면서 살고 있다. 이러한 문제로 다른 섬 지역의 학교는 현재 학생 수가 없다고 하더라도 폐교가 아닌 휴교를 선택하게 되는데, 선도는 폐교를 선택하여 안타까울 따름이다.

　선도 사람들의 인구구조 특징은 여성보다 남성의 비가 높다는 것이다. 연령대별로는 약간 차이가 있는데, 60대 이하의 청장년층의 남성 비율이 높은 반면, 70대 이상은 여성 비율이 높다. 50대와 60대 남성의 비율이 높으므로 지역 내 노동력이 다른 섬 지역에 비해 풍부하다.

연도별 인구현황

구분	인구수(명)			세대수	세대당 인구수
	계	남	여		
2022년 8월	233	124	109	153	1.5
2020년	258	134	124	162	1.6
2018년	272	140	132	159	1.7
2016년	284	150	134	169	1.7
2014년	290	151	139	168	1.7
2012년	284	151	133	169	1.7
2010년	289	154	135	172	1.7

자료: 연도별 신안군 통계연보(https://www.shinan.go.kr/) 참조 작성

2. 선도의 마을조직

선도의 마을조직은 선도마을회, 선도청년회, 노인회, 부녀회, 선도어촌계가 있다. 선도마을회는 1리(진변, 주동), 2리(매계), 3리(석산, 대촌), 4리(북촌)로 구성되어 있으며 각 이장이 마을의 일을 하고 있다. 이장은 마을 공무사항, 범죄예방, 농사지원, 재해 복구 지원 등의 역할을 하고 있으며, 선도에는 4명의 이장이 마을 일을 봉사하고 있다. 선도청년회는 회장과 사무국장 각 1명과 회원 30명으로 구성되어 있다. 이 청년회는 선도 중장년층들이 중심이 되어 마을의 중추적인 역할을 맡아서 협의하고 진행하는 마을단체이다.

마을의 어른들로 구성된 선도노인회는 회장 1명과 회원 약 90명으로 구성되어 있으며 마을의 자문역할을 주로 하고 있다. 또한 선도부녀회는 회장 1명과 약 80명으로 구성되어 수선화축제 등 마을의 모든 행사의 실질적인 봉사활동을 수행한다. 코로나19 이전 2019년에 개최된 제1회 수선화축제에서는 부녀회가 축제기간 간이식당을 운영하여 낙지탕탕이, 낙지초무침, 낙지호롱구이 등 섬낙지코스 한상 요리를 제공하기도 하였다. 이처럼 매년 수선화 축제 등 마을 행사 시 음식과 지역 특산물을 판매하는 역할을 부녀회를 중심으로 하

고 있다.

　공유재인 바다를 끼고 형성된 선도어촌계는 어촌계장 1명을 포함하여 30명으로 구성되어 있다. 어촌계는 각종 어업활동에 참여하는 선주들로 구성되어 어장 관리 및 친목 도모를 위해 조직되었으며, 주민공동어장의 지킴이와 갯벌 보호 활동 등을 추진하고 있다. 선도어촌계의 구성은 외환위기IMF 이후 선도갯벌이 돈이 될 수 있다는 확신을 바탕으로 고향 선도를 떠난 몇 명의 젊은이들이 돌아오면서 어촌계를 새롭게 조직하고 마을어업 면허도 확보하여 어업활동을 시작하였다. 주민공동어장으로 면허를 받기 때문에 다른 지역의 주민들은 선도 갯벌에 마음대로 들어올 수 없다. 낙지잡이를 비롯한 마을공동어장에 참여하기 위해서는 1년 이상의 거주조건을 충족하고 일정액의 가입금을 납부해야 한다. 현재 어촌계는 어선 28척으로 구성되어 어업활동을 하고 있으며 신안군 내에서도 그 규모가 작지 않은 편이다. 어촌계원들은 주로 낙지잡이와 지주식 김양식 등 어업활동을 하고 있다. 예전 선도를 둘러싼 조류는 곧장 거대한 호수 같은 탄도만으로 갔다가 다시 칠산바다로 흐르기 때문에 섬 주변에 천혜의 어장이 형성되어 있었다. 지금은 지도와 무안군 해제면을 제방으로 막아 칠산바다로 흘러가는 물이 강제로 차단되었다. 아직까지도 막힌 물길을 트자는 목소리도 있다. 이 탄도만 주변이 주낙낙지의 주산지이며 그 중심이 선도다. 선도가 낙지잡이로 적합한 것은 낙지의 서식처인 광활한 갯벌이 형성되어 있고, 잡는 장소가 멀지 않기 때문이다. 약 310ha에 이르는 탄도만 갯벌이 마을공동어장으로 보호를 받고 있어서 낙지, 농게, 바지락, 맛조개 등 패류 등을 잡아 많은 소득을 올리고 있다. 지주식 김양식은 1990년대 초반까지 20여 가구가 72ha에 1,440대의 김양식을 했던 적도 있지만, 지금은 몇 가구만 양식을 하고 있다. 이처럼 김양식이 현저하게 줄어든 이유는 김양식의 대규모화, 기계화되면서 소규모 지주식 김양식이 더는 경쟁력을 갖추지 못했기 때문이다.

　선도의 마을내 조직은 아니지만, 선도출신들이 타지에 모여 활동하고 있는 우정향우회도 있다. 향우회는 서울과 목포에 각각 회장들과 함께 총 150

상   선도표지석 제막식(2019.2)
    자료: 신안군 제공

하   선도표지석(2023.1월)

명의 출향민들이 활동하고 있다. 이 모임은 선도 출향민으로 구성되었으며, 선도 홍보의 교두보 역할을 주로 하고 있다. 또한, 명절이면 고향을 방문하여 각종 행사를 주관하고, 마을 발전기금 기부 등 선도를 위한 적극적인 활동을 하고 있다. 2019년 2월 20일에는 이 모임의 회원들의 자발적인 참여로 선도 표지석을 건립하기도 하였다. 건립비용 2,500만원의 성금을 모금하여 길이 5.5m, 폭 2.3m 약 42톤 무게의 거석으로 선도 선착장에 건립하였다.

3. 선도의 사회기반시설

선도에는 주민들의 생활편익을 증진시키기 위한 시설로 선도출장소, 선도치안센터, 선도보건진료소가 있다. 기본적인 행정서비스를 제공하는 지도읍 선도출장소는 지도읍 선도리 14-6에 위치하며 2명의 직원이 근무하고 있다. 출장소는 신안군의 지역적 특성에 따라 섬에서 생활하는 주민들에 대한 행정 편의 제공과 민원실 업무를 지원하는 역할을 한다. 현재 신안군의 읍·면 출장소는 선도출장소를 포함한 11개소로 각 섬 지역에서 행정·민원서비스를 제공한다. 선도출장소는 1980년에 설치되었는데, 이는 다른 섬의 출장소에 비해 먼저 서비스가 이루어진 것이다.

선도의 치안문제가 발생할 경우에는 목포경찰서 지도파출소 관할 선도치안센터에서 대응하게 된다. 이 치안센터는 지도읍 매계길 17에 위치하며 출장소장 1명이 근무하고 있다. 치안센터는 과거 파출소를 통합해 지구대로 개편하면서 쓰지 않게 된 파출소를 주민 편의 등을 위해 운영 중이다. 현재 목포경찰서는 목포시와 신안군 관내의 치안서비스를 담당하고 있으나, 조만간 신안군 압해읍에 신안경찰서가 문을 열게 되면(2023년 7월 개청 예정) 선도치안센터의 관할은 신안경찰서로 이관되게 된다.

일반적으로 섬 지역에 살면서 가장 불편한 문제는 교육과 의료라고 할 수 있다. 선도 주민들에게 의료서비스를 제공하는 유일한 의료기관은 선도보건

선도의 주요시설
자료 : 신안군, 「가고 싶은 섬 선도 기본계획」 2020

진료소이다. 이 진료소는 지도읍 선도길 14-4에 위치하고 있으며, 근무자는 보건직 공무원 1명이다. 보건진료소는 1980년 「농어촌 보건의료를 위한 특별조치법」이 제정·시행되면서 전국의 오지·벽지에 일차 보건의료서비스를 제공하는 최말단 보건의료기관이다. 오늘날 섬 지역의 심각한 고령화로 보건진료소의 역할과 기대가 더욱 커지고 있는 양상이다. 현재 선도에서는 1명 보건직 공무원이 건강증진관리(노인건간관리, 재활사업), 심·뇌혈관질환 예방관리(고혈압 관리), 치매관리(예방교육과 조기검진), 일차진료(투약, 상담, 방문진료 등) 등을 수행하며, 주민들의 건강과 생명을 보호하는 든든한 역할을 하고 있다.

　선도의 노인시설로는 경로당이 선도, 주동, 매계, 선도3구, 북촌에 각각 설치되어 있다. 경로당은 주민 친목 공간뿐만 아니라, 무더위·추위·미세먼지 등을 피하는 쉼터 역할을 겸하기 때문에 노인들 일상에 중요한 공간이다. 2020년 초부터 발생한 코로나19 감염병으로 인해 경로당 운영이 수시로 중단하고

가고 싶은 섬 사업으로 2023년 3월 30일에 개장한 선도 마을 카페, '수선화'

있어 제 기능을 다하지 못해 노인들이 불편을 겪었다.

선도의 종교시설로는 선도교회가 유일하다. 선도교회는 섬의 중앙(지도읍 선도길 124)에 위치하고 있으며 어디서든 잘 보이는 구릉지 정상에 있다. 주변에 수선화단지가 있어 수선화축제 시 선도교회를 축제무대로 활용하고 있다. 선도교회는 기독교대한성결교회의 종파에 속하며, 성도수는 선도 주민의 약 30%라고 한다.

4. 선도 버스공영제 도입과 운영

섬에서의 교통이란 선택이 아닌 그 자체로 복지이자 인권이며, 주민의 삶이다. 그동안 섬 주민들은 1969년 분군 이래 40여 년간을 교통 불편을 숙명처럼 여기며 살아왔다. 민선 4기 들어 반드시 불편한 교통을 해소해야겠다는 시대적 사명을 가지고 단 한 명의 승객이라도 오고 싶을 때 올 수 있고 가고 싶을 때 갈 수 있는 실질적 교통복지를 모토로, 2007년부터 역점적으로 추진한 버스공영제가 추진되었다. 7년여 끝에 2013년 5월, 전국 최초로 관할 행정구역 전체(14개 읍·면) 버스 완전공영제를 시행함으로써, 타 지자체와는 차별화된 고품격 대중 교통서비스 제공으로 대중교통의 혁신을 가져왔다.

하지만 본도와는 달리 대중교통의 불모지라 할 수 있는 작은 섬의 경우 버스, 택시가 없어 육지 나들이 시 마을에서 선착장까지 1㎞ 이상을 걸어야 하는 이동 불편을 겪어 왔다. 작은 섬 선도에 공영버스가 들어온 시기는, 지난 2014년 3월 28일 선도 보건지소 앞에서 주민 100여 명을 모시고, 운행 개시식을 하고부터다. 소형승합 마을버스를 구입하여, 섬 지역 특성에 맞게 주민 자율적으로 운행하게 됨으로써, 특히 연로하신 분들의 나들이가 한결 편리해졌다.

2019년 제1회 섬 수선화축제를 개최하게 되면서 소형 승합(12인승)에서 중형 승합(25인승)으로 변경하였고, 2배 이상 많아진 좌석으로 안전성 확보와 넓은 승차 공간 등으로 주민과 관광객이 함께 이용할 수 있어 명실상부한 작은 섬 주민의 발이 되고 있으며, 무상교통을 시행하고 있다.

이제 신안군은 교통 불모지에서 주민들의 교통 편리지역으로 바뀌었으며, 지금까지 90여 개 자치단체에서 신안군의 대중교통 정책(버스공영제)을 벤치마킹해가고 있다. 그리고 향후 선도 등 작은 섬에도 대기오염 배출이 전혀 없고, 고장이 적은 친환경 전기 공영버스를 도입하여 세계문화유산인 군 갯벌보호 등 환경보전에도 책임을 다할 계획이라고 한다.

5. 작은 섬 도선 공영제 도입과 운영

2012년 당시 작은 섬과 육지(큰 섬)를 오가는 선박은 작은 배로 섬 주민들이 자체적으로 운영하던 나룻배 형태의 선박이었다. 선박이 작고 노후로 인하여 안전상 위험할 뿐만 아니라 연료비, 수리비 등 과중한 선박 운영비로 인하여 주민들의 경제적 부담의 가중으로 정상적인 도선 운영이 어려워 주민들의 불편이 이만저만이 아니었다.

민선 5기 박우량 신안군수는 작은 섬 주민들의 애로사항 청취 및 지역 현안 사업 추진 등 현장 행정 중심 업무로 여러 차례 작은 섬을 방문하면서 이러한 애로사항을 인지하고 섬 주민의 교통권 보장을 위해서 도선 공영제를 검토하게 되었다. 이에 따라, 신안군에서는 어선 무허가 도선 등 마을에서 운영하는 불안전한 선박을 군에서 관리하는 안전한 선박으로 전환하여, 섬 주민들의 생명과 안전을 보장하고, 경제적 부담을 해소하여 정주여건 개선을 위해서 도선 공영제를 도입하였다.

2012년 5월에 도선 공영제 전환을 위한 기본계획 수립을 하고, 2013년 1월 8일 「신안군 행정선 운영·관리 지원조례」를 개정하여 작은 섬 운항 선박 운영 지원에 대한 근거를 마련하고, 신안군 도선운영협의회를 설립하여 위탁운영 주체를 확보하였다.

2013년 1월부터 마을 명의 선박을 군 소유로 기부체납을 받아 신안군 명의로 변경하여, 도선면허 취득 가능 도선은 도선면허 취득을 하고, 2013년 2월에 선박 수리, 용도변경, 선박 안전 검사 실시와 선박 공제 보험 가입하여, 2013년 3월에 신안군 작은 섬 도선 공영제를 전면 실시 하였다.

운항선박은 24척으로 운항도서는 10개읍·면 25개 작은 섬을 운영하고 있다. 지도읍 선도는 선도선착장에서 무안군 신월선착장으로 도선 선치호가 1일 4회 왕복 운항하고 있으며, 압해 고이도 진번선착장에서 무안군 신월선착장에 도선 고이호가 1일 10회 왕복 운항을 하고 있다. 선박운영에 따른 인건비, 연료비, 수리비 등 제반 경비는 신안군에서 전액 지원하고 있다. 또한 섬 주민들의 교통 편익을 제공하기 위해 2020년 8월부터 신안군에서 여객선 공영제를 운영하고 있으며, 선도는 압해읍 가룡항에서 (가룡~매화~마산~선도~고이~신월) 07:50분 1항차를 시작으로 1일 4회 천사카훼리호 차도선이 운항하여 주민들의 고통편익을 제공하고 있다.

신안군에서는 컬러플 신안 마케팅으로 작은 섬마다 특징 있는 색깔을 입혀 관광자원으로 활용할 계획을 추진하고 있으며, 이에 따라 향후 12사도 순례의 섬 기점·소악도(병풍권)와 수선화의 섬 선도를 연결하는 다변화된 해상교통망도 구축할 계획이 있어 관광객 유입을 통한 지역경제 활성화에도 크게 기여할 것으로 기대된다.

III
수선화의 섬으로 탄생하다

박성현

1. 수선화의 섬

　　수선화의 섬 선도! 선도가 수선화의 섬이 된 것은 수선화 할머니로 불리는 현복순 할머니의 역할이 컸다. 주동마을 교회 앞, 정원이 아름다운 할머니집 입구에는 '수선화의 집'이란 노란 글자가 새겨진 표지석이 서 있다. 할머니의 수선화 가꾸기가 계기가 되어 선도에서는 2019년 첫 번째 수선화축제가 열렸다. 선도 들판 전역에는 마늘, 대파 등과 함께 수선화가 가득 심어져 있다. 수선화 재배는 그냥 꽃만 보고 며칠 관광객이나 끌어모으기 위한 일회성 이벤트가 아니다. 이 또한 농사로, 새로운 소득자원이 되고 있다. 수선화 구근은 번식이 아주 빠르며 농작물보다 비싼 값에 거래가 된다. 꽃도 보고 구근도 팔고 그야말로 일석이조다.

2. 수선화 할머니 이야기

　선도교회 옆에 위치한 수선화의 집 정원으로 들어서면 온통 수선화밭이다. 선도의 수선화는 4월 중순부터 만개한다. 노란수선화는 2주 정도, 하양 수선화는 수명이 더 길어 한 달이나 간다. 20년 동안 꽃 일기를 써온 할머니는 꽃들이 개화시기가 해마다 거의 정확하다고 말한다. 기온에 따라 앞뒤로 2~3일 편차가 있을 뿐 그 이상 차이 나는 것을 보지 못했다고 한다.

　할머니가 선도로 돌아온 것은 삼십 여 년 전이다. 선도는 할머니 남편의 고향이었다. 할머니의 고향은 목포, 남편은 10여 년 전에 먼저 돌아가셨다. 선도 최고 부잣집 아들이었던 남편은 서울에서 대학을 졸업했고 아내는 목포에서 여고를 졸업했다. 아내도 '큰 기와집'이라 불리던 목포의 부잣집 둘째 딸로 태어나 유복하게 자랐다. 하지만 남편의 삶은 순탄하지 않았다. 남편은 목포에서 교사를 했고 부산에서는 법원에 근무하기도 했지만, 우여곡절 끝에 객지

제1회 수선화축제 참석한 현복순 할머니
자료 : 신안군 제공

를 떠돌며 살았다. 마지막으로 서울 살 때 남편이 고향으로 돌아가고 싶다고 했다. 아내는 썩 내키지 않았으나 자녀들을 출가까지 시켰으니 서울에 더 있을 이유도 없어 선도로 들어왔다.

할머니는 어린 시절부터 꽃을 좋아했다고 한다. 친정인 목포 큰 기와집은 정원이 넓었고 넝쿨 장미며 천리향, 치자꽃들이 사철 번갈아 피고 지는 모습을 보고 자랐다. 꽃 속에서 자랐으니 꽃에 물들지 않을 수 없었다. 서울의 아파트를 처분하고 선도에 돌아온 뒤 들판 한가운데 7백 평의 땅에 작은 집 한 채를 지었다. 집을 짓고 나니 많은 땅이 남았다. 그때부터 할머니는 정원을 가꾸기 시작했다. 집 주위로 먼저 개나리를 심어서 울타리 삼았다. 군데군데 넝쿨장미를 심어 이 또한 울타리 삼았다. 초봄부터 개나리가 피었다 지면 5월부터는 장미가 만개한다. 꽃담에 둘려 쌓인 집, 그 후 육지 나갈 일이 있을 때마다 할머니는 하나둘 꽃을 사다 심고 가꾸었다. 할아버지는 피어난 꽃만 즐길 뿐 잡초 한번 뽑아주지 않았다. 꽃양귀비와 백합도 사다 심었다. 수선화는 20여 년 전 진도에 있는 친구집에 놀러 갔다가 수선화를 보고 구근을 두 자루나 사다가 심었던 것이 계기가 되었다. 할머니는 흰색을 좋아한다. 그래서 수선화 중에서도 유독 흰 수선화꽃을 많이 심었다.

해마다 수선화 구근을 옮겨 심다보니 어느새 앞뜰, 뒤뜰 할 것 없이 집주변을 온통 수선화가 둘러싸고 말았다. 그래서 할머니의 집은 "일년 열두달 꽃이 지지 않은 집"이 되었다. 1~3월까지는 동백과 매화가 피고 지고, 4월에는 수선화가 만개하고, 5~6월이면 양귀비꽃밭이 된다. 7월에는 백합이, 8월에는 핑크보라 상사화가, 9월에는 꽃무릇 상사화가 피어난다. 꽃이 지고 난 다음에야 잎이 자라나 평생 꽃과 잎이 서로를 보지 못해 그리움에 사무친다는 상사

수선화의 집
자료 : 신안군 제공(2020년)

화철이 지나면 10월부터 12월까지는 국화가 뒤따른다. 과연 일년 열두달 꽃이 피지 않는 때가 없다.

    할머니는 해마다 더 심을 자리가 없을 정도로 꽃을 심었다. 삼십년 넘게 꽃만 가꾸었다. 할머니가 꽃을 심은 것은 스스로 좋아해서기도 하지만 오고가는 사람들 구경하라는 뜻도 있다. 돈벌이 되는 농사는 안 짓고 꽃만 가꾸니 지나가던 사람들은 "쓸데 없는 짓" 한다고 핀잔을 주기도 했다. 그래도 할머니는 내내 꽃밭의 풀만 맸다. "꽃 팔아서 단돈 천원도 벌어본 적 없다. 물론 서울 아파트를 처분했고 모아둔 재산도 조금 있어 농사짓지 않고도 꽃만 가꿀 여유가 있었다. 그래도 꽃을 사랑하는 마음이 없었다면 가능한 꽃 살림이었겠는가?

할머니는 꽃을 보면 마음이 따듯해진다고 하였다. "꽃이 없었으면 세상이 얼마나 삭막했을까요?" 꽃을 가꾸면서도 늘 "혼자 보기 아깝다"고 중얼거리곤 했었다. 그런 소망이 이루어진 것일까. 할머니가 심은 수선화 구근 하나가 자라 선도의 온 들판으로 퍼져나갔다. 4만여 평의 수선화꽃밭, 이제 선도는 진짜 수선화꽃 섬이 됐다. 그러나 할머니는 몇 해 전부터 거동이 불편하게 되어 혼자 선도에 살 수 없어 육지에 있는 요양병원에 사시게 되었다. 다시 할머니가 직접 가꾼 수선화 집의 정원을 보기를 간절히 바란다.

3. 수선화축제

수선화의 섬 선도는 제1회 수선화축제를 통해 전국적으로 알려지게 된다. 수선화축제는 주요 일간지와 MBC, KBS, SBS 등의 방송에서 연일 보도되었고, 축제가 끝난 이후에도 관광객들이 찾았다.

수선화축제는 현복순 할머니의 수선화에 대한 열정과 함께 지자체장의 정책적 판단력과 이장의 노력으로 이루어진 산물이다. 수선화축제는 2018년 초 지방선거 준비차 선도에 방문한 박우량 후보(현 군수)의 눈썰미로 그 가능성을 발견하게 된다. 비가 추적추적 내리는 날, 선도교회에서 차를 마시고 나오는 길에 뽀얗게 피어 있는 수선화를 본 박 후보는 군수에 당선된다면 선도를 수선화의 섬으로 만들어야겠다고 다짐하였다고 한다. 주민들은 처음 그 말을 들었을 때 군수후보자가 그냥 한 빈말로 생각하였다.

그러나 박군수가 당선된 후, 박군수는 그 약속을 지키기 위해 주민들이 섬 전체에 수선화를 심을 수 있도록 강행선 신안군 농업기술센터소장에게 지시하게 된다. 당시 이 소식을 들은 주민들은 모두 부정적이었고, 참여자가 거의 없었다. 그러나 원예와 조경지식이 해박한 박영식 이장은 충분한 가능성이

제1회 수선화축제 준비현황
자료 : 신안군 제공

있고 이것이 선도를 살릴 수 있을 것이라는 확신이 들었다. 박 이장은 모든 집들을 돌아다니면서 주민들을 설득하기 시작했다. 그때를 회상하면서 정말 눈물이 날 정도로 힘들었고 포기하고 싶었다고 한다. 그 노력의 결과로 마을주민들은 수선화를 심기로 점차 마음을 바꾸었다. 또한, 박군수는 의회와 협력하여 「신안군 수선화섬 조성 및 지원 등에 관한 조례」를 제정하였다. 이 조례는 주민들이 수선화를 심으면 마늘, 양파 수확량만큼을 보상한다는 내용이었다. 조례가 제정된 이후 농업기술센터를 중심으로 본격적으로 수선화의 섬 만들기에 돌입하였다. 수선화 구근을 구입하기 위해 농업기술센터는 수선화 관련 지식을 조사하고 구근을 대량으로 판매하는 여러 곳을 알아보았다. 수입산

제1회 수선화축제 당시 수선화단지
자료 : 신안군 제공

제1회 수선화축제 당시 수선화단지 | 비닐하우스를 통해 수선화를 재배하기 위해 노력하는 장면
자료 : 신안군 제공

과 국내산 구근의 구입이 가능하다는 결론을 내린 뒤, 2018년 8월부터 네덜란드에서 5억원 정도의 구근을 수입하고, 지리산과 제주도에서도 구근을 구입했다. 당시 한 구근당 천원에 구매했다.

그해 12월까지 수선화를 심을 수 있는 버려진 황무지와 농지를 농기계로 정리하였다. 그 작업을 하는 동안 박 이장은 몸살을 앓을 정도로 힘들었다고 회상한다. 수선화 할머니의 노하우도 있었지만, 대규모로 재배해야 하기 때문에 여러 고민이 많았다. 수선화축제를 개최하기 위해서는 먼저 수선화 개화시기를 예측하여 축제 일자를 정하여야만 했다.

선도의 기후를 고려하여 2019년 3월 29일을 개화시기로 예측했지만, 예측과 달리 날짜가 가까워졌음에도 수선화가 필 기미가 보이지 않았다. 주민들과 군청직원들은 부랴부랴 비닐로 수선화를 감싸는 등 힘들게 축제기간에 맞추어 수선화를 개화시켰다.

이러한 노력으로 제1회 1004섬 수선화 축제는 2019년 3월 29일부터 4월 7일까지 10일간 개최되었다. 21명의 수선화축제추진위원회와 26명의 주민들이 동참하여 축제를 이끌었다.

수선화단지는 전체 면적 12.3ha로 주 관람동선은 2.4km이며, 주품종 27종, 세계수선화품종 97종이다. 행사프로그램은 크게 체험거리와 볼거리로 구

선도 카페(쉼터)

분된다. 체험거리는 수선화섬 걷기, 수선화섬 자전거 투어, 나만의 가훈 갖기, 봄꽃화분 만들기, 선도아카데미(꽃차, 칼라테라피, 아로마테라피, 식물번식법, 꽃그림 등), 해변 노르딕 걷기체험. 세일요트, 민속놀이(연 날리기, 윷놀이, 투호 등)이다. 볼거리는 200만 송이 수선화의 대향연, 수선화 100품종 전시, 수선화의 집, 성서식물원, 신안홍보부스, 보리밭길, 해변길, 토피어리 등이다. 그리고 로컬푸드 직매장, 수선화구근 예약판매, 추억의 반창회, 슬로우푸드 등이 있었다.

 당시 축제를 찾은 관람객은 11,564명으로 집계되었으며, 주말뿐 아니라 주중에서 매일 900명 정도의 관람객이 방문하였다. 작은 섬 선도가 가라앉을 정도의 기적적인 일이었다. 축제의 경제효과도 나타났다. 축제추진위원회의 수입은 약 3,500만원이었고, 외부 입점 수입도 2,000만원이 넘었다. 농업기술센터 담당자에 따르면, 수선화의 섬이 되기까지 선도는 도깨비가 나올 정도로 어둡고 한적한 섬이었다고 한다. 길이 없거나 매우 비좁아서 이동이 불편했고, 슈퍼도 없고, 식당도 없는 존재감 약한 섬이었다는 것이다. 저녁이 되면

2020 선도 꽃차 소믈리에 교육수료식
자료 : 신안군 제공

불이 다 꺼져 있어서 어둡고 조용하니 도깨비가 나올 섬이라고 불렸고, 섬 주민들은 그런 불편하고 개발에서 뒤처진 삶을 당연하게 여기며 살아왔다. 그런 선도가 수선화 섬으로 명성을 떨치며 1만 명이 넘는 관광객이 찾는 섬이 되었고, 도로 포장도 잘 되고 주민들의 의식도 높아졌다. 어둡고 불편한 섬에서 밝고 깨끗한 마을로 정비되었다.

    수선화 섬은 주민들의 생각도 바꾸었다. 수선화 축제를 총괄하는 축제위원회 박기남 위원장에 따르면, 수선화는 선도를 엄청나게 큰 변화를 불러일으켰다고 한다. 예전에는 꽃이나 구근을 줘도 심지도 않았던 주민들이 축제 한 번 하고 나니 심겠다고 서로 달라고 한다는 것이다. "꽃이 사람을 이렇게 변화시키는구나. 이게 꽃의 힘이구나."라고 실감했다고 한다. 축제 기간이 아니어도 2022년 봄에 하루에 100여명 이상이 왔고, 수선화와 함께 심은 금영화 꽃을 보러 오는 사람도 있어서 기쁘기만 하다고 했다. "우리는 많이 찾아올수록 좋죠. 사람도 안 찾아오는 섬에 사람들이 오니 흐뭇하고 좋죠. 자랑스럽게 생각

2023년 수선화축제 개막식 기념사진
자료 : 신안군 제공

하고 주민으로부터 욕을 먹어도 이 일을 합니다. 이렇게 아름답잖아요." 변화된 마을에 자부심이 넘쳐흐른다. 축제장 주변이 아닌 마을에서도 축제장에 포함시켜 달라는 요구 때문에 즐겁다는 박 위원장은 고향 떠나 객지에서 사는 향우회에서도 많은 관심을 보이고 더 자주 온다고 한다. "우리 선도가 이렇게 좋아졌구나." 고향이 좋아진 것에 향우들이 자부심을 느낀다고 한다.

수선화 섬! 선도는 인근 섬에도 파급력이 있었다. 박우량 군수의 초대로 작은섬 이장단 60여명을 초청하여 수선화가 핀 선도의 모습을 본 후, 주민 스스로 우리도 선도처럼 특색 있는 꽃으로 섬을 살려보자는 운동이 전개되었다. 이러한 생각이 실제 추진된 것이 맨드라미의 섬 병풍도이다. 병풍도 주민들과 신안군이 힘을 합쳐 섬 중앙의 볼품없었던 2만㎡ 언덕을 맨드라미 공원으로 가꿨다. 병풍도에서 가장 높은 곳에 자리한 맨드라미 공원 정상에서 내려다보면 꼬마섬 병풍도의 아기자기한 동화 같은 마을이 한눈에 들어온다. 색깔마다 다양한 꽃말이 있지만 붉은 맨드라미의 꽃말은 '불타는 사랑, 뜨거운 사랑'. 마

병풍도 섬 맨드라미 축제 개막식 기념사진
자료 : 신안군 제공

을 지붕은 모두 빨강색으로 섬을 물들이는 맨드라미와 함께 이국적인 풍경이다. 이제는 국내외에 너무도 잘 알려진 신안군의 컬러 마케팅 현장이다. 현재 신안군은 이러한 변화가 곳곳에서 일어나고 있고, 내일이 더 기대되는 신안군이다.

수선화 축제로 주민들은 삶의 치유 효과뿐만 아니라 중요한 문화산업으로 자리매김하였다. 성공적인 축제로 관광농업은 물론 농가소득 일환으로 농어업의 대체작물로 전환을 추진하고 있다. 2020년 10월 신안군은 꽃차와 허브를 이용한 치유농업 프로그램을 운영하였고, 마을 주민 11명의 교육생을 배출하였고, 앞으로 꾸준히 운영할 예정이다. 꽃차 소믈리에 2급 자격을 취득한 주민들은 꽃차 제다법, 맛과 색을 분별하는 전문가로 활동할 계획이다. 주민들은 꽃차를 만드는 과정을 통해 문화생활의 수준을 높이고 자연과 건강에 대한 중요성을 인지하게 되었다. 또한, 섬을 찾는 관광객에게 꽃차 판매상품을 개발·판매하여 지역경제 활성화에 기여할 계획이다.

한동안 코로나19로 인해 수선화축제가 개최되지 못했다. 아름답게 섬을 가꾸어 온 주민들의 아쉬움이 컸는데 이제는 코로나19로 인한 위기도 극복되었고, 정상적인 축제 개최가 가능해졌다. 주민들은 선도가 수선화의 섬으로 널리 알려지기를 기대하면서 성공적인 수선화축제를 위해 많은 준비를 하고 있다.

IV
선도의
미래를
꿈꾸다

박성현

1. 가고 싶은 섬, 선도

　최근 들어, 섬이 가진 독특한 자연경관, 식생, 역사, 문화에 대한 국민적 관심이 증가하고 있다. 특히, 섬에 있는 희귀 동식물, 음식, 돌담, 둘레길 등이 여행자들에게 섬으로 가고 싶게 만드는 매력으로 작용하고 있다. 이 때문에 바쁜 일상과 각종 스트레스로 지친 현대인들은 휴식과 힐링을 위해 내륙이 아닌 섬 여행을 선호하면서 관광객들이 꾸준히 증가하는 추세이다.

　그동안 섬 관련 개발사업들은 주민 숙원사업 위주의 선착장, 도로 개설, 물양장 등 토목공사로 섬 경관 훼손이 불가피했다. 또한 개발한 시설물은 유지 관리 및 운영을 이어가지 못할 경우 섬 경관을 해칠 경우가 발생되기도 한다. 이러한 문제 해소를 위해 전라남도가 전국에서 유일하게 2015년부터 브랜드 시책사업으로 지역 주민이 주도하는 '가고 싶은 섬' 가꾸기 사업을 시작하게 되었으며, 전담 현장 지원을 위해 전국 최초로 '섬 발전지원센터'를 2018년 개소하여 운영 중이다.

　관광객은 가고 싶고, 섬 주민은 살고 싶은 섬을 만들기 위해 추진한 '가고 싶은 섬' 가꾸기 사업은 공동화 되어 가는 섬을 재생하고, 섬 고유의 생태자원 보존과 섬 문화를 발굴하는 등 주민 주도로 전남만의 색깔이 담긴 섬을 만들어 가고 있다. 이 사업은 2024년까지 10년간 24개 섬을 선정하여 총사업비 1,060억 원(도비 50%, 시·군비 50%)을 들여진다. 사업은 공모를 통해 선정하고 1개 섬당 매년 10억 원씩 5년간 총 50억 원(2019년까지 선정된 섬은 총 40억 원)을 지원하게 된다. 사업 첫 해인 2015년 여수시 낭도, 고흥군 연홍도, 강진군 가우도, 완도군 소안도, 진도 군 관매도, 신안군 반월·박지도 6개 섬을 시작으로, 2016년 보성군 장도, 완도 군 생일도, 2017년 여수시 손죽도, 신안군 기점·소악도, 2018년 완도군 여서도, 진도군 대마도, 2019년 무안군 탄도, 신안군 우이도, 2020년 영광군 안마도, 신 안군 선도, 2021년 진도군 금호도, 완도군 금당도가 선정되어 지금까지 18개 섬이 새로운 관광 명소로 탈바꿈하고 있다. 이 중 9개 섬(낭도, 연홍도, 가우도, 소안도, 관매도, 반월·박지도, 장도, 생일도, 기점·소악도)은 관광기반시설을 완료하여 개방한 이후 젊은 층 유입, 관광객 및 주민소득 증가로 이어져 섬에 새로운 활력을 불어넣고 있다.

가고 싶은 섬 가꾸기 사업은 섬별로 추진되며 크게 하드웨어, 소프트웨어, 휴먼웨어 사업으로 추진되고 있다. 하드웨어 사업은 마을길·진입로 정비, 마을공동 식당, 펜션, 카페, 방문자 센터, 공원 조성 등 관광기반 시설을 조성하여 주민 공동 소득을 창출하고, 관광객을 맞이하기 위한 사업들이 주류를 이룬다. 소프트웨어 사업은 안내판 설치, 특산품 판매 디자인, 관광 홍보 사업, 홈페이지 구축, 리플릿·브로셔 등 관광안내서 제작 등 콘텐츠 및 프로그램 개발 사업들이 추진되며, 휴먼웨어 사업은 주민역량강화 교육(주민대학, 선진지 견학, 마을기업 경영 등), 관광 해설사(섬 코디네이터) 양성 등 교육 관련 사업들이다.

선도는 2018년에 가고 싶은 섬 가꾸기 공모에 참여하였으나, 안타깝게도 탈락의 아픔을 겪었다. 이 실패를 교훈 삼아 신안군과 주민들은 새롭게 공모를 준비하면서 주민들의 단합하는 계기가 되었다. 그 결과, 2019년 10월에 영광군 안마도와 함께 가고 싶은 섬 가꾸기 사업에 선정되었다. 이때부터는 10억 원이 증액된 50억 원의 전체 사업비를 지원하게 되어 다른 섬들보다 더 풍부한 사업을 추진할 수 있게 되었다.

선도는 수선화 섬 스토리텔링을 통하여 여행자에게 섬 특유의 문화·경관·생태·환경 등을 체험하고, 즐기는 수선화의 섬으로 조성하는 방향을 설정하였다. 2020년부터 2024년까지 추진되는 전략으로는 다음과 같다.

첫째, 사계절 꽃피는 수선화 섬 가꾸기로 설정하였고, 그 사업내용으로는 사계절 꽃 피는 섬 조성(수선화, 금영화, 겹금계국, 창포, 분꽃), 수선화·금영화(켈리포니아 양귀비)·겹금계국 군락지 확대, 범덕산 부처손 군락지 탐방로 정비 및 자연생태 자원 보존 등이다. 주로 관광객들에게 꽃과 자연의 아름다움을 보여주기 위한 전략이다.

둘째, 컬러마케팅을 도입한 생활환경 개선으로 설정하였고, 그 사업내용으로는 컬러마케팅(지붕, 벽체 포인트) 경관 정비, 수선화 꽃 축제 행사용품 지원, 작은 섬 생활환경 쓰레기 수거 보관시설 설치 등으로 주민들의 주거환경을 정비하는 내용을 담고 있다.

셋째, 주민공동체 활성화를 통한 관광소득 창출로 설정하였고, 섬 주민이 수확한 수선화 구근 유통망 구축, 수선화 작목반과 마을종합 통합 운영(구 선도출장소 리모델링), 수선화 섬 공유음식점 및 분식코너 운영 등으로 주민들이 함께 소득을 창출할 수 있는 내용을 담고 있다. 다음 그림은 가고 싶은 섬 기본계획안이다.

2022년 1월 기준, 추진되었거나 되고 있는 사업은 다음과 같다. 2020년에 추진된 사업으로는 5개년 기본계획 수립, 경관 가로등 설치, 선도 경관개선(지붕 도색) 사업 등 총 3건이다.

2021년에 추진된 사업으로는 선도 선착장 시설개선 사업, 선도 수선화 시비 제작, 선도 관광 홍보물 제작, 주민역량 강화 사업, 선도 범덕산 시설물 보완사업, 선도 선착장 화장실 리모델링, 수선화 구근 구입 및 축제장 정비, 선도 선치 분교 리모델링 등 총 8건을 추진하였다. 코로나19 상황에도 불구하고, 차근차근 선도의 볼거리, 즐길거리 등을 준비하였다.

2022년에 추진되는 사업으로는 선도 (구)출장소 리모델링 사업, 선도 수선화 축제 운영 지원, 선도 생활 쓰레기 수거 환경 개선(수거 암롤 박스 설치, 수거장 주변 정비), 수선화 섬 주민소득사업 지원(공유음식점 1동 신축, 분식코너 리모델링) 등이다.

가고 싶은 섬 가꾸기 사업의 핵심은 '지속가능한 섬과 섬마을 만들기'다.

가고 싶은 섬 선도 기본계획안
자료 : 신안군, 「가고 싶은 섬 선도 기본계획」, 2020

섬의 생태계가 지속되어야 하고, 그곳에 기대어 사는 섬 주민들의 삶이 지속되어야 한다. 지속가능한 섬은 섬과 바다가 생태계서비스를 지속을, 섬 마을의 지속은 섬의 주민의 삶과 문화의 지속을 의미한다.

2. 수선화를 통한 새로운 소득원 발굴

보통 꽃을 테마로 축제를 할 경우, 화려한 꽃이 핀 시절에는 관광객이 모여들고 축제의 장이 연출되어 관광객들에 의한 소비가 지역소득으로 이어지게 되지만, 개화기 이후에는 별 볼 일 없는 상태가 되기 마련이다. 그러나 수선화 꽃은 축제 이후에도 구근을 통해 새로운 소득원이 되고 있다. 2021년 11월, 수선화의 섬 선도에서는 수선화 구근을 첫 출하하였다. 출하하는 구근은 2019년

수선화 구근 첫 출하
자료 : 신안군 제공

도에 심은 2년생 구근으로 수확, 선별, 건조, 수량 검수 과정을 거쳐 바로 꽃을 볼 수 있는 개화구開花球(꽃을 피울 수 있는 크기의 구근) 10만구는 판매하고, 개화구에서 분리한 자구子球(구근 주위에 작은 구슬모양의 새끼구근)는 다시 식재하여 2년 뒤 수확하게 된다.

수선화 재배 농가의 소득사업을 위해 2021년 설립한 선도수선화영농조합법인(대표 박영식)은 수선화 구근의 식재, 병충해 관리, 구근 수확, 구근의 판매 유통 등 재배부터 유통까지 수선화 재배 농가의 소득사업을 위해 앞장서고 있다. 첫 출화된 수선화 구근은 충남 아산에 위치한 ㈜피나클랜드 농업회사법인이 운영하는 수목원의 경관조성용으로 활용할 계획으로 선도수선화영농조합법인과 계약 체결이 이루어졌다. 2021년에 판매한 수선화 구근은 11만 2천 주로 판매액은 총 6천만 원이다. 이 품종은 국내산 수선화가 아닌 대부분 네덜란드 품종이다.

박영식 대표는 "수선화 구근을 팔아 직접적인 농가 소득으로 연결될까 고민했지만 그것이 해결됐다"면서 "앞으로도 선도에서 재배한 수선화가 전국으로 팔려나가 국민 모두가 수선화를 보면서 힐링할 수 있게 명실상부한 대한민국 대표 수선화 구근 생산지가 될 수 있도록 노력하겠다"고 하였다.

3. 인근 섬과의 관광네트워크

선도 주변에는 볼거리 있는 섬들이 많다. 주변 섬들과 연계한 유람선 루트가 개발된다면, 관광객들에게 다양한 볼거리, 즐길거리, 먹거리를 제공할 수 있을 것이다.

1) 고이도

선도와 가장 근거리에 위치한 섬은 고이도이다. 고이도는 왕성이 있었던 역사의 섬으로, 압해도, 지도와 일직선상에 놓여 있으며, 무안반도가 건너다보이는 섬이다.

고이도에 있는 왕산성의 축조 시기는 정확히 밝혀지지 않았다. 다만, 고려 왕건과 관련된 일부 기록과 전설이 전해 온다. 고이도는 바닷길의 요충지로 알려진 곳이다. 옛날에는 거대한 나주평야의 곡식들이 영산강을 거쳐 이 섬 앞을 지나 칠산 바다와 서해 바다를 거쳐서 한강으로 올라갔다. 목포와 거리가 가깝고 지리상 요충지이기 때문에, 신라 말기 후백제의 견훤이 이 섬을 요새로 삼았다가 궁예의 장수로 있던 왕건의 침략을 받아 큰 전쟁이 났던 곳이라고 전해지고 있다. 지금부터 약 900여 년 전, 고려를 창건한 태조 왕건의 작은 아버지인 왕망이란 사람에 의해서이다. 왕망은 왕건을 위해 최선을 다한 자신의 공을 왕건이 무시한다고 생각해 전복顚覆을 기도하게 된다. 그러나 거사가 있기도 전에 탄로가 나 왕망이 도망쳐 온 곳이 바로 압해읍 고이도였다. 왕망은 이곳 고이도에다 성을 쌓고 근거지로 삼았다.

언젠가는 고려왕실에 도전하기 위해 고이도 근해를 지나던 세곡선稅穀船(예전에, 나라에 바치는 곡식을 실어나르는 배)을 붙잡아 식량을 빼앗았으며 선원들을 자기 부하로 만들었으나 나중에 발각되어 죽임을 당하고 말았다. 왕망은 자기의 뜻을 이루지 못하고 죽었으나 그가 살던 흔적은 이곳에 남아 있다. 성터는 1km 정도 남아 있으며 왕망이 살았다는 집터도 있다.

고이도에 조성되는 갯국화 모습
자료 : 신안군 제공

　고이도 큰 산을 왕산이라 부르고 음력 정월 보름날이면 이곳에 제를 지냄으로써 풍년과 행운이 오고 병마를 막아낸다고 하여 부정이 없는 사람을 선발하여 제를 모셨다.

　일제 말 우리나라 지도에 이 섬이 왕도라 적혀 있었다고 한다. 예전의 성터는 그대로 보존되어 신안군의 천연기념물로 지정되었다. 수달장군 능창 전설에 등장하는 섬이자 옛날에 군사적인 요충지로 알려지기도 하였기 때문이다. 고이도의 최고봉 왕산(높이 65.3m) 정상에서 바라다 보이는 바닷길은 과연 해로海路(바닷길)의 요충지임을 단번에 알 수 있었다.

　현재 고이도는 "갯국의 섬"으로 육성하고 있다. 갯국은 가을에 노랑꽃을 피운다. 선도는 수선화를 중심으로 봄에 노랑꽃을, 고이도는 가을에 노랑꽃을 대량으로 식재하여 인근 섬끼리 상호보완과 통일된 색상에 도전하고 있다.

　또한 고이도는 전라남도의 '가고싶은섬'사업에 선정되었고, 갯국공원까지 조성하기 위하여 토지를 확보하고 있어 향후 많은 관광객들의 발길이 이어질 것으로 기대된다. 선도와 함께 고이도 여행을 한다면 보다 다양한 매력을 느낄 수 있을 것이다.

2) 기점·소악도

기점·소악도는 2017년에 가고 싶은 섬으로 선정되었다. 각 섬의 독특한 해양자원을 발굴하는 이 사업에서 기점·소악도는 스페인의 산티아고를 본뜬 '섬티아고', '순례자의 섬'으로 다시 태어났다. 주민 대다수가 기독교인이고, 이웃한 증도에 한국 기독교 최초 여성 순교자 문준경 전도사의 순교자가 자리한 데서 착안했다.

우리나라와 프랑스, 스페인의 건축·미술가들이 기점·소악도에 머물며 열두제자를 모티브로 작은 예배당을 지었다. 대기점도와 소기점도, 소악도, 진섬, 딴섬까지 이어지는 순례자의 길은 이렇게 완성된 예배당 12곳을 따라 총 12km를 걷게 된다. 대기점도선착장에 자리한 건강의집(베드로)을 시작으로 생각하는집(안드레아), 그리움의집(야고보), 생명평화의집(요한), 행복의집(필립)을 거쳐 소기점도로 넘어가면 감사의집(바르톨로메오)과 인연의집(토마스)이 반겨준다.

소기점도와 소악도 사이에 자리한 기쁨의집(마태오)을 지나 소악도 소원의집(작은야고보)을 보고, 진섬에서 칭찬의집(유다다대오)과 사랑의집(시몬)을 만난다. 마지막으로 딴섬에 홀로 자리한 지혜의집(가룟유다)까지 둘러보면 순례자의 길을 완주한 셈이다. 어른 걸음으로 3시간 이상 걸리는 코스다.

순례자의 길을 걸을 때 유의할 점은 노두다. 섬과 섬을 잇는 노두는 밀물이면 사라지는데, 이때 무리해서 건너면 위험하다. 적어도 3~4시간 뒤 썰물에 건너야 한다. 대기점도와 소기점도, 소기점도와 소악도, 소악도와 진섬이 노두로 연결된다. 대기점도선착장에 내려 전기자전거를 빌려도 좋다. 예배당 12곳을 차례로 둘러본 뒤 소악도에서 반납하고 여객선에 바로 오를 수 있다. 섬 내 편의시설은 마을에서 운영하는 식당과 게스트하우스, 카페가 전부다. 물

순례자의 길, 기점·소악도
자료 : 신안군 제공

한 병을 사려고 해도 이곳에 가야 한다. 마실 물과 간식을 준비하고, 이왕이면 섬에서 하룻밤 묵어가는 여유로운 일정을 추천한다.

3) 병풍도

병풍도는 주민들이 하나, 둘 도시로 떠나면서 대부분의 논밭이 황무지로 변하며 몇 년 전까지만 해도 아무런 쓸모없던 땅처럼 황량했다. 그러나 지금은 아름다운 맨드라미 섬으로 변했다. 과거 1천명이 살던 섬에는 지금은 300여명의 나이 많은 어르신만 거주한다.

폐허로 변하던 병풍도를 아름다운 섬으로 만들자는 신안군의 제안에 주민들이 너나 할 것 없이 팔을 걷어붙였다. 신안군과 힘을 모아 황무지 2만여㎡를 가꾸어 전국에서 가장 넓은 맨드라미 섬으로 탈바꿈시켰다. 박우량 군수의 1섬1꽃 가꾸기 '신안 플로피어flowpia사업 일환이다. 마을 첫 관문인 보기선착장에서 맨드라미 꽃동산까지 4㎞구간에 맨드라미 꽃 정원을 조성하였다. 맨드라미 거리도 10㎞나 조성되어 있다. 12만㎡에 46품종 200만 본의 맨드라미가 화려하게 피었다. 병풍도 맨드라미 섬에서는 어릴 적 흔히 봐왔던 닭 볏 모양부터 촛불 모양, 여우 꼬리 모양 등 다양한 형태와 여러 가지 색깔의 맨드라미를 접할 수 있다.

　병풍도 맨드라미 동산에는 주홍색 건물의 '놀래라 화장실'이 설치되어 있는데, 이는 지역 명물로 인기를 끌고 있다. 바깥풍경을 볼 수 있도록 특수제작된 큰 통유리로 제작된 덕택에 밖에서는 화장실 안이 보이지 않는다. 처음 온 관광객들은 자칫 밖에서도 안이 적나라하게 보이는 거 아닌가 놀라는 진풍경이 연출되고 있다. 바로 옆 무인카페도 명물이다. 잠시 쉬어가는 곳으로 '멍 때리기'에 최적의 장소로 꼽힌다.

　병풍도는 유네스코 생물권보존지역이면서 람사르습지로 지정됐으며 깎아지른 기암절벽 등 자연의 신비함이 숨겨져 있다. 매년 9월~10월에는 '섬 맨드라미 축제'를 개최하고 있다. 축제기간에 병풍도를 방문하면 추억의 봉숭아 손톱 물들이기, 고구마 수확체험 등 다양한 체험과 부녀회원들이 만든 맨드라미 차와 맨드라미 소금도 접할 수 있다.

맨드라미의 섬, 병풍도
자료 : 신안군 제공

역사 속
선도와
문화유산

2부

Ⅰ. '선도면' 소재지 시절의 선도

Ⅱ. 선도의 마을을 찾아서

Ⅲ. 선도 정신의 뿌리, 회영재

Ⅳ. 선도 사람들의 문화유산 찾기

Ⅴ. 고문서를 통해 본 선도 사람들

I
'선도면' 소재지 시절의 선도

최성환

1. 행정구역 변천과 지명

  선도는 행정구역상 현재 전라남도 신안군 지도읍에 해당한다. 지도읍 일대는 삼국시대에는 백제의 고록지현古祿只縣에 속하였다. 고록지현은 지금의 영광군이 중심이 된 백제 시기의 행정편제였다. 통일신라시대에는 압해군에 속한 염해현鹽海縣의 일부였다. 현재 신안군청이 있는 압해도를 중심으로 주변의 섬이 하나의 행정구역으로 편제되었다. 염해현은 오늘날 무안군 해제면 임수리 인근 지역에 해당한다. 고려시대에는 염해현에서 임치현臨淄縣으로 소속이 옮겨졌고, 조선 초기에는 영광군 염소면鹽所面에 속하였다.

  선도의 현 주민인 박기남 집안에서 소장하고 있는 조선시대 선조들의 호적문서에는 해당 주소지가 '영광군 염소면 선치蟬峙'로 기록되어 있다. 조선시대에는 선도가 영광군에 속했음을 보여주는 근거가 된다. '선치'는 선도를 칭하는 별칭이다. 주민들 사이에는 "섬의 생김새가 마치 매미같이 생겼다"고 해서 '선치' 혹은 '선도蟬島'라 불렀다는 지명유래가 전해온다. '선蟬'은 매미라는 의미이다. 옛 문서를 통해 선치가 단순한 별칭이 아니라 조선시대에는 공식 관청의 문서에도 지명으로 사용되었다는 것을 알 수 있다.

한편 '선도蟬島'라는 섬의 명칭은 조선시대의 다양한 지리지에 그 이름이 발견된다. 『신증동국여지승람(1530년)』, 『동국지리지(17세기 중반)』, 『여지도서(1760년)』, 『호구총수(1789년)』, 『대동지지(1864)』 등에 기록되어 있다.

선도가 속한 현재의 신안군 지도읍은 조선 후기 1682년(숙종 8)에 수군 기지인 지도진智島鎭이 설치되면서 주목받기 시작했다. 서남해의 요충로를 지키는 해상기지 역할을 했다. 한편, 국가의 관청이 설치된 이 시기부터 여러 유배인이 지도로 보내졌다. 지도진은 조선 말기에 국권이 쇠락하고 군사제도가 개편되는 과정에서 1895년(고종 32)에 폐지되었다. 대신에 1896년에 지도군智島郡이 신설되면서 지도는 군청 소재지가 되었다. 이처럼 선도는 조선시대에는 영광군에 속해 있다가, 근대기에 들어서 현 신안군의 전신에 해당하는 섬으로 이루어진 지도군이 등장하면서 오늘날과 유사한 행정편제에 속하게 되었고, 그에 따른 섬 주민들의 생활권이 정착되기 시작했다.

2. 지도군의 신설

선도는 한때 '선도면'의 소재지였다. 신안군의 원로들도 이러한 내력을 아는 사람은 별로 없다. '면面'은 비교적 규모가 큰 섬을 중심으로 지정되기 때문에 작은 섬의 이미지를 지닌 선도가 과거에 면 소재지였다는 사실은 다소 생소하게 느껴진다. 선도가 한때 '면'이었던 것은 지도군智島郡의 신설과 관련이 있다.

조선시대에 섬은 오랫동안 육지에 부속된 변방의 개념으로 인식되어왔다. 현 신안군의 섬들은 나주목에 속한 월경지(군현 등 지방 행정 단위의 소속 영역 중 다른 지방 행정 단위의 영역 너머에 있는 관할구역)인 일명 나주군도羅州群島로 인식되거나 무안·영광 등 연해의 군에 속한 부속도서 개념으로 행정구역에 편제되어왔다. 이러한 상황은 근대 시기에 이르러 기존 인식에 변화가 일어났고, 그 결과 섬으로 이루어진 지도군이 1896년에 새롭게 신설되었다.

섬으로 이루어진 행정구역을 설치하는 문제는 이미 조선 영조 대부터 다양한 논의가 이루어지기 시작했다. 1729년(영조 5) 8월 좌의정 이태좌李台佐가 나주제도에 설읍設邑을 주장하면서 올린 상소가 논의의 출발이었다. 2년 후 1731년(영조 7) 5월 부교리 황정黃晸이 "읍邑을 설치하고 관원을 두어 한편으로는 섬 백성들을 수습하는 방도로 삼고, 한편으로는 해방海防을 관할"하게 하자는 상소를 올려 그 논의가 한층 깊어졌다.

비록 실현되지는 못했지만 황정의 상소는 섬으로 구성된 군을 별도로 설치해야 하는 필요성을 강조하고 있다. 이러한 인식과 관련된 내용이 조선시대 군사와 관련된 중요 업무를 의논하여 결정하던 비변사의 기록인 『비변사등록』에 남아 있는데, 크게 다섯 가지 근거를 들어 주장하였다. 첫째 해역 방어의 중요성, 둘째 국가 재정 관리 차원에서 육지관리가 섬의 현황을 파악하기 어려웠다는 점, 셋째 반역자들이 역모를 꾀할 가능성, 넷째 조운선의 관리, 다섯째 왕화王化가 고루 미치게 하는 것 등이다. 이 주장에서는 선도를 포함한 지도 일대 섬이 지닌 지리적 중요성과 당시 사회경제적 상황을 함축하고 있다. 그러나 이러한 논의에도 불구하고 섬만의 독립된 '군郡'을 새로 설치하는 것은 쉽게 실현되지 않았다.

섬으로 이루어진 지도군의 신설은 조선 말기인 1896년이 되어서야 실행되었다. 1896년 2월 3일 고종의 칙령 제13호로 "전주부, 나주부, 남원부 연해제도沿海諸島에 군郡을 설치하는 건"이 반포되었다. 이때 지도군(나주, 영광, 부안, 만경, 무안 등에 속한 섬으로 구성)과 함께 완도군(영암, 강진, 해남, 장흥 등에 속한 섬으로 구성), 돌산군(흥양, 낙안, 순천, 광양 등에 속한 섬으로 구성) 3군이 새롭게 독립된 행정구역으로 설치되었다.

섬으로 이루어진 지도군을 창설한 목적에 대해 초대 지도군수 오횡묵吳宖默은 『지도군총쇄록智島郡叢瑣錄』에 "섬과 육지를 평등하게 보아 똑같이 보살피겠다는 지극한 뜻에서 나온 것이다."고 밝혔다. 당시 조정에서는 섬 관리를 강화하여 섬 주민 보호, 재원관리, 조세 수운로 관리 등 여러 가지 효과를 기대하고 있었다. 시대적 상황상 무엇보다 외세의 침입에 따라 도서 변방에 대한 관리 강화 차원과 재정확보의 목적이 가장 중요한 배경이었다.

3. 선도면 시절

지도군 신설과 함께 부속 섬에 대한 관리체계를 확충하기 위해 각 섬의 형편과 풍토를 조사하고, 섬의 거리와 크기를 헤아려 다음과 같은 16개의 면으로 나누어졌다.

지도, 임자, 낙월, 사옥, 선도, 위도, 고군산, 압해,

자라, 하의, 기좌, 안창, 암태, 장산, 흑산, 자은

낙월과 위도, 고군산을 제외하고는 모두 지금의 신안군에 속한 섬이다. 이때 선도면이 설정되었고, 선도가 면面의 소재지가 되었다. 선도면에 내에는 선도蟬島, 고이도古耳島, 당사도唐司島, 매화도梅花島, 병풍도屛風島, 탄도炭島가 속하였다. 다음 그림은 조선총독부 토지조사국에서 1916년에 작성한 『전라남도지지조사』에 담겨 있는 무안군 선도면 기록 중 일부이다. 선도면의 관할구역이 표시

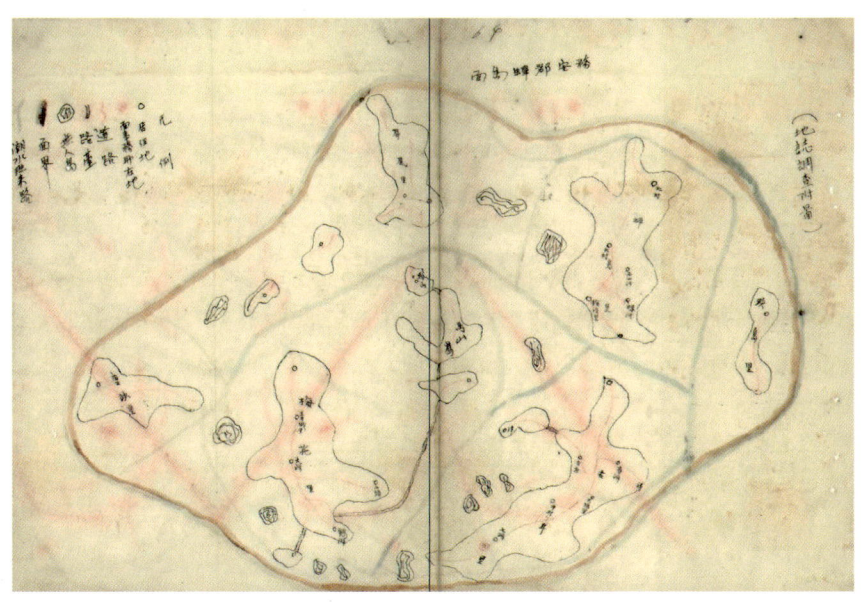

1916년 『전라남도지지조사』 중 무안군 선도면 관할구역 표시도

되어 있다. 마산도를 포함하여 7개 섬이 선도면의 영역이었다.

지도군 시절의 행정구역 편제는 지금의 신안군 14개 읍면과는 조금 차이가 있다. 당시 현지 조사를 통해 면 소재지를 정한 만큼 그만한 이유가 있었다. 현재는 여러 섬들이 간척을 통해 연결되어 섬의 크기에 많은 변화가 있지만, 당시를 기준으로 볼 때 선도는 주변에서 가장 크고 거점이 되는 섬이었다.

『한국수산지韓國水産誌』에 기록된 1909년에 조사된 관련 호구戶口을 보면 당시 선도의 위상을 알 수 있다. 『한국수산지』는 대한제국의 농상공부農商工部 수산국水産局과 조선총독부의 농상공부에서 편찬한 것이다. 전국 연안의 도서 및 하천에 대한 수산의 실상을 1907년경부터 1911년까지 조사하여 기록하였다. 총 4권으로 구성되어 있는데, 그중 3권에 현 신안군에 해당하는 지도군 관련 내용이 수록되어 있다.

1909년 호구 조사 기록 중 선도 일대 비교표

섬 이름	호수	인구
사옥	73	353
후증	101	393
전증	68(화도포함)	306
선도	172	583
매화	87	358
당사	40	98
병풍	56	238
고이	70	285
탄도	22	57
우전	36	134
원달	31	78
곡도	19	95

1909년 당시에는 선도의 가구 수와 인구가 인근의 다른 섬보다 월등히 많았다. 한국전쟁기에 전증도와 후증도를 연결하여 태평염전이 조성되면서 현

재는 더 큰 섬이 되었으나, 독립된 원형으로 따지면 선도가 더 큰 섬이었음이 확인된다. 1910년에 국권을 빼앗긴 후 1914년에 행정구역 개편으로 지도군은 폐지되고, 무안군 지도면으로 편입되었다. 이후에도 선도 인구는 지속적으로 증가하였다. 1916년에 조사된 기록(『내지지조서』 중 전라남도 무안군 지도면 선도리)에 의하면 선도의 인구가 1409명에 이르렀다.

1916년 선도의 현황(내지지조서 전라남도 무안군 지도면 선도리)

동리명 (洞里名)	마을명	호수		인구	
선도리 (蟬島里)	주동(蛛棟)	48	231	470	1409
	남악리(南岳里)	13		87	
	석산동(石山同)	29		183	
	대촌리(大村里)	36		263	
	북촌(北村)	23		147	
	매계리(梅溪里)	46		260	

2022년 1월 기준 선도의 거주인구가 235명인 것을 감안하면, 과거에는 선도에 훨씬 더 많은 사람들이 살았었음을 알 수 있다.

1969년에 이르러 신안군이 무안군으로부터 분리하여 새롭게 창군創郡 되었다. 선도는 행정구역상 지도면으로 편제되었고, 지도면은 1980년에 지도읍으로 승격했다. 이후 선도는 현재까지 신안군 지도읍에 속해 있다.

과거에는 선도의 북쪽인 북촌 나루에서 지도읍의 회산會山 나루로 왕래가 활발했고, 주요 생활권도 지도와 밀접했다. 현재는 주동 선착장을 통해 무안군 운남면 신월항과 연결되고, 신안군 압해읍 가룡항에서 출발하는 차도선이 운항하고 있다.

II
선도의
마을을
찾아서

남아현 · 최성환

　선도의 마을은 주동·매계·석산·대촌·북촌 크게 총 5개로 구성되어 있다. 이외에 옛 기록과 주민들의 구전에 의하면 남악마을도 예전에는 하나의 마을로 인식되었다. 과거에는 이렇게 6개의 마을이 선도 주민들의 생활권역으로 분포되어 있었다. 남악마을은 선도분교가 있는 지역을 칭했고, 지금은 흔히 주동 마을의 일부로 포함하여 인식된다.

　선도는 섬 자체가 그리 크지 않아 마을 간의 거리도 비교적 가까운 편이다. 대부분 걸어서 10분이면 갈 수 있는 거리여서, 도보여행을 즐기기에 좋다. 선착장을 기준으로 매계마을 쪽만 반대쪽 해안가에 조금 떨어져 있는 위치이다.

　선도의 관문은 주동마을에 있는 선도항이다. 신안군 압해읍 가룡항과 무안군 운남면 신월항 사이를 여객선이 오가고 있다. 선도항 선착장에 도착하면 가장 먼저 '수선화섬 선도'라고 새겨진 대형 표지석이 눈에 들어온다. 2019년에 수선화 축제를 추진하면서 이를 기념하고 널리 알리기 위해 세운 것이다. 그 옆으로 선도 관광안내도가 나란히 있고, 선착장 주변에 선도의 내력을 보여주는 '연혁비', 신안의 갯벌낙지 맨손어업이 국가 중요어업유산으로 지정되었음을 알리는 '기념비' 등이 세워져 있다.

현재 선도의 5개 마을 위치

  선도 표지석 바로 뒤편에 선도 선착장의 유일한 상점이 있다. 일종의 미니마트 성격이고, 배를 기다리는 승객들을 위한 커피도 판매하고 있다.
  선도항 주변의 주택들과 창고의 벽면에는 선도가 수선화의 섬이라는 것을 자랑이라도 하는 듯 수선화에 대한 다양한 그림으로 채워져 있다. 선도가 수선화의 섬으로 특화되면서 선도 주민들의 주택 지붕과 공공시설 등이 수선화를 상징하는 노란색으로 채색되었고, 수선화와 관련된 여러 가지 이야기가 벽화형태로 장식되기 시작했다. 신안군은 주요 섬마다 그 지역을 상징하는 특화 꽃단지를 개발하고, 꽃의 색에 어울리는 섬 이미지 개선사업을 추진하고 있다. 선도의 경우는 봄소식을 전하는 노란색 수선화의 섬으로 명성을 얻고 있고, 매년 4월에 수선화 축제를 개최하고 있다.
  선도항 주변에는 선도 주민들의 편의를 담당하는 각종 공공시설들이 모여 있다. 신안군 지도읍 선도출장소와 선도 보건진료소가 선치분교를 가는 큰길

상 선도선착장 풍경
하 선도선착장 주변 모습

의 오른편에 있고, 선도 치안센터는 선착장에서 좌측 매계마을로 가는 큰길의 왼편에 있다.

1. 선도의 중심지, 주동蛛洞

주동마을은 선도에서 가장 큰 마을이다. 선도선착장 주변에 선도출장소, 선도보건진료소, 선도어촌계, 어민 쉼터 등이 밀집되어 있다. 주동을 예전에는 '줏나리'라고도 불렀다. 아주 오래전부터 현재의 선도항에 해당되는 포구가 있었고, 주막도 있었기 때문에 그렇게 불린 것이다. 1916년『내지지조서』의 기록에는 주동마을에 48호 470명의 인구가 거주했다고 적혀있다. 주동마을의 현재 행정명칭은 '선도1구'이며, 남악마을을 포함하여 2019년 말 기준 71세대 113명이 살고 있다.

선도에서 가장 큰 도로인 '선도길'이 북쪽 선치분교 방향으로 개설되어 있고, 도로의 왼편 대덕산 아래에 '새주덕들'이라 불리는 큰 논이 조성되어있다. 이곳은 선도에서 가장 큰 들이며, 선도 사람들 농사의 중심공간이다. 그 주변에 주동저수지 2곳이 조성되어있다. 마을 입구에는 주동경로당이 자리하고 있어 주민들의 소통공간이 되고 있다.

마을주민들의 민가는 선도의 동남쪽 해안가에 주로 자리하고 있다. 1588년에 순흥 안씨가 지도에서 이주하여 이곳에 정착하였다고 전해온다. '주동'이라는 마을 지명은 마을의 지형이 '거미혈' 형세라는 풍수에 따른 것이라고 한다. 그래서 거미 '주蛛'를 붙여 '주동'이라고 부르게 되었다.

초대 지도군수 오횡묵이 주변의 섬을 순행한 후 남긴『심진록』에 선도의 풍수와 관련된 내용이 언급되어 있다. 오횡묵은 "그곳에 사는 사람들은 늙은 거미가 거미줄을 펴고 있는 노주장망老蛛張網 형국이라고 한다"고 기록하고 있다. 당대 사람들이 주동 마을 일대의 풍수와 관련하여 거미형국이라는 점을 공유하고 있었다는 점이 확인된다. 한편 선도를 방문하여 현장을 둘러본 오횡

멀리 하늘에서 본 주동마을

묵 군수는 자신이 이곳의 풍수를 살펴보니 오히려 이 일대의 형세가 '박쥐^{편복격}(蝙蝠格)'에 가까운 것 같다는 의견을 남기기도 했다.

현재 주동마을의 범위는 석산마을로 가기 바로 전 선도교회를 포함하는 구릉 일대까지이다. 이 구릉 일대는 다량의 회청색경질 토기 편이 수습된 삼국시대 유물산포지이기도 하다. 지금은 당시의 흔적을 볼 수 없지만, 이러한 유적이 발견되었다는 점은 아주 오래전부터 선도에 사람들이 집단으로 거주

했었다는 사실을 보여주는 것이다. 주동마을에서 석산마을로 가는 도로변 우측에는 1980년에 조성된 '김해김씨기행비각金海金氏紀行碑閣'이 있다. 김해김씨는 조희래의 부인이었다. 남편이 20세 때 일본으로 떠난 후 실종되어 연락이 끊겼는데, 끝까지 가정을 지키며 시어머니를 정성으로 모셨다. 이 기념각은 이를 칭송하기 위해서 세운 것이다.

주동마을에는 섬사람들의 전통신앙인 당제가 있었다. 마을 뒤편의 동산에 당산나무를 중심으로 마을의 안녕을 기원하는 제사가 진행되었다. 지금은 그 전통이 사라진 지 오래되었고, 선도의 유일한 종교시설인 교회가 자리하고 있다.

선도교회는 언덕 위에 자리하고 있어 어디에서도 눈에 잘 들어오는 선도의 이정표이기도 하다. 선도교회 옆에는 수선화의 집이 있다. 선도에 수선화를 처음 재배하기 시작한 현복순 할머니의 집이다. 30년 전에 서울 생활을 뒤로하고 선도로 귀향하여 꽃을 가꾸기 시작했다. 현복순 할머니의 집은 선도를 방문하는 사람들의 대표적인 포토존으로 명성을 얻고 있다. 한편, 선도 교회 주변에는 선도카페와 쉼터가 조성되어 방문객들과 마을주민들의 소통공간이 되고 있다.

선도 주동마을은 산책로가 잘 조성되어있어, 섬마을 여행자에게 제격인 곳이다. 조용한 섬마을과 해안선이 어우러진 아름다운 경관을 뽐내고 있다. 특히, 매월 4월이 되면 선도는 노란색 수선화 물결로 가득 찬다. 주동마을 선착장에서 선도교회 일대가 중심이다. 해안가를 중심으로 아름다운 수선화단지가 조성되어있어 탐방로를 통해 걸어서 산책하기 좋다. 남도의 봄을 찾아 선도에 오면 다도해의 아름다운 풍경과 어우러진 노란색 수선화를 만끽할 수 있다.

2. 선도 교육의 산실, 남악南岳

남악은 선도 대덕산 자락에 형성된 마을이다. 지금의 선치분교 일대에 해당한다. '남악南岳'이라는 이름은 전라남도 사람들에게 매우 익숙한 지명이다. 현재 전라남도 도청이 자리하고 있는 곳의 지명이 '남악'이기 때문이다. 국내에 '남악'이라는 지명이 꽤 남아 있는데 그 유래와 관련해서는 여러 가지 설이 있다. 중국 오대 명산 중 하나인 호남성의 형산衡山을 칭하는 것이기도 하고, 국내에서는 고대에 지리산을 칭하는 이름이기도 했다. 선도 사람들은 선도의 명산인 대덕산의 산세를 '남악'으로 인식한 것 같다. 멀리서 보면 대덕산 정상이 우뚝 솟아 있는 것처럼 보여 왜 '남악'이라 했는지 실감할 수 있다. 남악 일대는 삼국시대 회청색경질토기편이 수습된 유물산포지이기도 하다. 유물이 발견된 곳은 선치분교 남쪽 언덕이다. 고대부터 이 일대에 사람들이 거주했음을 알 수 있다.

현재 남악 마을은 주동 마을의 일부로 인식되고 있지만, 예전에는 별도의 지명이었다. 1926년 측량된 근대지도의 선도 부분에는 '남악리南岳里'라고 표기되어 있다. 단순히 자연마을로 표기된 것이 아니라 행정명인 남악리로 불렸다는 것을 알 수 있다. 거주하는 인구가 그리 많지는 않았다. 1916년『내지지조서』에 따르면 남악마을에는 13호 87명의 인구가 있었다.

남악 마을은 선도의 교육문화 발달에 매우 중요한 공간이었다. 현재 선도의 유일한 학교였던 선치분교 건물이 남아 있다. 선치는 선도의 별칭이다. 선치분교는 2018년에 지도초등학교로 통폐합되었고, 현재 건물과 교정이 보존

선치분교와 남악마을(현 선도1구 주동마을)

되어 있다. 선도 주민들은 선치분교를 선도의 역사를 알리는 전시공간이자 주민들의 문화 공간으로 활용하려는 준비를 하고 있다.

한편, 선치분교 자리는 조선시대부터 존재했던 선도의 옛 서당인 '회영재會英齋'가 있었던 곳이기도 하다. 오횡묵 지도군수가 선도에 방문했을 때 이곳 회영재에 머물며 주민들과 교류하였다. 회영재의 형세에 대해 『심진록』에는 "재齋의 모양이 제법 좋다. 대나무 숲이 사방을 두르고 지대는 높고 밝아 이번 행차에 이런 곳은 처음으로 본다."고 기록하였다. 군수로 지도군에 속한 여러 섬의 서재를 둘러보던 오횡묵이 당시의 선도 회영재를 묘사하며 호평한 것이다.

현재 선치분교의 정문 앞에는 3개의 비석이 서 있다. 1956년에 건립된 '회장박만용공적기념비會長朴萬用功績紀念碑', 1965년에 건립된 '현사친회장박채복유적기념비現師親會長朴彩福功績紀念碑', 1985년에 건립된 '박동우선생공적비朴東佑先生功績碑'

가 나란히 세워져 있다. 모두 학교 운영에 도움을 준 분들의 고마움을 기념하기 위해 세운 것이다. 박만용은 교실 증축, 박채복은 건물증축과 전답 기증, 박동우는 교육 기자재를 기증하였다.

3. 송아지 등을 닮은 마을, 석산石山

석산마을은 주동과 대촌 마을의 중간 위치에 자리하고 있다. 마을 지명과 관련하여 재미있는 설화가 전해온다. 석산마을은 지명은 현재 '돌 석石' 자를 사용하는데, 지역 원로들의 증언에 의하면 본래는 '송아지 독犢'자를 사용하는 '독산'이 올바른 명칭이라고 한다. 마을이 형성된 곳의 지형이 소의 등 모양처럼 생긴 것에서 유래했다. 대한민국 국토 최서남단의 섬으로 유명한 신안군 가거도의 산이름이 '독실산'인데, 송아지 '독犢'자를 사용하고 있다. 선도의 석산마을도 원래는 돌이 아니라 소를 상징하는 '독산'이었다는 주민들의 증언이 흥미롭다.

이 마을에는 오래된 우물이 없는 것이 특징인데, 이 역시 마을 지명과 관련이 있다. 예부터 독산마을에는 우물을 파지 않았다. 마을 지형이 소의 등 형태이기 때문에 소등에다가 우물을 파면 안 된다는 인식 때문이었다. 언젠가는 주민들이 마을에 우물이 없으니 불편하다고 하여 우물을 만들었는데, 그 뒤로 어린이가 우물에 빠져 죽는 사고가 발생했다. 그 뒤로 다시 매립하고, 이후에는 우물을 조성하지 않았다. 그래서 독산마을 사람들은 불편하더라도 주변 마을의 우물을 사용했다고 전해온다.

'독산'이라는 명칭이 근대 시기에 어느 순간 석산石山으로 변형된 것으로 보인다. 1916년『내지지조서』기록에도 마을 이름은 한자로는 석산石山으로 표기되어 있는데, 당시 29호 183명이 거주하고 있었다.

석산마을 마을회관 입구에는 선도 마을의 역사와 문화를 담은 기념비 3개가 보존되어 있다. 1946년에 건립된 '절충장군행첨지중추부사해음박공유지비

아래쪽의 석산마을과 위쪽 멀리 보이는 주동마을

折衝將軍行僉知中樞府事海陰朴公遺址碑', 1946년에 건립된 '밀양박씨삼세사효비密陽朴氏三世四孝碑', 1966년에 건립된 '김해김씨효열비각金海金氏孝烈碑閣'이다.

박공유지비는 밀성 박씨 '박세태朴世泰'의 기념비이다. 박세태의 효성과 관련하여 그 명성이 자자하여 후손들이 이 비를 세웠다. 현 주민 박기남 씨의 집에 박세태와 관련된 1742년 교지敎旨가 보존되어 있다. 임금이 박세태를 '절충장군첨지중추부사折衝將軍僉知中樞府事'로 임명한 것이다. 마을에 세워진 비는 1946년에 세워진 것이지만, 박세태는 조선시대에 활동했던 역사 인물임을 알 수 있다.

'밀양박씨삼세사효비密陽朴氏三世四孝碑'는 밀양 박씨 집안의 3세世에 걸친 4효자孝子의 효행을 널리 알리기 위해 건립한 것이다. 나란히 세워져 있는 박세태의 집안과 관련된 것이다. 박도형朴道亨과 그의 아들 박세태朴世泰, 박도형의 며느

석산 마을의 김해김부인효열비

리 광산 김씨, 박씨 문중의 박인순朴仁淳과 박맹갑朴孟甲 등 대를 이어 7명의 효자가 배출되었다. 지도 유림들이 이를 칭송하고 기념하기 위해 비를 세웠다.

'김해김씨효열비'는 시멘트로 된 울타리 속 석조 비각 안에 있고, 비석 자체는 따로 머릿돌이 없는 독특한 양식을 띠고 있다. 김씨는 박근중朴根重과 혼인했는데, 26세에 남편이 병으로 세상을 떠났다. 이후에도 시부모를 정성껏 봉양하고 문중 제사를 모셔온 것을 칭송하기 위해 이 비를 건립하였다.

작은 섬마을에 이러한 효열과 관련된 비가 많이 남아 있는 것도 섬 문화의 특징 중 하나이다. 기본적으로 조선시대는 유교중심의 사회였기 때문에 그러한 기본 덕목이 섬 지역에도 중요하게 여겨졌음을 보여주는 유적이다. 동시에 섬사람들은 바다를 터전으로 생활하다 보니 일찍 부모나 남편이 죽는 경우가 많았다. 따라서 어찌보면 육지 사람보다 더 이러한 효열의 중요성이 섬마을에 중요한 전통으로 강조될 수 밖에 없었다. 흔히 섬사람들은 답답한 유교의 예의범절에서 비교적 자유로웠을 것 같지만, 오히려 섬이기 때문에 그러한 전통문화를 더 지키기 위해 노력하는 것이 필요했을지도 모른다.

4. 범덕산 아래의 큰마을, 대촌大村

대촌마을은 범덕산의 능선 아래에 자리 잡고 있다. '대촌'이라는 지명은 대개는 그 지역에서 가장 규모가 큰 마을에 붙여지는 명칭이다. 1916년『내지지조서』기록상 대촌마을에 36호 263명이 살고 있었으니 상당히 규모가 큰 마을이었음을 알 수 있다. 주동 마을 다음으로 거주 인구가 많았던 마을이다. 지금은 2019년 연말 기준 석산마을과 대촌마을을 합해 세대수는 32세대, 인구수는 56명이다. 비록 인구는 많이 줄어들었지만 마을을 걷다 보면 선도 대촌 마을의 옛 위상을 느낄 수 있다. 전체적으로 개별 집의 부지가 대부분 큼직하여, 집마다 상당히 넓은 마당을 보유하고 있는 것이 특징이다.

대촌마을에는 큰 마을이라는 이름에 걸맞게 선도에서 가장 큰 대규모의

대촌마을 전경

우물이 보존되어 있다. 대촌마을 입구 공터에 조성되어 마을주민들 전체가 사용했음을 알 수 있다. 현재 상부 노출 부위는 시멘트로 사각 입구를 추가로 만들어 놓은 형태인데, 그 안에는 그 안에는 돌을

대촌마을의 큰 우물

원형으로 쌓아 올린 형태의 옛 우물 형태가 잘 보존되어 있다. 상부 시멘트 부분을 제거하고, 우물을 보호하는 시설물을 보기 좋게 설치한다면 대촌마을의 대표적인 생활유적이자 관광자원으로 활용하기 매우 유용할 것 같다.

대촌마을 곳곳에는 목조 기둥으로 되어있고, 외벽이 없는 창고형 건물이 많이 남아있다. 요즘은 다른 지역에서는 쉽게 보기 어려운 개방형 창고 형태

대촌마을 개방형 창고

이다. 누구나 쉽게 드나들 수 있는 구조인 이러한 창고 형태에서 섬마을 주민 간 신뢰도와 개방성이 느껴진다. 평화로운 섬마을에서만 느낄 수 있는 또 다른 생활문화유산이다.

대촌마을 입구 도로변에는 각종 효행비·기행비 등이 줄지어 서 있다. 주로 해방 이후에 세워진 것들이다. 1975년에 건립된 '박학래기념비朴學來紀念碑', 1978년 건립된 '박병윤선행비朴炳尹善行碑', 1978년에 건립된 '밀양박씨열행기실비密陽朴氏烈行記實碑'가 있다. 박학래 비는 교육에 대한 공로, 박병윤 비는 효성, 박씨열행기실비는 남편 사후에도 문중 일에 최선을 다한 점 등을 기념하기 위해 세운 것이다.

5. 나루를 통해 지도와 오가던 포구마을, 북촌北村

북촌마을은 마을 이름에서도 드러나듯이 선도의 가장 북쪽에 있는 마을이다. 마을은 1640년(인조 18)에 신안 주씨가 이주 정착하며 생겨났다고 전해온다. 남서쪽에는 선도의 대표 산인 범덕산이 있다. 옛 기록에는 '호덕산虎德山'이라고 되어있다. 1916년 기록에는 북촌마을에 23호 147명이 살고 있었다. 현재는 2019년 연말 기준 26세대 40명이 살고 있다.

북촌마을의 북쪽은 높은 산들로 가로막혀있는데, 산 고개를 넘어 해안가로 가면 지도 본섬으로 바로 통하는 북진나루터(북촌나루)가 나온다. 지금은 주로 주동(진변) 마을 해안에 있는 선도항을 통해 신안군 압해도 가룡항이나 무안군 운남면 신월항으로 왕래할 수 있지만, 예전에는 북진을 통해 맞은편 지도 본섬으로 주로 드나들었다.

원로들에 의하면 북촌의 나루를 과거에는 '부샛나루' 등으로 불렀다고 한다. 이곳에서 지도읍 태천리에 속한 회산 나루로 건너다녔다. 북촌 나루 바로 맞은편에 '부사도'라는 섬이 있는데, 그곳까지만 건너가면 부사도에서 지도 쪽으로 연결된 갯벌 위 노두가 있어서 물이 빠지면 건널 수 있었다고 한다. 북촌

북진나루(북촌나루)의 현재 모습 | 독특한 형태의 박상원 묘비

마을의 나루터의 흔적은 지금도 비교적 잘 남아 있다.

 북촌 지역에는 선도의 옛 지명과 관련해서 흥미로운 기록도 남아있다. 1911년에 발간된 『조선지지자료 朝鮮地誌資料』 중에는 선도에 '오류동치 五六洞峙(오륙골재)'라는 지명이 등장한다. 110년 전에 작성된 지명 책에 실려 있을 정도면 당대에 상당히 중요한 지명이었다는 의미인데, 지금은 사람들의 기억 속에서 사라져 버렸다. 이와 관련하여 선도 원로 박종삼(1936년생) 어르신은 이 지명이 북촌의 '어릿골'을 칭하는 것으로 증언해주셨다. 자신이 어렸을 때 '어릿골'이라는 이름을 들은 기억이 있다고 한다. '치'는 고개를 뜻하고, 오류동은 '어릿골-오리동-오류리' 등으로 불렸던 명칭이 『조선지지자료』에 '오류동치 五六洞峙(오륙골재)'로 기록된 것으로 추정된다. 당대 이러한 지명이 기록되어 있는 것은 그만큼 북촌 나루를 통해 선도를 왕래하는 사람들이 많았기 때문일 것이다.

 한편 북촌마을로 가는 도로변에는 밀성 박씨 추모공원이 조성되어있어 지나가는 사람들의 눈길을 끈다. 입구에 '금등산 琴嶝山'이라는 큰 표지석이 세워져 있고, 선조들을 합장한 납골당이 깔끔하게 조성되어있다. 추모공원이라는 말이 잘 어울릴 정도로 관리에 신경을 쓰고 있는 느낌이다. 추모공원 한편에는

북촌마을 전경

원래 각 묘에 세워졌던 묘비들을 한데 모아 보존해 놓고 있다. 그 가운데 가장 오래된 것으로 보이는 박상원의 묘비는 매우 특이한 형태를 하고 있다. 비문에 비해 매우 큰 머리돌을 올려놓았는데, 앞뒤로 매우 재미있는 문양들이 새겨져 있다. 집의 형태가 조각되어 있다. 이러한 머리돌은 일반적인 묘비에서는 보기 힘든 형태이다. 개별 문중의 추모공원이지만 이색적인 탐방코스로 삼아도 손색이 없다.

6. 닭이 알을 품고 있는 명당, 매계梅溪

매계마을은 선도 선착장에서 내려 왼편으로 진입하면 마주하게 되는 마을이다. 마을 형성 시기는 『신안군지』(2017)에 의하면 1638년에 밀양 박씨가 이주하여 마을에 정착한 것으로 알려져 있다. 한편 현재 마을 입구에 세워져 있는 박양환·박계환 유지비에 의하면 1799년(정조 23)에 밀양박씨가 이주하여 정착한 것으로 전해온다. 1916년 기록에는 매계마을에 46호 260명이 살았다. 현재 매

매계마을 금계포

계마을에는 2019년 연말 기준 33세대에 49명이 살고 있다.

주민들은 매계마을의 형세가 '금계포란金鷄抱卵', 즉 닭(금계)이 알을 품고 있는 모습이라고 한다. 우리나라 전통 풍수에서는 이러한 형세를 최고의 명당자리로 여겼다. 주민들은 현재 북촌 박씨 묘역이 있는 언덕 일대가 '알'에 해당하는 부분으로 보고 있고, 그 앞을 예전에는 '금계포'라고 불렀다고 한다. 지금은 간척이 되어 앞쪽에 농경지가 조성되어있지만, 원래는 이 묘역 앞쪽이 배가 드나드는 포구였음을 지명을 통해 알 수 있다. 매계마을 앞쪽에는 원래 일정도라는 섬이 있었는데, 현재는 매립되어 매계마을과 간척으로 연결되어 있다. 과거에 선도 사람들에게 일정도는 사람이 죽으면 임시로 매장하는 '초분골'이었다고 전해진다. 섬사람들의 죽음에 대한 의식은 특별했다. 사람이 죽으면 그 시신을 바로 땅에 묻지 않고 풀 등으로 덮어서 임시 가묘를 만들었다가 2~3년 후 뼈로 골라서 다시 땅속에 묻는 장례방식이 존재했다. 죽은 사람들의 영혼이 돌아올 수 있도록 임시 가묘를 했다가 정식으로 다시 무덤을 조성하는 방식이었는데, 임시묘를 흔히 '초분'이라고 부른다. 섬 마다 이러한 초분이 형성되는 지역을 '초분골' 혹은 '초장골'이라는 부르기도 하는데, 선도에서는 일정도가 그러한 초분이 많이 조성되는 지역이었다.

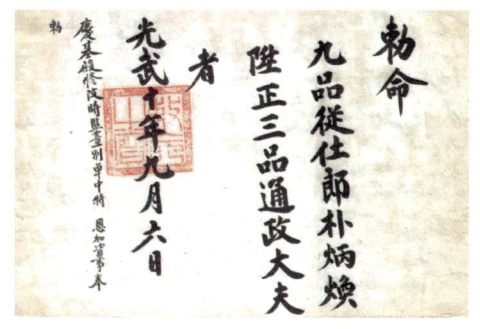

1906년 9월 6일에 고종 황제가 9품 종사랑 박병환을 정3품 통정대부로 임명한 칙명

　매계마을로 들어가는 큰 도로변 우측에는 선도의 대표 문화유적이라고 할 수 있는 '밀양박씨 효열각'이 조성되어있다. 효열각 내 좌측에 '이씨부인 정려비'와 우측에 '박병환 정려비'가 나란히 위치한다. 이들은 조선 말기의 열녀와 효자로 지역 유림들의 천거를 받았던 인물이다. 현재 남아 있는 효열각은 1934년에 조성된 것이다. 매계마을에는 이씨부인과 박병환의 행적을 널리 칭송할 것을 청원하는 각종 고문서가 전해져오고 있다.

　이씨부인은 원주이씨로 박준권에서 시집을 온 후 시어머니가 병환이 들자 자신의 허벅지를 베어 국을 끓여 드시게 하여 병을 치료하였다. 이후 시어머니와 남편이 병환으로 사망하자 성심껏 3년 상을 치렀다. 3년 상 이후 남편 따라 목숨을 끊으려 하자 시어머니와 남편의 모습이 꿈에 나타나 만류하자 이후에는 자식 양육에 힘썼다고 한다.

　박병환은 부모를 봉양하는 데 지극 정성을 다한 인물이다. 그의 정성에 감복한 현인이 꿈속에 나타나 부모를 공양할 방법을 알려주었는데, 박병환이 그대로 따라 하니 효험을 보았다. 아버지가 병환으로 죽을 지경이 되자 자신의 손가락을 베어 피를 먹여 부친의 생을 3개월 연명시켰다. 이후 어머니가 아플 때는 꿈속의 말을 따라 물고기를 잡아 와 봉양했고, 겨울날 꿩을 잡아 대접하여 병환의 차질을 보였다.

매계마을 밀성박씨 효열각

　한편 박병환이 부친상을 당한 후 묘 옆에서 여막살이를 하고자 하였을 때 "살아있는 자를 봉양하는 것 또한 효"라며 모친이 만류하자 이를 따랐다. 이에 병든 노모를 돌보는 집중하였고, 아버지의 묘소 또한 비바람이 불어도 빠지지 않고 살폈다. 당시 박병환의 효행은 지도군 지역의 유림들에 의해 널리 알려지고 천거되었다. 1896년부터 1900년대 초반에 작성된 다양한 고문서들이 집안에 전해오고 있다. 1906년에 고종으로부터 공식 인정받고, 포상을 받은 것으로 확인된다.
　밀성박씨 효열각 출입구는 석조로 된 기둥과 지붕 모양의 머리돌로 장식되어 있고, 출입문은 나무로 만들어져 있다. 각각의 비에 석조 비각이 씌워져 있고, 2005년 그 둘레에 개·보수를 하며 설치한 낮은 석조 울타리가 있다.
　매계마을 입구에 도착하면 또 다른 기념비가 눈에 들어온다. 마을회관 바

선도 매계마을 풍경

로 옆에 선도의 대표유적으로 꼽히는 박양환·박계환 유지비가 자리하고 있다. 이 비는 1933년에 건립한 것으로 선도에 세워져 있는 기념비 중에 가장 오래된 것이다. 선도에 들어와서 정착하고 후진을 양성한 인물을 추모하기 위해 세운 비이다. 마을 주민들은 선도를 대표하는 유적인 밀성박씨 효열각과 박양환·박계환 유지비가 매계마을에 존재한다는 것에 상당한 자부심을 느끼고 있다.

매계마을의 원로인 박종삼(1936년생) 어르신은 선도에 거주하면서도 지도향교를 출입하여 전교全校(향교 운영의 책임자)까지 지냈다. 박종삼 어르신은 매계마을에서 사법고시 합격자가 2명이나 배출된 것이 마을의 자랑이라고 한다. 그만큼 섬마을이지만 주민들의 교육에 대한 열정이 높았다는 것이다.

III
선도 정신의 뿌리, 회영재 會英齋

최성환

1. 섬마을의 교육과 서당

　　섬에서 매우 중요하면서도 흥미로운 점 중 하나가 섬마을의 교육환경이다. 섬에 사는 아이들은 어떤 교육을 받았을지를 상상해보자. 흔히 학식 높은 유배인이 섬마을에 오면, 서당을 열어 아이들에게 글공부를 가르친다는 내용이 전설처럼 전해온다. 그러나 모든 섬에 유배인이 오는 것은 아니었고, 모든 유배인이 훈장을 하는 것은 아니었다. 때문에, 섬 지역 나름대로 교육을 위한 마을 공동체의 노력과 시설들이 작동하고 있었다.

　　신안군에 속한 섬 지역에 공식적으로 국가의 교육시설이 생긴 것은 1897년에 설립된 지도향교가 최초였다. 향교는 오늘날의 국립대학과 비교되는 시설로 조선시대에는 이른바 '일읍일교一邑一校', 즉 하나의 군에 하나의 향교를 둔다는 원칙이 유지되고 있었다. 이 원칙에 따라 지도군이 설립된 후 향교 건립이 추진되었고, 지도읍 봉정산 아래에 터를 잡고 1897년에 창설되었다. 근대적인 방식의 학교는 1905년 무렵 지도에 생긴 '지명학교'가 신안군에서 가장 빠른 시기에 설치된 곳이다. 그 이전에는 섬 주민들의 교육은 서당에 의존해야 했다. 신안군의 주요 섬마다 마을공동체에 기반한 서당이 운영되고 있었다.

근대기에 발간된 기록을 통해 그 면모를 살펴볼 수 있다. 1908년 발간된 『지도군지智島郡誌』에는 당시 지도군에 속한 각 섬의 서당이 아래와 같이 기록되어 있다.

- 열락재悅樂齋 : 군의 북쪽 15리에 있고 적동笛洞의 김씨金氏가 세웠고 강학했던 곳이다.
- 수월재水月齋 : 군郡의 서쪽 5리의 감정동甘井洞에 있다. 김병기金丙基, 장준식張準植, 김용병金容昞이 마을 사람들과 더불어 계를 만들고 재를 축조했다. 마을의 뛰어난 사람들과 문중의 자제들에게 학문을 권하여 힘썼다.
- 관난재觀爛齋 : 군의 길목 10리의 구운봉九雲峯 아래 태천台川에 있다. 조락원趙洛元이 세우고 아이들을 지도하며 경서를 익히는 곳이다. 송사松沙 기우만奇宇萬의 기문記文이 있다.
- 성일재誠一齋 : 군의 남쪽 10리의 태천台川에 있다. 주홍진朱洪珍이 선영을 추모하고 후손을 교육해 나갔다. 송사松沙 기우만奇宇萬의 기문記文이 있다.
- 해은정海隱亭 : 어의도於義島에 있다. 진주晉州 강姜씨가 선영을 추모하는 곳으로 지었다. 마을의 뛰어난 사람들이 강습하고 학문을 닦았다.
- 지성재志成齋 : 사옥沙玉 묘동描洞에 있으며, 홍·황 양 성씨가 그곳에서 학문을 익혔다.
- 홍견재虹見齋 : 후증後甑 월계月溪에 있으며, 이이형李以馨이 수백의 제자들과 경전經傳을 강론講論했던 곳이다.
- 영모재永慕齋 : 후증後甑 덕산德山에 있으며, 서대유徐大儒가 선영先塋을 추모하여 세웠으며 학문을 돈독히 하였고 후손에게 너그러이 하였다.

낙영재樂英齋 : 전증前甑 대초동大椒洞에 있으며, 이광휴李光烋, 조리원趙履元이 전력을 다하여 닦아서 이루었으며, 토론하고 학습하며 질의하였다.

향양재向陽齋 : 우전羽田에 있고 조보원趙輔元, 박병경朴炳敬이 지어 후학 조초파趙蕉坡가 제자 수십과 더불어 경전의 뜻을 토론하였다.

학해제學海劑 : 임자荏子 삼막동三幕洞에 있고 김향배金享培가 지었다. 후생을 가르쳤으며 지재 김훈智齋 金勳의 기문記文이 있다.

영화재永華齋 : 임자荏子 부동富洞에 있고 김계문金啓文, 이성호李成鎬, 김성진金聲振, 박종연朴鍾璉이 힘을 합하여 지었고 매일 모여서 강학하였다.

규성재規成齋 : 임자荏子 장동長洞에 있다. 이종성李鍾晟, 정재섭鄭在涉이 축조했다. 자제와 마을의 뛰어난 사람들이 공부했다.

일양재一養齋 : 임자荏子 대기大機에 있다. 남기원南起元과 마을 사람들이 지어 후생들을 가르치니 풍류와 글 읽는 소리가 끊이지 않았다.

야은재野隱齋 : 임자荏子 도림桃林에 있다. 김기헌金箕憲, 김경식金敬殖, 장영순張永淳이 돈을 기부하여 만들었다. 자제와 마을의 뛰어난 사람들을 지도하고 가르쳤다.

영모재永慕齋 : 임자 광산光山에 있다. 임종호任宗鎬 문중에서 이루었다. 자질들이 학문을 이루었다.

회영재會英齋 : 선치蟬峙 주동蛛洞에 있다. 박씨가 지었다. 후학들을 힘써 가르쳤다.

육영당育英堂 : 압해押海 송공宋孔 상촌上村에 있다. 김종성金鍾誠이 지었다. 자질을 교육시키고, 후생을 양성하는 데 힘써 나간다.

관호재觀湖齋 : 압해押海 도천島川에 있다. 고제을高濟乙, 김기현金冀炫 선인들이 이루었다. 학계學契를 만든 것으로 인하여 대대로 학문에 힘쓸 수 있어서 원근에 사는 많은 선비들이 여기에서 나왔다.

이인재里仁齋 : 압해押海 신서新西에 있다. 박병수朴炳洙와 마을 사람들이 함께 축조했다. 후생들에게 학문을 권장하고 아침저녁으로 강론을 폐하지 않았다.

남강재南岡齋 : 압해押海 복용伏龍에 있다. 광산 김씨光山 金氏가 세웠다. 예를 익히고 학문을 강의하고 문생들을 가르쳤다.

양재養齋 : 압해押海 신산리新山里에 있다. 김귀곤金貴坤이 혼자 세웠다. 후진들을 지도하고 가르쳤다.

관해재觀海齋 : 상락월上落月에 있다. 창녕조씨와 경주최씨 두 성씨가 지었다. 후진을 계몽하고 유교의 업을 이루었다.

정양재靜養齋 : 자은慈恩 고장古場에 있다. 성씨成氏 이씨李氏 두 성씨가 지었다. 의리를 토론하였다.

청풍재淸風齋 : 자은 대율에 있다. 허·김 양 성씨가 지었다. 후학을 가르치고 경전을 강학하였다.

두원재斗源齋 : 자은慈恩 구영舊營에 있다. 황黃, 양梁, 김金 세 성씨가 합해 이루었다. 문생들을 잘 이끌어 가르치고 봄에는 토론하고 가을에는 강의했다.

한운재閒雲齋 : 기좌箕佐 한운리閒雲里에 있다. 김해 김씨金海 金氏의 호구와 전지의 면적 등을 보관한 곳이고 후학을 가르쳤다.

몽양재蒙養齋 : 기좌 시목동柿木洞에 있다. 김성각金聖표이 지었다. 서사書社로 문생들을 가르쳤다.

관란재觀瀾齋 : 기좌 읍동邑洞에 있다. 김해 김씨가 세웠고, 자제들을 가르키며 춘추春秋로 강술講述하였다.

용호재龍虎齋 : 기좌 방월리傍月里에 있다. 경주 정씨가 세웠고, 후학을 가르치며 경사經史를 토론하고 가르쳤다.

봉하재鳳下齋 : 안창安昌 탄동灘洞에 있다. 경주 김씨가 세웠고, 문중의 자제를 가르쳤고 예禮를 익히며 학문을 강론하였다.

운금재雲錦齋 : 안창 대리大理에 있다. 정씨, 박씨 두 성이 세웠고, 그 자제를 교육시키고 촌민을 교육시켰다.

탁금재濯錦齋 : 안창 산두山頭에 있다. 정씨, 이씨, 박씨 세 성이 세웠고, 후학들과 경經과 의誼를 강론講論하였다.

소호재小湖齋 : 하의荷衣 소호촌小湖村에 있다. 감역監役 우만봉禹萬鳳이 세웠다. 후생後生과 더불어 경經과 의의義를 토론하고 게으르지 않게 교육시켰다.

금호재錦湖齋 : 암태廩台 익금치益金峙에 있다. 김익백金仁伯, 김성규金聖規가 중수重修하였고, 후학後學을 가르치고 게으르지 않게 하였다.

구룡재九龍齋 : 암태 오산五山에 있다. 천씨, 서씨, 김씨 세 성이 세웠고, 일전에 삼로재三老齋라고도 했다. 자제들을 교육시켰다. 도道와 의義를 권장하였다.

동화재東華齋 : 암태 신석리新石里 춘파春坡에 있다. 천두생千斗生이 세웠고, 문중 자제들을 교육시키고, 경전經傳을 강론講論하였다.

사원재四元齋 : 암태 도창道昌에 있다. 김·고·박 세 성씨가 지었다. 어린 아이들을 깨우쳐 가르치니 사문斯文이 떨어지지 않았다.

필언재㗊言齋 : 암태 와동瓦洞에 있다. 손·박 양 성씨가 지었다. 후생을 가르쳤으며 대원군의 필적이 있다.

　이 기록에는 비교적 큰 섬을 중심으로 대표 서당의 이름이 등장한다. 지도, 어의도, 사옥도, 후증도, 전증도, 우전도, 임자도, 선치도, 압해도, 상낙월도, 자은도, 기좌도, 안창도, 하의도, 암태도 15개 섬의 서당이 수록되어 있다. 그 가운데에 선도 역시 포함되어 있다. 선도는 당시 '선치蟬峙'로 표기되어 있고, 주동 마을에 박씨들이 지은 '회영재'가 있는 것으로 소개되어있다. 신안 섬마을의 서당에 대한 기록은 섬사람들의 교육 현황과 당시 섬마을 공동체의 움직임에 대한 정보를 살필 수 있는 소중한 자료이다.

2. 선도의 서당, 회영재會英齋

옛 기록에서 섬마을 서당에 대한 정보를 찾기는 쉽지 않다. 대부분은 주민들의 구전으로 희미하게 전해오는 것이 일반적이다. 그런데 선도의 '회영재'에 대해서는 지도군 시절의 여러 기록에 언급된 내용이 남아 있어 더 주목된다. 초대 지도군수를 지낸 오횡묵吳宖默(1834~1906)은 이 지역과 관련하여 정무일기 성격인 『지도군총쇄록智島郡叢瑣錄』과 1897년에 관할 섬을 순행한 후 지은 『심진록尋眞錄』을 남겼다.

이 기록에 선도 회영재가 언급되어 있다. 오횡묵 군수는 1897년에 지도 인근의 섬들의 현황을 살피기 위해 순행에 나섰다. 그 과정에서 향촌 교육의 진작을 위해 가는 곳마다 대표적인 섬마을 서당을 빠짐없이 방문했다. 당시 도서 순행의 주목적은 섬의 사회상을 직접 살핌과 동시에 교육의 중요성을 강조하기 위함이었다. 『심진록』에는 관내 도서를 순행하면서 날짜별로 보고 들은 내용과 지역의 서재를 방문하여 지역유림들과 함께 시문을 지은 내용이 수록되어 있다. 다녀온 후에는 오횡묵 군수가 작성한 『심진록』을 16권 필사하여 각 서재에 나누어주고, 후진 양성을 권장하는 자료로 사용하도록 추천하였다. 『심진록』에 남겨져 있는 오횡묵 군수가 방문한 서당에 대한 정보를 요약해보면 다음과 같다.

1897년 오횡묵이 다녀간 서재 개요

명칭	소재지	훈장	학도
홍현재(虹見齋)	후증도 대촌	이연상(李鍊庠)	이문엽 등 수십여 인
낙영재(樂英齋)	전증도 대초동	조일원(趙日元)	남자어른과 아이 수십인
향양재(向陽齋)	우전(羽田) 마을	박병문(朴炳文)	박영규 등 십여 인
지성재(志成齋)	사옥 당산(堂山)	황동원(黃東源)	수십인
송관(松舘)	학동鶴洞	박덕홍(朴德弘)	김응춘·김성칠 등 수십인
필성재(必成齋)	고이도 고장촌(古將村)	김석의(金碩義)	김돈백·모화문·박창운 등

| 회영재(會英齋) | 선도 주동(蛛洞) | 김제(金濟)·박정재(朴鼎載) | 김인우·김기봉·박종술 등 수십인 |

　오횡묵의 기록을 통해 지금으로부터 125년 전의 지도권 섬마을 서당 이름과 소재지, 훈장의 이름, 주요 학생의 숫자와 이름까지 확인할 수 있다. 현재 선도의 원로들도 선도에 서당이 있었다는 사실은 전해 들어서 알고 계시지만, 그 이름이 정확하게 무엇인지는 잘 알지 못하는 실정이다. 선도 서당의 이름은 '회영재會英齋'였다. 위치는 주동 마을이었고, 훈장은 김제金濟와 박정재朴鼎載로 기록되어 있다. 선도만 유일하게 두 명의 훈장 이름이 적혀있다. 학생은 김인우·김기봉·박종술 등 수십 인이었다.

　선도 서당의 이름이 참 인상적이다. '회영會英'은 인재가 모인다는 의미이다. 즉 회영재는 인재를 육성하는 교육 공간이라는 뜻으로 담고 있다. 흥미로운 점은 '회영會英'이라는 단어를 한자로만 보면 '꽃들이 모인다'는 뜻으로도 해석된다. 현재 선도는 수선화의 섬이 되어있다. 여담이지만 선도의 선조들은 먼 훗날 아름다운 수선화의 섬이 될 것을 예언한 것이 아닐까 싶다.

　오횡묵 초대 지도군수는 1897년 4월 28일에 선도 회영재를 탐방했다. 돛단배를 타고, 고이도를 들렀다가 선도 주진蛛津에 도착했다. 주동 마을 나루터를 당시 '주진'으로 표현하였다. 오횡묵이 선도에 도착하여 마을의 사인士人, 훈장, 학도들이 미리 나루터까지 나와서 기다리고 있었다. 훈장 김제와 박정재, 향원 김양, 학도 김인우 등 7~8인이 와서 오횡묵을 맞이하였다. 오횡묵은 이들과 잠시 이야기를 나눈 후 걸어서 주동蛛洞으로 들어가 회영재會英齋에 여장을 풀었다. 오횡묵은 회영재의 느낌에 대해 다음과 같이 표현하였다.

> 재의 모양이 제법 좋아 대나무가 사방을 둘러서 있고
> 지대는 높고 밝다. 이런 곳은 이번 행차에 처음 보는 장소이다.

　오횡묵은 회영재의 모습이 매우 마음에 들었던 모양이다. 다른 섬의 서당

보다 잘 갖춰져 있는 것으로 평가했다. 이곳에서 선도의 지역 인사들과 교유하였다. 사인士人 양상익梁相翊, 김형래金馨來, 박병교朴炳敎, 박문재朴文載, 박홍재朴洪載, 박홍규朴洪奎, 박병균朴炳均, 박현래朴絢來, 박기래朴基來와 회영재의 학도學徒 김기봉金基奉, 박종술朴鍾述 등 수십 인이 차례로 와서 뵀다. 오횡묵을 이들을 격려하고 함께 시를 짓기도 했다. 『심진록』에 당시 회영재를 주제로 지은 여러 편의 시가 남아 있다. 이러한 시는 오횡묵과 함께 선도에 동행하였던 인사들과 당시 선도에 살고 있던 섬사람들이 작성한 글이어서 특별한 가치가 있다.

대표 작품 몇 편을 소개해 보겠다. 국역문은 신안문화원에서 발간한 국역『심진록』에서 인용하였다.

먼저 오횡묵 군수가 지은 시이다.

      지란芝蘭 가득한 집 내가 와서 참석하니
      제자諸子들 영화英華를 배부르게 씹어 삼켜
      나나니벌에 빌어 벌레 되기 힘들고 괴로워
      바가지 벽에 걸려 맛 좋은 음식 그리워해
      사무事務에 소통은 호학湖學을 따르고
      규방規方에 고상한 취미 보담譜談에 드러난다
      맑은 물 푸른 산 지금 또 보아하니
      잠시 서로 들려가며 그윽한 곳 찾을 만해.

                                  - 채인菜人 오횡묵吳宖默

오횡묵은 회영재를 '지란' 가득한 곳으로 묘사하였다. 지란은 지초와 난초를 아울러 표현하는 단어인데, 높고 맑은 자질을 비유할 때 사용되는 단어이다.

다음은 안병량이 지은 시이다.

      손님과 주인 이자리 동남東南에서 참석해
      서루書樓에 먼 산 상쾌한 기운 품었구나

사람들 고요한 집 노닐어 송화松花 흩날리고

마을에 영원靈源있어 국수菊水 달고나

현송絃 아직 전해와 주周나라 아악雅樂이요

의관衣冠 누구누구 진晉나라 청담淸談 일세

회영재會英齋 안에 가사佳士도 많아

턱 아래 명주明珠 손으로 더듬는다.

― 수산睡山 안병량安炳亮

안병량의 시에는 회영재라는 선도 서당의 이름이 직접 사용되었다. 이곳에 '가사佳士'가 많다고 표현했다. 가사는 품행이 단정한 선비를 칭한다. 이외에 회영재의 훈장을 맡고 있었던 김제와 박문재의 시도 남아 있다. 선도 주민이 지금으로부터 125년 전에 작성한 한시이다.

군정郡政 함께 참여하는 신묘한 길

왕사王事에 종사하며 문장文章을 품어

지형地形 죄다 섬 벌여놓은 바둑돌 같고

야색野色 때에 맞춰 단비가 내리누나

선비 아끼는 생각 흥학興學 아님이 없고

백성 위하는 말 이 또한 권농勸農이라

산 깊고 바다 넓어 경계지어 나누고

백성 살림 어려움 몇 곳인가 찾아보네.

―영재靈齋 김제金濟

태수太守 방문 알고서 사방 이웃 와서 뵙고

산천山川 지나치는 곳 정채精彩를 띠어

다사多士들 품제品題 풍류風流 즐길만하고

천가千家에 교화敎化 우로雨露 알맞게 젖어

역사 속 선도와 문화유산

> 농민農民 이로부터 생일生日에 편안하고
> 학사學士 애당초 덕담德談 들려주지
> 해국海國 또한 왕정王政이 미치는 곳
> 선면蟬面 가장 마땅해 물정物情 살펴보네.
>
> – 난파蘭坡 박문재 朴文載

 선도까지 찾아와 준 지도군수 오횡묵의 순행을 칭송하는 내용이다. 박문재 훈장의 글에는 선도가 '선면蟬面'으로 표현되어 있다. 당시 선도면이었다는 것에 대한 자부심이 느껴지고, 선도는 섬마을이지만 왕정이 미치는 지역이라는 점을 강조하고 있다.
 오횡묵은 선도 지역 인사들과 학도들이 지은 시를 살펴보고 박정술·김효익·이은종·박종술·신동조 등에게 백지를 부상으로 시상하였다. 그들이 지은 시에는 앞으로 나날이 진보할 희망이 있다고 품평하였다. 이들의 작품도 『심진록』에 남아 있는데, 대표적으로 회영재가 직접 언급된 신동조의 작품을 소개하면 다음과 같다.

> 태수太守의 남유南遊에 선비들 참여해
> 그 거동 질서 정연 같은 마음 품었구나
> 권농勸農 진실로 풍년 이뤄 내려 하고
> 양학養學 말 맑게 쓴 맛과 단 맛
> 주동蛛洞 어느 때 별계別界 열었나
> 영재英齋 오늘은 청담淸談 가득하네
> 그래서 또 얻는구나 문장文章에 멋
> 얼마간 인풍仁風 어찌 찾지 못하랴.
>
> – 신동조 申同祚

 오횡묵 군수의 방문에 섬마을의 지식인들이 모였다는 점이 강조되어 있

회영재가 있던 옛 남악마을 일대 풍경(우측이 현재의 선도분교)

고, 주동 마을 지명과 서당의 이름이 담겨 있다. 오횡묵은 이곳에 머물면서 지역 인사들과 교류 함께 회영재의 뒤 언덕에 올라 주변의 형세를 관찰하기도 했다. 지리에 대한 식견이 뛰어났던 오횡묵은 선도의 지세에 대해 다음과 같이 표현하였다.

> 형편을 보니 주산은 북산北山으로 지도에서 건너오고, 또 호덕산虎德山 대계치大鷄峙가 있어 본 마을에 이르러 남쪽을 향하여 국局을 열었다. 그곳에 사는 사람들은 늙은 거미가 거미줄을 펴고 있는 노주장망老蛛張網 형국이라고 한다. 그러나 그 격格으로 보면 박쥐 즉 편복격蝙蝠格이다.

이는 회영재에서 주변을 살펴보고 내린 선도 지형에 대한 당대 지식인이 풍수에 대한 의견이다. 선도 주민들은 거미줄 형국으로 인식하고 있는데, 오횡묵 자신이 보기에는 박쥐 형국에 가깝다는 의견을 남겼다.

오횡묵은 1897년 4월 28일 회영재에서 하룻밤을 지낸 후 다음 날인 29일에 다시 주진鉄津으로 돌아가서 선도 인사들과 작별한 후 떠났다. 이때 맺은 인연으로 그 이후에도 선도 훈장과 학도들이 지도로 찾아와 오횡묵 군수를 만나가기도 했다.

아쉽게도 회영재의 흔적은 현재 남아 있지 않다. 주민들의 구전에 의하면 옛 남악마을 일대이며, 선도분교 부근이 회영재 자리라고 한다. 큰 틀에서 보면 선도 학교와 회영재의 위치는 동일 구역이다. 조선시대부터 선도의 대표 서당이었고, 선도 사람들의 활동 터전이었던 회영재 자리에 학교가 들어서 섬마을 교육의 명맥이 이어진 것이다.

선도의 옛 모습이 담긴 사진 자료를 살펴보다가 흥미로운 사진 하나를 발견했다. 일제강점기 선도 학교의 단체 기념사진이다. 아주 초창기 선도학교의 건물 모습으로 추정된다. 토담벽에 초가지붕으로 되어있는 건물 앞에서 학생들이 단체 사진을 촬영했다. 교실 입구에 세로형 현판이 부착되어 있다. 사람

회영재를 계승한 일제강점기 선도 학교 단체 사진

선도 분교의 현재 모습(2018년 지도초등학교로 통폐합)

에 가려서 아래의 일부 글씨가 가려졌지만, 출입구의 왼쪽에 '선도회영서당蟬島會英書堂'이라고 표기되어 있었음을 알 수 있다. 회영재를 계승한다는 의미로 '회영서당'이라는 이름을 현판으로 붙인 것 같다.

이 사진의 맨 우측에는 '내선일체內鮮一體'라는 문구가 부착되어 있다. 내선일체는 1937년 일제가 전쟁 협력을 강요를 위해 일본 본토와 조선이 하나라는 것을 강조하기 위한 식민정책의 표어이다. 이 문구가 사용된 것으로 보아 이 사진은 1930년대 후반이나 1940년대 사진으로 추정된다. 참혹했던 일제강점기에도 교실 출입구에 '회영서당'이라는 문구를 사용한 것을 보면 선도 사람들이 회영재에 대한 자부심이 강했고, 이를 계승하기 위해 노력했음을 알 수 있다. 출입구 우측에는 '인고단련忍苦鍛鍊'이라고 표시되어 있다. 이 역시 1942년 황국신민화 정책으로 만든 교육강령의 하나이다. 황국신민으로서 어려움을 이겨내도록 수양한다는 의미로 식민지 조선에 강요한 교육표어이다. 이 한 장의 사진은 일제강점기의 시대상을 보여주고, 회영재의 전통이 식민지 체제하에서도 선도 사람들에게 유지되고 있었음을 보여주는 의미 있는 자료이다. 어쩔 수 없이 일제의 황국신민화 정책에 따라야 하지만 회영재의 정신을 이어가겠다는 의미로 해석된다.

해방 이후에 학교의 이름은 선치국민학교를 거쳐 선치초등학교로 칭해졌다. 시간이 흐르고 흘러 점점 선도 인구가 줄어들게 되자 결국 폐교의 수순을 밟게 되었다. 2018년 9월 1일에 지도초등학교로 선치분교가 통폐합되었다. 지금은 빈 건물만이 옛 회영재의 현대적 흔적으로 남아 있다.

현재 선도에는 전라남도의 '가고 싶은 섬' 조성 사업이 진행되고 있다. 비록 회영재의 흔적은 사라졌지만, 그 이름과 정신은 여전히 유효하다. 눈에 보이지 않지만, 회영재는 선도의 문화유산 중에 가장 상징성이 있는 이야기 자원화의 소재이다. 선도 가고 싶은 섬 사업에서 어떤 형태로든 '회영재'라는 이름과 그 정신이 재생되어 유용하게 활용되기를 바란다.

IV
선도 사람들의 문화유산 찾기

이성운

　선도 사람들의 역사가 담겨있는 문화유산은 아주 오래전부터 이곳에 사람들이 모여살았음을 보여주는 '유물산포지遺物散布地'와 조선 후기 이후로 세워진 각종 '기념비'가 대표적이다.

　'유물산포지'란 지표상에 뚜렷한 유적의 흔적을 확인할 수 없지만, 일정 범위 내에 석기石器나 토기土器, 자기磁器, 기와 등 선사시대부터 조선시대까지의 유물이 흩어져 있어 선조들의 활동 흔적이 남아있는 곳을 말한다. 선도에는 주동마을과 남악마을에 유물산포지가 자리하고 있다. 작은 섬이지만 고대부터 사람들이 살았음을 보여준다.

　섬 주민들의 행적을 기억하고 널리 알리기 위해 조성한 '기념비'는 주동, 매계, 석산, 대촌 등에 세워져 있다. 건립 시기는 일제강점기부터 해방 이후이지만 선도에 살았던 사람들의 사회상과 공동체 문화를 엿볼 수 있다. 보통 기념비와 관련된 문화유산를 조사하여 보고서에 수록할 때는 한국전쟁 이전 시기에 세워진 비를 대상으로 하는 경우가 많다. 선도의 경우는 더 후대에 주민들이 세운 것들도 많지만, 이 역시 섬에서 살아간 주민들의 인식과 삶의 내력을 엿볼 수 있다는 점에서 중요한 자료이다. 이 글에서 현재 선도에 세워져 있는 각종 기념비를 최대한 수록하여 주민들의 자부심이자 섬 문화상을 살펴보는 문화유산으로 삼았다.

1. 고대의 흔적이 담긴 유물산포지

1) 신안 선도리 주동 유물산포지

선도리 주동 유물산포지의 위치는 주동마을에서 석산마을로 향하는 도로변의 우측 자리한 선도교회를 포함하는 구릉 일대이다. 이곳은 마을의 동쪽에 위치하는 대덕산(143.4m)에서 서쪽으로 뻗어 내린 능선이다. 남쪽으로는 간척지인 이른바 '서구녁들'이 자리하고, 동쪽으로는 바다가 인접해 있다. 주동유물산포지는 주로 삼국시대의 유물이 발견되었다. 2006년 목포대학교 박물관에서 『신안군 문화유적의 분포지도(2008)』를 발간하기 위한 조사과정에서 이 일대가 유물산포지라는 것을 확인하였고, 회청색경질토기편 등이 수습되었다. 고

신안 선도리 주동 유물산포지 일대의 현재 모습

대부터 선도에 많은 사람들이 모여서 살았음을 보여주는 유적이고, 주동마을 일대가 그 중심지 중 하나였음을 의미한다. 현재는 별도의 안내문이 세워져 있지는 않지만, 고대 섬사람들의 흔적이 남겨있는 공간이라는 점을 홍보하는 안내문을 설치하면 좋겠다.

2) 신안 선도리 남악 유물산포지

선도리 남악유물산포지는 선치분교의 남쪽 구릉 일대에 해당한다. 이곳은 마을의 동북쪽에 위치하는 대덕산(143.4m)에서 남서쪽으로 뻗어 내린 능선이다. 남쪽으로는 '매계 저수지'가 자리하고, 북쪽으로는 '주동 저수지'와 인접해 있다. 관련 시기는 삼국시대이다. 남악마을의 유물산포지 역시 2006년 목포대학교 박물관의 지표 조사 결과 확인되었고, 관련 유물로 회청색경질토기편 등이 수습되었다. 남악 일대는 큰 마을이 형성되어 있지는 않지만 과거에는 하나의 마을로 칭해지던 곳이다. 아주 오래전부터 선도의 남악 마을 일대에 사람들이 모여서 살았음을 보여주는 공간이다. 현재 선도 주민들이 남악의 선치분교를 선도의 역사와 문화를 보여주는 문화공간으로 가꾸기를 시도하고 있

선도 남악 유물산포지 현재 모습

다. 그 일대에 해당하는 남악 유물산포지에 대한 홍보나 활용도 같이 이루어지면 좋겠다.

2. 선도 사람들의 삶이 담긴 기념비

선도에는 마을별로 다양한 종류의 기념비들이 세워져 있다. 매계, 주동, 석산, 대촌 마을의 입구 주변에 기념비가 있다. 공간으로 구분하면 위치상으로 13곳이며, 개별 숫자로는 16개의 기념비가 세워져 있다. 주로 일제강점기부터 해방 이후 시기에 건립된 것이다. 시기적으로 그리 오래되지 않았지만, 선도의 사람들의 사회상과 삶을 엿볼 수 있는 자료가 된다.

가장 먼저 건립된 기념비는 매계 마을회관 앞에 자리한 '박양환·박계환유지비朴良煥·朴啓煥遺址碑'이며, 그다음은 매계마을로 들어가는 도로변에 세워진 '밀성박씨효열각密城朴氏孝烈閣'이다. 해방 이후로는 '박세태유지비朴世泰遺址碑'부터 '김해김씨기행비각金海金氏紀行碑閣'과 '박병민효행비朴炳玟孝行碑' 등이 있다. 해방 이후 세워진 것이라고 해도 그보다 오래된 인물의 행적에 대해 후대에 세운 것도 포함되어 있다. 각종 비에 담긴 이야기를 잘 풀어낸다면 섬마을 역사콘텐츠 자원을 기획하고 개발하는 데도 좋은 자료가 될 것이다.

선도 각종 기념비 현황표

구분	유적명	소재지	건립년대
1	박양환·박계환유지비(朴良煥·朴啓煥遺址碑)	매계마을	1933년
2	밀성박씨효열각(密城朴氏孝烈閣)	매계마을	1934년
	원주이씨 정려(原州李氏 旌閭)	매계마을	1934년
	박병환 정려(朴炳煥 旌閭)	매계마을	1934년
3	박세태유지비(朴世泰遺址碑)	석산마을	1946년
4	밀양박씨삼세사효비(密陽朴氏三世四孝碑)	석산마을	1946년
5	김해김씨효열비각(金海金氏孝烈碑閣)	석산마을	1966년

구분	유적명	소재지	건립년대
6	박채복기념비(朴彩福紀念碑)	주동마을	1956년
6	박만용기념비(朴萬用紀念碑)	주동마을	1965년
6	박동우공적비(朴東佑功績碑)	주동마을	1985년
7	박학래기념비(朴學來紀念碑)	대촌마을	1975년
8	박병윤선행비(朴炳尹善行碑)	대촌마을	1978년
9	밀양박씨열행기실비(密陽朴氏烈行記實碑)	대촌마을	1978년
10	김해김씨기행비각(金海金氏紀行碑閣)	주동마을	1980년
11	박준화선행비(朴準化善行碑)	대촌마을	1991년
12	박영래사적비(朴榮來事蹟碑)	대촌마을	1991년
13	박병민효행비(朴炳玟孝行碑)	대촌마을	1991년

총 13곳의 기념비 위치를 지도위에 표기하면 다음 그림과 같다.

선도 기념비 분포 위치

1) 박양환·박계환유지비(朴良煥·朴啓煥遺址碑)

박양환·박계환유지비는 매계 마을회관(노인정) 앞에 자리하고 있다. 이 비석은 밀양박씨密陽朴氏의 선도 입향조들의 행적을 기리기 위해 1933년에 건립되었다. 비의 전면에 '처사박공휘양환 삼성박공휘계환 유지비處士朴公諱良煥 三省朴公諱啓煥 遺址碑'라 새겨져 있다. 비석의 규모는 높이 182㎝, 너비 62㎝, 두께 25㎝이다. 비문은 18행 30자로 을미년乙未年에 죽산竹山 안택승安宅承이 지

박양환·박계환유지비

었고, 글씨는 계유년癸酉年에 박선규朴宣奎가 썼다.

비문에 따르면 박양환朴良煥(1774~1836)과 박계환朴啓煥(1777~1834) 형제와 부친인 박종학朴宗鶴(1751~1793)은 해남 화원에 살고 있었다. 그러다가 박양환과 박계환 형제는 1799년에 선도로 이주하여 정착하였다. 선도에 들어온 후 독서를 좋아하고 후학 양성을 위한 일생을 바쳤고, 마을 주민들에게 존경받으면서 '처사處士'라 칭호를 받았다. 이후 선도에는 박씨 후손 수백 호가 거주하기 시작하면서 일명 '박씨도朴氏島'라 일컫기도 하였다. 이 기념비는 현재 선도에 남아있는 비석 중에는 가장 오래된 것이다. 주민들은 신안군의 향토문화유적으로 지정되기를 바라고 있다.

2) 밀성박씨효열각(密城朴氏孝烈閣)

밀성박씨효열각은 선착장에서 매계마을 들어가는 도로변의 우측에 자리하고 있다. 사람들이 오고 가는 마을 입구 인근에 세워져 있다. 매계마을로 들어가다보면 자연스럽게 이 효열각을 보게 된다. 현재의 효열각은 원주이씨와

매계마을 밀성박씨효열각

박병환의 효열 정신을 기리기 위해 1934년에 조성되었다. 정면에 석조로 된 출입구가 있고, 내부에 두 개의 정려비가 세워져 있는 형태이다. 정면의 출입구는 돌로 된 기둥과 지붕 모양의 머릿돌에 나무로 된 출입문을 설치한 형태이다. 효열각 주변의 테두리 담장은 따로 없으며 비각의 바로 옆에 개改·보수補修를 알리는 비석이 있다. 내부 왼쪽에 '원주이씨정려비原州李氏旌閭碑'가 있고 오른쪽에 '박병환정려비朴炳煥旌閭碑'가 있다. 정려비 위에 설치된 비각은 2005년 3월에 후손들이 중수한 것이다.

원주이씨原州李氏와 박병환朴炳煥(1856~미상)은 할머니와 손자로, 1905년에 함께 국가로부터 정려旌閭를 받았다. '정려'는 나라에서 미풍양속을 장려하기 위해 충신·효자·열녀 등에 대해 해당 인물의 마을에 정문旌門을 세워 표창하던 것을 칭한다. 초대 지도군수였던 오횡묵이 선도를 방문한 후 남긴 1897년 4월 29일 기록에도 박병환의 효행에 관한 내용이 언급되어 있다. 일정상 매계마을을 방문하지 못하고 선도를 떠남을 아쉬워했는데, 이미 박병환의 효행 사실을 이미 알고 있었다.

○ 원주이씨 정려(原州李氏 旌閭)

효열각 왼쪽에 자리한 원주이씨의 정려비 앞면에는 '효열부정부인이씨정려비각孝烈婦貞夫人李氏旌閭碑閣'이라 새겨져 있다. 비석의 규모는 높이 145㎝, 너비 51㎝, 두께 21㎝이며, 비문은 13행 24자이다.

원주이씨는 박준권朴準權의 부인이다. 부인은 어려서부터 효를 행하고 온화했으며, 시집간 후에도 박씨 부모의 가르침을 잘 따르고 정성껏 봉양하였다. 시어머니가 병환으로 자리에 눕자 자신의

원주이씨 정려

허벅지 살을 베어 국을 끓여 드시게 하여 병을 낫게 하였다. 또 남편이 허약하여 희귀병에 걸리자, 자신의 손가락을 잘라 수혈하기도 하였다. 을미년에 시어머니와 남편이 함께 병환으로 사망하자 성심을 다해 장례를 치르고, 남은 자식들을 보살피는 동시에 밤새도록 두 무덤을 지키며 3년 상을 마쳤다. 이러한 부인의 행실을 지켜본 이웃 사람들이 부인을 열녀라 칭송하고, 지도향교의 유림들이 중앙에 천거하여 1905년에 공식 정려를 받았다.

○ 박병환 정려(朴炳煥 旌閭)

효열각의 오른쪽에 자리한 박병환 정려비는 매계마을의 효자 박병환에 효행을 알리기 위해 1934년에 건립되었다. 비석의 앞면에 '증가선대부효자박공병환정려비각贈嘉善大夫孝子朴公炳煥旌閭碑閣'이라 새겨져 있다. 비석의 옆면에는 아들

박상규朴積奎와 손자 박종성朴鍾誠의 이름이 새겨져 있다. 규모는 높이 141㎝, 너비 51㎝, 두께 21㎝이다. 비문은 12행 42자이다.

박병환은 지도군수 오횡묵이 남긴『지도군총쇄록』의 1896년 6월 6일 기록에 선도의 효행 인물로 이름이 등장한다. 이후 지도군의 향리들이 박병환의 효행을 조정에 알리기 위해 천거한 여러 종류의 고문서가 전해 온다. 향리 사람들은 박병환朴炳煥을 '하늘이 내린 효자'라 칭송하였다.

박병환 정려

박병환朴炳煥의 자字는 덕윤德允, 호號는 애암愛菴이며, 본관은 밀성密城이다. 조선 중기의 문신 박승종朴承宗의 후예이며, 아버지는 가선嘉善 박정래朴靖來, 어머니는 정부인貞夫人 한씨韓氏이다. 그의 효행 사실은 1910년 지역의 유림들이 지도군수에 청원한 문서에 매우 상세히 남아있다. 박병환은 효성이 지극하여 부친이 병을 얻자 자신의 손가락을 잘라 수혈하여 더 오래 살 수 있도록 하였다. 부친이 돌아가신 후에도 노모를 돌보면서도, 비바람이 치는 날이라도 3년 동안 꾸준히 묘소를 살폈다. 어머니가 병에 들자 정성을 다하여 모셨고, 추운 날에도 꿩을 잡아다 봉양하는 등 최선을 다했다. 어머니가 돌아가신 후에는 묘 옆에 움막을 짓고 3년간 여묘살이를 하였다.

3) 박세태유지비(朴世泰遺址碑)

박세태유지비는 석산마을 초입에 자리하고 있다. 이 비는 박세태의 효성을 기리기 위해 1946년에 건립되었다. 비석의 앞면에 '절충장군행첨지중충부사해은박공유지비折衝將軍行僉知中樞府使海隱朴公遺址碑'라 새겨져 있다. 비석의 규모는 높이 173㎝, 너비 53㎝, 두께 27㎝이다. 비문은 18행 42자이며, 글은 기광연奇光衍이 지었고 글씨는 임철주林哲周가 썼다.

해은공海隱公 박세태朴世泰의 자字는 성서聖瑞이고 본관은 밀성密城이다. 명문가에서 태어난 공은 어려서부터 순탄하게 생활하였다.

박세태유지비

공은 성장하면서 학문에 열중하였고, 배운 만큼 언행이 신중하였다. 아버지와 함께 효자로 천거되었으며, 후에 향리 사람들이 공의 부인 광산김씨를 쌍효雙孝라 칭송하였다. 현재 선도에 살고 있는 후손 박기남의 집안에 박세태와 관련하여 1742년에 작성된 고문서(교지와 첩)가 남아있다. 박세태를 절충장군첨지중추부사折衝將軍僉知中樞府事로 임명한 교지와 경리청經理廳에서 박세태에게 발급한 증빙문서이다. 마을에 세워져 있는 비는 해방 직후에 조성된 것이지만, 박세태는 조선시대에 선도에서 활동했던 인물이라는 것을 알 수 있다.

4) 밀양박씨삼세사효비(密陽朴氏三世四孝碑)

밀양박씨삼세사효비는 석산마을 초입에 자리하고 있다. 이 비석은 밀양박씨 3세世 4명의 효행孝行을 널리 알리기 위해 1946년에 건립되었다. 비석의 앞면에는 '밀양박씨삼세사효비密陽朴氏三世四孝碑'라 새겨져 있다. 비석의 규모는 높이 142㎝, 너비 47㎝, 두께 18㎝이다. 비문은 18행 42자이며, 병술년丙戌年에 글은 완산完山 이승욱李承旭이 지었고 글씨는 평택平澤 임철주林哲周가 썼다.

효자孝子 박도형朴道亨은 영상領相 화華의 후예이다. 공은 천성이 온화하고 효성이 지극하였다. 공의 부친이 병을 얻어 소생하지 못하자, 공이 스스로 자신의 손가락을 잘라 부친에게 수혈하였다. 이러한 공의 열행 사실을 지켜본 마을 사람들이 공을 효자라 칭송하였다. 또 공의 아들 박세태 또한 언행이 바르고 효성이 지극하였다. 부친 박도형朴道亨이 병을 얻어 위독하게 되자, 아버지의 생명을 연장하기 위해 자신의 넓적다리를 잘라 수혈하였다고

밀양박씨삼세사효비

한다. 그 후 부친의 나이 70세가 되었을 때 또다시 병석에 눕게 되자, 공은 부친의 쾌유를 하루도 빠지지 않고 하늘에 기도하였다고 한다. 박도형朴道亨의 며느리 광산김씨光山金氏 또한 효심이 지극하였는데, 향리 사람들은 아들과 며느리를 "부부쌍효夫婦雙孝"라 부르며 칭찬하였다.

이외에도 박씨 문중에서는 박인순朴仁淳 역시 효성이 지극하였고, 박인순의 사촌 동생 박맹갑朴孟甲도 아녀자로서 지켜야 할 도리를 다하였다. 이처럼 삼대三代에 걸쳐 7명의 효자가 배출하였다. 이러한 박씨가문 사람들의 효행 사실을 알게 된 지도 유림들이 대代를 이은 효자들의 행실을 기념하기 위해 효자비를 건립하였다.

5) 김해김씨효열비각(金海金氏孝烈碑閣)

김해김씨효열비각은 석산마을 초입에 자리하고 있다. 이 비각은 김씨 부

김해김씨효열비각

인의 행실을 널리 알리기 위해 1966년에 건립되었다. 비석의 앞면에는 '김해김씨부인효열비金海金氏夫人孝烈碑'라 새겨져 있고, 부인의 행적은 '상부종사喪夫從死 함인미도含忍未圖 극가전절克家全節 계사이모繼嗣貽模 당존고구堂存姑舅 복유유고腹有遺孤 편비능어片碑能語 백세무무百世無誣'라 새겨져 있다. 비석의 규모는 높이 88㎝, 너비 33㎝, 두께 14㎝이다. 비문은 17행 25자이며, 경주慶州 이경홍李景弘이 지어서 섰다.

　김해김씨는 김일손金馹孫의 후예이다. 김해김씨는 어려서부터 효를 행하였으며 20세에 월계月溪 박근중朴根重과 혼인하였다. 그런데 26세가 되던 해에 남편이 중병을 얻어 백약이 무효하고, 결국 세상을 떠나고 말았다. 이후 김해김씨는 유복자를 키우면서 시부모를 봉양하고 문중 선조의 제사를 정성으로 모셨다. 김씨 부인의 행실을 지켜본 박씨가문 사람들은 열녀라 칭송하였다. 김씨는 조선 철종 때 84세의 나이로 세상을 떠났다.

6) 선치분교 정문 비군

선치분교 정문 앞에 학교 발전에 도움을 준 인물을 기념하기 위해 건립한 비석 3기가 서 있다. 왼쪽부터 '박만용기념비朴萬用紀念碑', '박채복기념비朴彩福紀念碑', '박동우공적비朴東佑功績碑' 등이다.

○ 박만용공적기념비(朴萬用功績紀念碑)

박만용공적기념비는 박만용의 공적을 기리기 위해 1965년에 건립되었다. 그는 학교 사택을 건립하고 교실을 증축하는데 공헌하였다. 비석의 앞면에는 '회장박만용공적기념비會長朴萬用功績紀念碑'라 새겨져 있고, 비석의 규모는 높이 138㎝, 너비 48㎝, 두께 18㎝이다.

박만용공적기념비

○ 박채복기념비(朴彩福紀念碑)

박채복기념비는 박채복의 공적을 기념하기 위해 1956년에 건립되었다. 그는 학교 건물을 증축하고, 자신의 전답田畓을 기증하는 등 영재교육에 공헌하였다. 비석의 앞면에는 '회장 박채복 공적 기념비會長 朴彩福 功績 紀念碑'라 새겨져 있고, 공의 행적은 사언절구로 새겨져 있다. 비석의 규모는 높이 129㎝, 너비 46㎝, 두께 21㎝이다.

박채복기념비

○ 박동우공적비(朴東佑功績碑)

박동우공적비는 박동우의 공적을 기리기 위해 1985년에 건립되었다. 그는 초등학생의 교육에 필요한 칼라 TV 7대, 비디오 카메라 1대, VTR 1대, 앰프 1대 등 교육 기자재를 마련해 주었다. 비석의 앞면에는 '박동우선생공적비朴東佑先生功績碑'라 새겨져 있고, 비석의 측면에 공적 사항이 기술되어 있다. 비석의 규모는 높이 130㎝, 너비 45㎝, 두께 21㎝이다. 비문에 "선도 땅 넓은 벌에 가장 값진 소망을 걸고 정성 어린 손으로 육영의 거름을 뿌렸노라. 우리 다 같이 꿈을 실은 묘판 위에 단비가 내렸노라. 한 잎 두 잎 탐스런 새싹들 내일은 기필코 거목이 되어 당신에게 보람을 드리오니, 바친 정성 그 이름에 영원한 빛을 받으리라."라고 새겨져 있다.

박동우공적비

7) 박학래기념비(朴學來紀念碑)

박학래기념비는 선도교회에서 대촌마을로 가는 길에 자리하고 있다. 이 비석은 박학래의 행적을 기리기 위해 문하생들이 1975년에 건립하였다. 비석의 앞면에는 '국파박선생기념비菊坡朴先生紀念碑'라 새겨져 있다. 비석의 규모는 높이 149㎝, 너비 53㎝, 두께 22㎝이며, 비문은 27행 50자이다.

박학래朴學來의 호號는 국파菊坡이고, 자字는 경도京道이며, 본관은 밀양密陽이다. 고려 규정공糾正公 박운잉朴雲仍의 후예이며, 조선 문

박학래기념비

경공文景公 박강생朴剛生의 13세손이다. 공은 어려서부터 천성이 온화하였고, 사람의 도리를 배우기 위해 학문에 뜻을 두었다. 또한, 박학래는 후진을 양성하기 위해 교육시설을 설치하여 훗날 문하생 수 백인을 양성하였다.

8) 박병윤선행비(朴炳尹善行碑)

박병윤선행비는 선도교회에서 대촌마을로 가는 길에 자리하고 있다. 이 비석은 박병윤의 행적을 기리기 위해 1978년에 건립되었다. 비석의 앞면에는 '송파박선생기념비松坡朴先生紀念碑'라 새겨져 있고, 비석의 뒷면에 공의 후손들의 명단이 있다. 비석의 규모는 149㎝, 너비 53㎝, 두께 22㎝이다. 비문은 18행 40자이며, 글은 남양南陽 홍대표洪大杓가 지었다.

박병윤선행비

박병윤朴炳尹의 자字는 정교正敎, 호號는 송파松坡이며, 본관은 밀양密陽이다. 공은 숙민공肅愍公 박승종朴承宗의 후예로, 1881년에 태어났다. 공은 어려서부터 지혜롭고 효성이 지극하였다. 집안이 가난하였으나 공은 독서를 좋아했다. 장성하여 금성나씨錦城羅氏와 결혼하여 2남 1녀를 두었다. 훗날 부모의 상을 당하자, 정성을 다하여 장례를 모셨다.

9) 밀양박씨열행기실비(密陽朴氏烈行記實碑)

밀양박씨열행기실비는 선도교회에서 대촌마을로 가는 길에 자리하고 있다. 이 비석은 밀양박씨의 열행을 기념하기 위해 1978년에 건립되었다. 비석의 앞면에는 '밀양박씨열행기실비密陽朴氏烈行記實碑'라 새겨져 있고, 비석의 뒷면에 부인의 행적이 기술되어 있다. 비석의 규모는 높이 149㎝, 너비 53㎝, 두께 22㎝이다. 비문은 19행 37자이며, 글은 이석종李錫鍾이 지었고 글씨는 김호인金浩仁이 썼다.

밀양박씨는 조선 선조 때 충신 환학정喚鶴亭 박이상朴以祥의 후예이자, 박윤구朴允九의 딸이다. 성장하여 김영군金寧君 김목경金牧卿의 후예인 김백태金白泰와 결혼하였다. 밀양박씨는 효성이 지극했으며, 남편 역시 효자였다. 그런데 남편이 병으로 자리에 눕자, 부인은 남편의 건강을 위해 정성으로 병간호

밀양박씨열행기실비

하였다. 그럼에도 불구하고 남편의 목숨이 위급해지자, 부인은 자신의 손가락을 깨물어 남편에게 수혈하였다. 그러나 끝내 남편은 소생하지 못하고 사망하였다. 이들 부부에게는 당시 3세의 아이와 태중에 아이가 자라고 있었다. 이후 부인은 두 아이를 기르고, 김씨 문중을 보존하였다. 이에 향교 유림들이 부인을 열녀로 포상하였다.

10) 김해김씨기행비각(金海金氏紀行碑閣)

김해김씨기행비각은 선착장에서 주동마을로 향하는 도로변 우측에 자리하고 있다. 이 비각은 김씨 부인의 열행을 기념하기 위해 1980년에 건립되었다. 비각은 조재현曺在炫, 조동석曺東碩, 조재오曺才午 등이 건립하였다. 비각 주변에 시멘트 담장이 있고, 열녀각烈女閣이라 새겨진 출입문을 열고 들어서면 그 안에 비가 있다. 비석의 앞면에는 '열부김해김씨기행비烈婦金海金氏紀行碑'라 새겨져 있고, 부인의 행적이 기술되어 있다. 비석의 규모는 높이 117㎝, 너비 59㎝, 두께 18㎝이다. 비문은 10행 36자이며, 글은 밀양密陽 김재권金在權이 지었고 글씨는 전주全州 이학용李學庸이 썼다.

김해김씨기행비각

　비문에 "열烈이란 여자의 큰 절개이고 사람의 크고 중요한 근본이다. 열烈이 있고 효를 겸한 사람은 드문데 선도의 주동마을에 사는 김씨 부인이 그런 사람이다."라 새겨져 있다. 김해김씨는 창녕昌寧 조희래曺喜來의 부인이다. 김씨 부인은 김일손金馹孫의 후예이며, 김학재金學才의 딸로 태어났다. 어려서부터 효로써 부모를 공경하니 효자라 칭했다. 나이가 들어 조씨 집안으로 시집을 가서 시부모님의 뜻을 따랐으며, 남편에게 순종하였다. 20세 때 남편이 일본으로 건너갔는데, 이후 남편의 소식을 들을 수 없었다. 집안의 형편이 날로 기울어졌다. 그럼에도 불구하고 부인은 가정을 지키면서 늙은 시어머니를 정성으로 모셨다. 평생을 홀로 살면서 절개를 지켰다.

11) 박준화선행비(朴準化善行碑)

　박준화선행비는 대촌마을에서 주동마을로 향하는 도로변에 자리하고 있다. 이 비석은 박준화의 행적을 기념하기 위해 1991년에 건립되었다. 비석의 앞면에는 '화곡밀양박공선행비華谷密陽朴公善行碑'라 새겨져 있고, 비석의 뒷면에 공의 행적에 대해서 국한문혼용체로 새겨져 있다. 측면에 후손들이 이름이 새겨져 있다. 비석의 규모는 높이 149㎝, 너비 52㎝, 두께 23㎝이다. 비문의 글은 달성達城 배회두裵檜斗가 지었고 글씨는 배태우裵太佑가 썼다.

박준화朴準化의 자字는 여화汝化, 호號는 화곡華谷이며, 박진朴鎭의 아들로 경술년庚戌年에 태어났다. 박준화는 화목한 가정에 태어나, 성장하여서도 언행이 올바르고 예의를 갖추었다. 또 효성이 지극하여 부모를 극진히 섬겼으며, 부모의 뜻을 거스르지 않았다. 부모님이 돌아가시자, 예를 다해 장례를 모셨다. 한편 사람을 대함에 있어 항상 덕을 베풀었으며, 지도와 선도의 학생들이 공부할 수 있도록 건축물을 제공해 주었다. 박준화는 신유년辛酉年에 세상을 떠났다.

박준화선행비

12) 박영래사적비(朴榮來事蹟碑)

박영래사적비는 대촌마을에서 주동마을로 향하는 도로변에 자리하고 있다. 이 비석은 박영래의 행적을 기념하기 위해 1991년에 건립되었다. 비석의 앞면에는 '야은박공사적비野隱朴公事蹟碑'라 새겨져 있고, 비석의 뒷면에 공의 행적에 대해서 국한문혼용체로 새겨져 있다. 측면에 후손들이 이름이 새겨져 있다. 비석의 규모는 높이 146㎝, 너비 54㎝, 두께 23㎝이다. 비문의 글은 달성達城 배회두裵檜斗가 지었고 글씨는 배태우裵太佑가 썼다.

박영래朴榮來의 초휘初諱는 영춘永春이고,

박영래사적비

자字는 중빈仲彬, 호號는 야은野隱이다. 박영래는 신라 박혁거세朴赫居世의 후예이자, 고려 박현朴鉉의 후손이다. 공의 고조高祖는 박준환朴濬煥, 증조曾祖는 박재하朴載荷, 조부는 박진朴鎭이며, 1885년에 아버지 박준화朴準化와 어머니 천안전씨天安全氏 사이에서 태어났다. 공은 몸가짐이 단정하고 언행이 바르고, 부모를 공경하였다. 공은 농사를 지어 부모를 섬김에 정성을 다하였다. 부모님 상을 당하자, 예를 다하여 장례를 모셨다. 또 근검절약하여 향리의 어려운 사람들을 도와주니, 마을 사람들이 박영래를 칭송하였다. 박영래는 1962년에 세상을 떠났다.

13) 박병민효행비(朴炳玟孝行碑)

박병민효행비는 대촌마을에서 주동마을로 향하는 도로변에 자리하고 있다. 이 비석은 박병민의 행적을 기념하기 위해 아들 박초윤朴肖胤, 박정규朴貞奎와 손자 등이 1991년에 건립하였다. 비석의 앞면에 '삼암박공효행비常菴朴公孝行碑'라 새겨져 있고, 비석의 뒷면에 공의 행적에 대해서 국한문혼용체로 새겨져 있다. 측면에 후손들이 이름이 새겨져 있다. 비석의 규모는 높이 148㎝, 너비 55㎝, 두께 23㎝이다. 비문의 글은 달성達城 배회두裵檜斗가 지었고 글씨는 배태우裵太佑가 썼다.

박병민朴炳玟의 자字는 복동福童, 초명初名은 문옥文玉, 호號는 상암常菴이다. 숙민공肅愍公 박승종朴承宗의 후예이다. 박병민의 고조는 박재하朴載荷, 증조는 박진朴鎭, 조부는 박준화朴準化이며, 아버지는 참봉參奉을 지낸 야은野隱 박영래朴榮來, 어머니는 신안주씨新安朱氏이다. 박병민은 1903년에 출생하였으며 천성이 영민하고 비범하였다. 7세에 공부를 시작하여 훗날 기우만의 문하에서 수학하였다. 박병민은 부모의 뜻을 거스르지 않고 어른을 공경

박병민효행비

하였다. 항상 어려운 사람을 도와주고 의학에 뜻을 두어 박사가 되었다. 또 선 치초등학교 기성회 육영사업과 면정面政에 앞장섰고 지도향교 등에서 활동하였다. 박병민은 1957년에 세상을 떠났다.

3. 우물

섬사람들에게 식수 확보는 매우 중요한 생활의 기반이다. 21세기를 살고 있는 요즘도 조금만 가뭄이 지속 되면 가장 먼저 섬마을의 식수 공급이 제한된다는 소식을 뉴스를 통해 쉽게 접하게 된다. 전통마을의 구조나 경관을 살펴볼 때 가장 눈여겨 보게 되는 것 중의 하나는 우물의 존재이다. 우물의 위치나 규모를 통해 그 마을의 경관구조나 사회상들을 엿볼 수 있다.

식수문제가 매우 중요한 섬마을 사람들에게 우물은 생명수와 같다. 선도에는 석산마을을 제외하고 각 마을마다 주민들이 함께 사용한 마을 우물이 존재했다. 최근까지도 식수를 해결할 정도로 중요한 마을의 자산이었다.

석산마을은 마을의 형세가 마치 송아지 등허리의 모양과 같다고 하여 송아지 독犢자를 써 독산마을이라고도 했다. 예로부터 '소등에 우물을 파면 안 된다'라는 설이 전해졌으나 마을 사람들이 식수를 해결하기 위해 우물을 팠다가 어린아이가 빠져 죽는 사고가 일어나면서 우물을 다시 메웠다고 한다. 이후 대촌마을의 우물을 얻어 사용했다.

주동마을의 우물은 옆의 병풍도에서도 물을 길으러 올 정도로 크고 물이 좋기로 유명하였으나, 상수도가 보급되면서 점차 사용하지 않아 매몰되었다. 현재 우물이 보존된 곳은 매계·대촌·북촌 세 곳이다. 매계마을은 내부는 원형 구조이며, 현재는 덮개가 덮어진 채로 형태가 남아있다. 북촌마을은 마을회관 앞에 자리하고 있고, 보호 정자까지 설치되어 보존되어 있다. 현존하는 우물 가운데 가장 규모가 큰 우물은 대촌마을의 우물이다. 마을 입구 주차장 주변에 자리하고 있다. 상부 노출 부위는 사각형 형태인데 내부는 원형으로 석

1 매계마을 우물
2 북촌마을 우물
3 대촌마을 우물

축을 쌓아 올린 옛 모습을 그대로 간직하고 있다. 내부 폭이 가로 2.32m, 세로 1.8m에 이르는 대형 우물이다. 대촌마을의 우물은 위치나 규모 면에서 주변을 정비하여 섬마을의 생활사를 보여주는 향토 문화자원으로 활용하면 좋을 것이다.

V
고문서를 통해 본 선도 사람들

최성환·조미은

　선도에는 선조들과 관련된 다양한 고문서가 전해온다. 선도 주민 가운데 박기남 소장 문서와 매계리 박씨 문중의 소장 문서가 대표적이다. 이 고문서들은 조선시대에 왕이 내린 교지, 선원록이나 경리청에서 내린 첩, 영광군에서 발급한 선도 사람들의 호적단자, 매계마을 박병환과 원주이씨의 효열 사실을 널리 알리기 위해 오고 간 청원서 등이다. 특히 매계마을 고문서는 총 34종이 넘는다. 대부분 원주이씨의 효행사실과 박병환의 효행 사실에 대한 청원서와 그에 대한 회답 문서들이 잘 보존되어 있다. 실제 두 사람과 관련된 효열각이 세워졌고, 현재 선도 매계마을 진입로에 보존되어 있다. 또한, 박병환에 대해서는 이미 1897년 오횡묵의 기록(『지도군총쇄록』)에 선도의 효자로 언급되어 있다. 이 문서들은 현존하는 관련 효열각이 어떻게 세워지게 되었는지, 그 내력을 구체적으로 입증하는 자료이다. 신안의 섬 지역에 수많은 효열비가 세워져 있지만, 이처럼 그 효행 사실을 널리 알리기 위한 당대의 고문서가 함께 남아있는 경우는 매우 드물다.
　이러한 고문서를 통해 선도 사람들의 과거 사회상과 문화를 살펴볼 수 있다. 요즘 같은 스토리텔링 시대에 섬 마을 역사문화자원화를 위한 이야기 자원으로서도 중요한 가치를 지니고 있다. 이 글에서는 지면 관계상 가장 대표적인 선도의 고문서를 중심으로 소개하였다.

1. 박기남 문중 소장 고문서

1) 선원록청(璿源錄廳) 차정첩(差定帖)

시대	1818년
발급	선원록청
수취	유학 박도민
성격	차첩은 조선시대 임명장으로 7품 이하 관원을 임명할 때, 관부의 우두머리가 그 관청에 속하는 관원을 임명할 때 발급하는 문서
국역	선원록청에서 유학 박도민을 본청의 서사낭청으로 임명하니 임무를 살피는 것을 가볍게 하지 말 것. 낭청에게 내리니 이를 따르라.
원문	璿源錄廳爲差定事 幼學朴道民本廳書寫郞廳差定爲有置不輕察任者 右下郞廳　　準此 嘉慶十八年十二月　日 帖

선도 주민 박기남 문중에서 소장하고 있는 고문서이다. 1818년 선원록청에서 박도민을 선원록청의 서사낭청書寫郞廳으로 임명한 문서이다. '선원록璿源錄'은 식년式年(3년 간격)마다 왕의 친족들을 파악하여 수록한 조선시대의 왕실 족보(보첩)이다. 선원록청은 선원록을 관리하고 간행하는 관청이며, 낭청은 조선시대 당하관堂下官으로 실질적인 업무를 살피는 실무관직에 해당한다. 조선시대에 종이를 만드는 데 닥나무가 활용되었는데, 섬마을에서 이 닥나무를 공급하는 기능을 하기도 했다. 흑산도의 경우는 닥나무 부역과 관련하여 섬 주민들의 고충을 하소연 김이수의 활동에 대한 고문서가 남아있을 정도였다. 닥나무 공급을 원활하게 하기 위해 선원록청에서 섬 주민들 중에 그러한 업무와 관련하여 낭청을 임명하는 경우가 있었다. 정확한 내력은 파악하기 어렵지만 선도

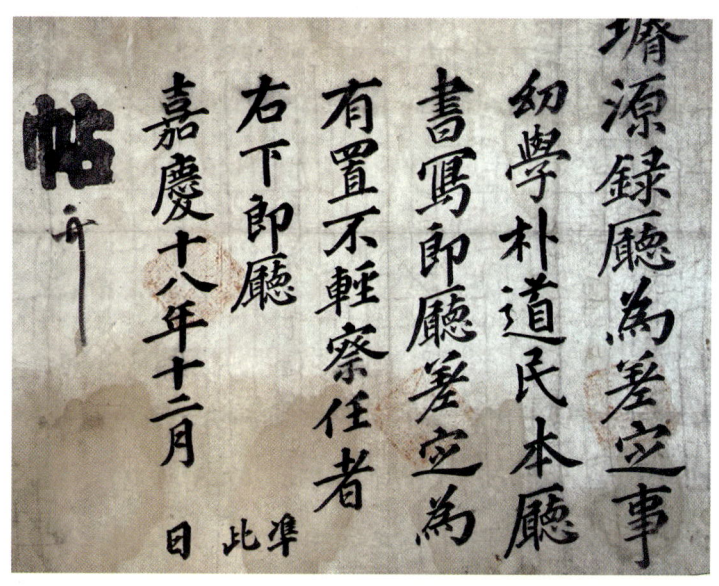

박도민 선원록청(璿源錄廳) 차정첩(差定帖)

박도민의 문서도 이러한 배경 하에 작성된 것이 아닐지 추정된다. 그동안에는 흑산도 김이수의 사례만 알려졌었는데, 이 문서를 통해 선원록청과 신안의 섬과의 관계를 좀 더 폭넓게 살펴볼 필요성이 생겼다.

2) 박세태(朴世泰) 교지

시대	1742년
발급	왕
수취	박세태
성격	임금이 내린 임명장
원문	教旨
	朴世泰爲折衝將軍僉知中樞府事者
	乾隆七年四月　日
	加設

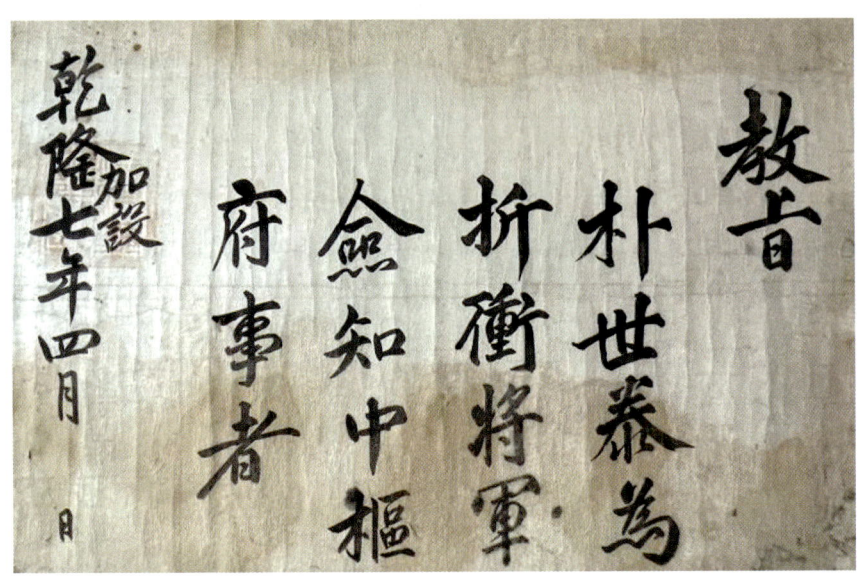

박세태(朴世泰) 교지

1742년(건륭7)에 영조 임금이 박세태를 절충장군첨지중추부사折衝將軍僉知中樞府事로 임명한 교지이다. '교지敎旨'는 임금이 4품 이상의 관직을 내릴 때 사용하는 일종의 임명장이다. '절충장군折衝將軍'은 조선시대 무신 정3품 당상관의 품계명이고, 첨지중추부사僉知中樞府事는 조선시대 중추원에 속하는 정삼품 무관이다. 이 인물의 관련 공덕비가 현재 선도 석산(일명 독산(犢山)) 마을에 남아있다. 연도를 표기하는 왼쪽에 '가설加設'이라고 기록되어 있다. '가설'은 정원 외 벼슬자리를 더 늘려서 임명하는 것을 뜻한다.

3) 박세태 첩(帖)

시대	1742년
발급	경리청經理廳
수취	유학幼學 박세태朴世泰
성격	1742년壬戌 11월에 경리청經理廳에서 유학幼學 박세태朴世泰에게 발급

한 증빙 문서이다. 문서에는 임술 11월이라고만 적혀있는데, 함께 보관되어 있는 교지가 1742년(건륭 7)에 작성된 것이므로 본 문서의 시기도 1742년 임술년으로 보인다.

북한산성北漢山城의 군수軍需를 위해 첨지중추부사僉知中樞府事 임명첩(전라도 영광에 사는 유학 박세태) 1장을 계청啓請(임금에게 아뢰어 청하여)하여 사목事目에 의거하여 봉가捧價를 출급하니, 후일에 상고하여 시행할 일이라는 내용이다. '경리청인經理廳印'이라는 표기된 관인이 찍혀있다. 경리청은 조선시대에 북한산성을 관리하던 관청이다. 1712년(숙종 38)에 북한

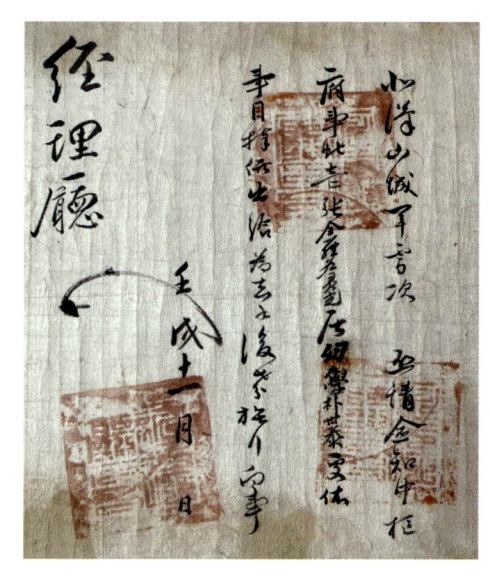

경리청 박세태 첩

산성 안에 비축한 군량미가 썩지 않게 보관하면서 산성을 관리하기 위하여 설치하였다. 경리청과 관련한 신안 섬 마을 문서는 흔하지 않는 희귀한 자료이다. 교지와 함께 경리청 발급 문서가 공존하고 있고, 마을에는 박세태의 행적을 기념하기 위한 비도 설치되어 있으니 조선시대에 선도에서 왕성한 활동을 했던 인물로 추정된다.

4) 호적(戶籍) 문서

조선시대 상황을 살필 수 있는 호적단자 4장이 보존되어 있다. 시기는 1846년, 1873년, 1876년, 1879년에 해당한다. 당시에는 선도가 영광군 염소면에 속했다는 사실을 이 고문서를 통해 확인할 수 있다.

박행수 1846년 호적단자

수취인 유학幼學 박행수朴行洙

성격 1846년(헌종 12)에 제3통 제1호 유학幼學 박행수朴行洙(당시 31세)가 올린 호구단자의 내용을 영광군에서 확인하고 다시 발급한 호적

내용 박행수(을해생)의 거주지는 영광군 염소면鹽所面 선치蟬峙이고, 그의 처妻는 전주全州 이씨李氏이다. 본인과 처의 4조四祖가 기재되어있다. 박행수는 박득창의 손자이다.

박득창 1873년 호적단자

수취인 유학幼學 박득창朴得昌

시기 1873년

성격 1873년(고종 10) 제4통 제4호 유학幼學 박득창朴得昌(당시 79세)이 올린 호구단자의 내용을 영광군에서 확인하고 다시 발급한 호적

내용 박득창(을묘생)의 거주지는 영광군 염소면鹽所面 선치蟬島이고, 그의 처妻는 청주한씨淸州韓氏이고 나이는 79세이다. 본인과 처의 4조四祖를 비롯하여 아들 박도원朴道元(54세)과 며느리 이씨李氏(54세)가 기재되어 있다. 박득창은 박응순의 증조부이다. 관인은 '영광군수지인靈光郡守之印'이다.

박응순 1876년 호적단자

시기 1876년

수취인 유학幼學 박응순朴應淳

성격 1876년(고종 13)에 제7통 제2호 유학幼學 박응순朴應淳(당시 37세)이 올린 호구단자의 내용을 영광군에서 확인하고 다시 발급한 호적

내용 박응순(경자생)의 거주지는 영광군 염소면鹽所面 선치蟬峙이고, 그의 처妻는 능성綾城 주씨朱氏(33세)이다. 본인과 처의 4조四祖가 기재되어있다. 관인은 '영광군수지인靈光郡守之印'이다.

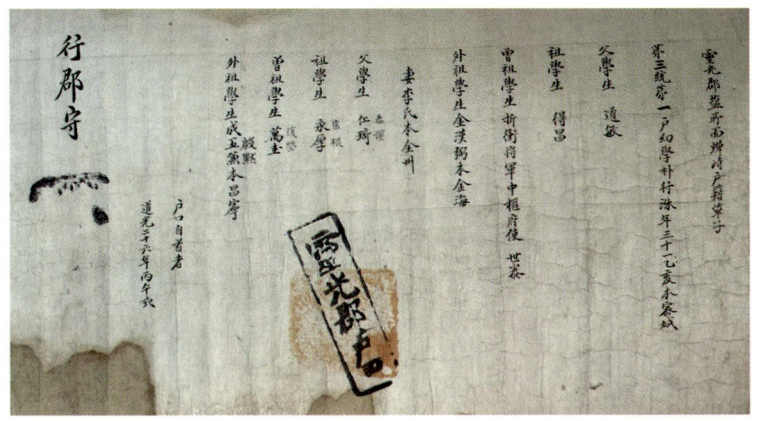

1846년 박행수 호적단자

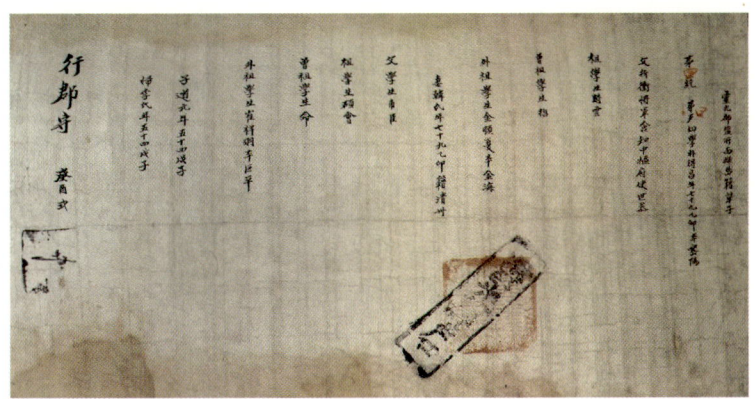

1873년 박득창 호적단자

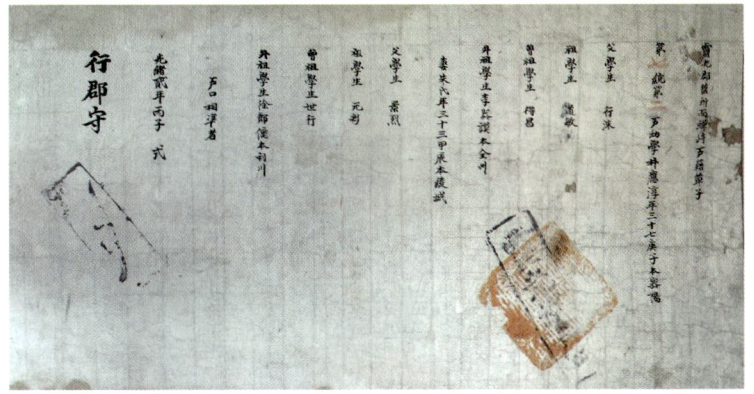

1876년 박응순 호적단자

박응순 1879년 호적단자

시기	1879년
수취인	유학幼學 박응순朴應淳
성격	1879년(고종 16) 제1통 제4호 유학幼學 박응순朴應淳(당시 40세)이 올린 호구단자의 내용을 영광군에서 확인하고 다시 발급한 호적
내용	박응순(경자생)의 거주지는 영광군 염소면鹽所面 선치蟬峙이고, 그의 처妻는 능성綾城 주씨朱氏(36세)이다. 본인과 처의 4조四祖가 기재되어있다. 관인은 '영광군수지인靈光郡守之印'이다.

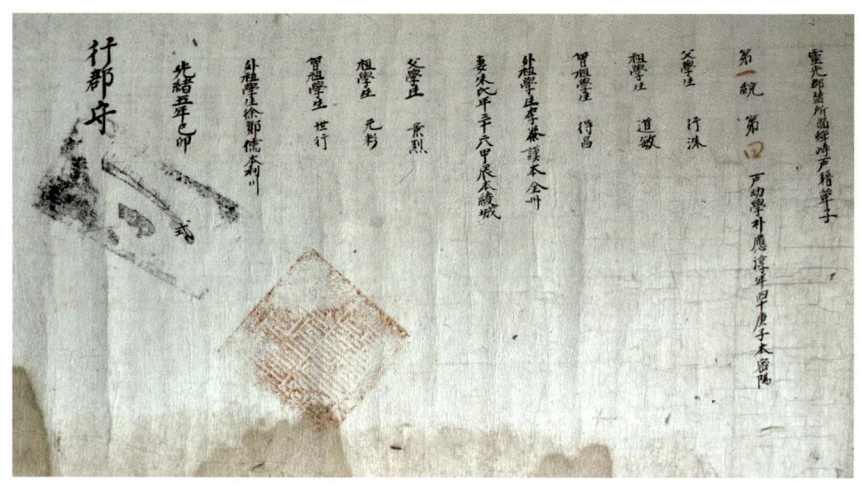

1879년 박응순 호적단자

2. 매계리 박씨 문중 소장 고문서

1) 원주이씨 효행 사실

문서 유형	청원서上書
시기	1900년庚子 10月 日
발급	도내道內 유생儒生 기동준奇東準 등 63인

수취	전라남도관찰사 全羅南道觀察使
성격	1900년 10월에 전라도 내 유생 기동준 등이 관찰사에게 박정래 모친 원주이씨의 효행 포장을 요청하면서 올린 청원서
판결내용	(양력 10월 16일)이와 같이 탁이한 효행을 들으니 매우 가상하다. 일찍 이 포장한 날이 있었으니 더욱 공의公議를 살피도록 하라.
관인官印	全羅南道印(전라남도인), 全羅南道觀察使之章(전라남도관찰사지장)

주요 내용

13세에 부친상을 당하여 편모와 어린 동생들을 돌보며 효성을 다하였다. 영의정 문민공 박승종의 8세손 박준권에게 시집가서는 병환으로 수개월 신음하는 시모에게 자신의 허벅지 살을 베어 국을 끓여 드시게 하여 병환을 낫게 하였다. 그러나 허벅지의 상처 부위가 심각하여 운신할 수 없었는데 어떤 노인이 자신의 상처 부위에 약수를 뿌려 주는 꿈을 꾼 뒤에는 상처가 말끔히 나았다고 한다.

슬하에 2남 1녀를 두었는데 을미년에 시모와 남편이 함께 병환으로 사망하자 성심을 다하여 장례를 치르고, 남은 자식들을 보살핌과 동시에 밤새도록 양묘兩墓를 지켰다. 이에 근처 마을 사람들이 그녀의 효행을 알고 묘 근처에 한 칸의 여막을 마련해 주어 편안한 곳에서 시묘살이를 하도록 도와주어 마침내 3년 상을 마칠 수 있었다.

3년 상을 마치고 곧바로 남편을 따라 목숨을 끊고자 하였는데, 그날 밤에 시모와 남편의 형신刑神이 나타나 좋게 타이르기를 "그대가 죽을 마음이라면 죽고 난 후에 어린 자식들은 누가 돌봐줄 것인가. 다시는 죽을 생각 따위 하지 말고 어린 자식들 잘 기르게나."하였다. 그리하여 잘못된 마음을 버리고 자식들을 양육하는 데 힘을 썼다고 한다. 80세에 이르러 을유년 정월 22일에 세상을 떠났다.

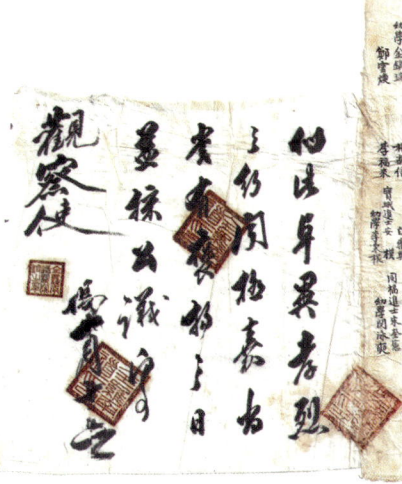

1900년 원주이씨 효행사실에 대한 도내 유생 청원서

2) 박병환의 효행 사실

문서유형	청원서請願書, 품장稟狀
시기	1910년(庚戌 8月初 10日)
발급	진사進士 김종권金宗權 등 33인
수취	지도군수智島郡守
내용	1910년 8월 초10일에 향중鄕中의 다사多士가 지도군수智島郡守에게 박경환의 효행을 포장해 달라고 요청하면서 올린 청원서
판결내용	(11일)과연 이와 같은 사연이라면 이 사람의 타고난 행실이 매우 가상하나, 좀 더 물의物議를 살핀 후에 영문에 보고할 일이라 고함

주요내용

선치면에 사는 박병환은 영의정 문민공 박승종의 10세손이다. 어려서부터 천성이 순효하였다. 34세 정해년에 그의 부친이 병환으로 거의 죽을 지경이 되었는데 수개월 동안 곁을 지키며 옷도 갈아입지 않았다. 자신이 아비를 대신하겠다고 천신에게 기도하고 산신에게 기도하였는데 꿈속에서 신인神人의 약을 얻어 제조하여 먹이고 손가락을 베어 그 피를 먹이고 3개월을 연명하였다. 천명이 다하여 마침내 소생하지 못하자 하늘을 부르짖고 땅을 치며 슬퍼하였다.

시빈始殯[1]하는 날에 직접 여막살이[2]를 하겠다고 하니 그의 노모가 꾸짖으며 타이르기를 '네가 할 일은 자식으로서의 직분을 옳게 하는 것이다. 그러나 네 어미가 칠순이 넘고 네 아우도 어리고 집안이 매우 어려운데 모친을 봉양하는 절의를 누구에게 미루려고 하는가. 살아있는 자를 잘 봉양하는 것 또한 효라고 할 수 있다.'라고 하며 백단으로 만류하니 감히 명을 어기지 못했다.

비록 여막살이는 하지 못 했으나 아무리 비바람이 치는 날이라도 3년 동

---

1 염을 의미
2 무덤 옆에 임시거처 움막을 설치하여 생활하는 것

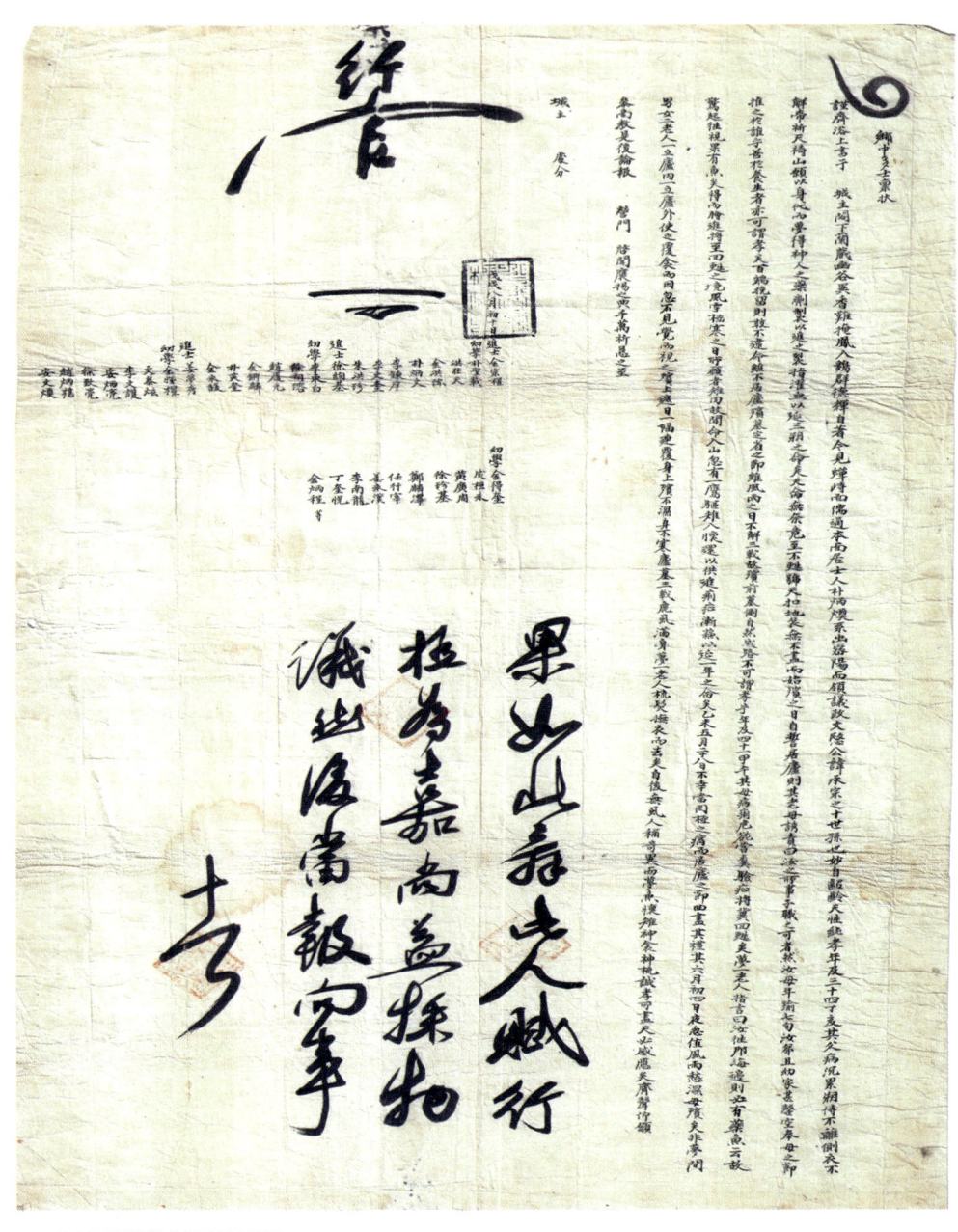

1910년 박병환 효행사실 청원서

안 꾸준히 묘소를 살피고 지키자 빈전殯前과 묘측墓側에 자연히 길이 생겼으니, 효라 하지 않을 수 있겠는가.

　41세 갑오년에 그의 모친이 병이 위중하였는데 꿈속에 어떤 노인이 꿈속에서 약어藥魚가 있는 곳을 말해주어 직접 가보니 과연 물고기가 있었다. 잡아 온 물고기를 회를 쳐서 노모를 먹이자 장차 회생하는 지경에 이르렀다.

　추운 겨울날 노모가 꿩고기가 먹고 싶다하여 그 말을 듣고 산속으로 들어가니 갑자기 매 한 마리가 꿩을 몰아 주어 꿩을 가슴에 품어 집으로 와서 손질해 먹이니 노모의 이증痢症이 점차 나아져 일 년을 더 살았다고 한다.

　을미년 5월 28일에 모친이 돌아가시자 여묘살이 하는 절의에 있어 그 예를 곡진히 하였다. 6월 초4일 밤에 갑자기 비바람이 불고 모빈母殯이 수습愁濕하였는데 비몽간에 남녀 두 노인이 여막 내 일립一立하고 여막 외에 일립一立하여 복금覆衾하도록 하였는데, 이로 인하여 갑자기 깨어나 빈상殯上을 보니 한줄기 햇볕이 비추고 자신의 몸도 함께 비추니 빈상殯上이 습하지 않고 자신 또한 춥지 않았다고 한다.

　여묘살이 3년을 마친 후에 녹풍鹿風이 몸에 가득하였는데 어떤 노인이 자신의 머리를 빗겨주고 옷을 매만지고는 가버리는 꿈을 꾸고 난 후에는 몸의 녹풍鹿風이 없어졌다. 이에 사람들이 기이하다고 하였고 몽어夢魚, 회치懷雉, 신금神衾, 신소神梳는 진실로 효를 다하여 하늘이 감응한 것이라고 하였다.

고문서를 통해 본 선도 사람들

선도 사람들의 민속과 생활문화

3부

Ⅰ. 섬주민의 소통로 나룻배와 나루터

Ⅱ. 바다지식과 낙지잡이

Ⅲ. 당제와 열두 달 세시풍속

Ⅳ. 선도의 일생의례

Ⅴ. 선도의 음식과 풍속

I
섬주민의
소통로
나룻배와 나루터

송기태

1. 전통시대 신안군 지도읍 행정권의 나룻배와 나루터

섬사람들은 나루터를 오가는 나룻배를 타고 이웃한 섬과 육지로 소통한다. 선도의 행정중심지가 있는 지도의 경우 13개의 나룻배가 운영되었다.(고광민, 2006) 지도 인근에 위치한 선도, 어의도, 큰포작도, 임자도, 수도, 증도, 사옥도, 송도, 고이도 등의 작은 섬들은 큰 섬이자 행정중심지가 있는 지도로 연결되는 나룻배를 운영했고, 지도에서는 육지로 나가기 위해서 무안군 해제면으로 연결되는 2개의 나루터를 운영했다. 작은 섬 사람들이 지도로 들어가는 나룻길은 5개였다. 임자도 사람들은 진리 나루에서 수도를 거쳐 지도읍 점암으로 이동하고, 증도 사람들은 광암나루에서 사옥도 지신개로 나룻배를 타고 이동해서 다시 사옥도 탑선나루와 지도 고사리를 잇는 나룻배를 타야만 했다. 어의도 창밧나루와 큰포작도 나루굿지에서는 지도 참도나루로 이동하고, 송도에서는 지도 읍내리 포구로 이동했다. 선도 사람들은 북촌나루에서 지도 부사도의 부세나루로 이동했고, 고이도 사람들은 장구섬에서 선도 진번나루로 건넌 뒤 북촌나루를 이용해야 했다. 큰 섬인 지도에서는 육지로 나갈 때 외양

신안군 지도읍 일대의 나룻배 권역

번호	나루터		나룻배	소유	나가시 권역 (나룻배 뱃삯 권역)	정박지	나가시 명칭
1	임자도 진리 - 수도	지도 점암	돛1	사공	점암, 금출동, 백련동, 조비동, 고수포, 고사, 감정	광암나루	석수
2	증도 광암	사옥도 지신개	돛1	사공	전증도, 우증도, 후증도, 화도	광암	지방
3	사옥도 탑선	지도 고사리	돛2	사공	사옥도, 원달도, 내도, 하탑산도	탑선	지방세
4	송도	지도 읍내리	너벅선	공동	송도	송도	석수
5	어의도 창밧	지도 참도	돛1	공동	어의도	창밧	나가시
6	큰포작도 나루굿지	지도 참도	돛1	공동	큰포작도, 작은포작도, 신풍도	나루굿지	나가시
7	지도 외양리	해제면 강산동	너벅선	사공	내양, 외양, 가정, 송항, 적동, 죽곡, 봉리, 심동, 서동, 월락동, 취동, 신기리	자서	석수
8	지도 하면나루	해제면 명양리	너벅선	사공	자동, 자서, 적거, 춘교, 월산, 광정, 읍내, 장동, 둔곡	자서	석수
9	선도 북촌	지도 부사도	돛1	사공	회산, 누동, 연화동, 태천, 태이도, 오룡동, 효지	부세나루	석수
10	선도 진번	고이도 장구섬	돛1	공동	주동, 매계, 남악, 석산동, 대촌, 북촌	진번	보구

출처 : 고광민, 「나룻배와 나루터 이삭줍기 기행」, 도서문화 28, 목포대 도서문화연구원, 2006.

리와 해제면 강산동으로 이어지는 나룻길, 자동리와 해제면 명양리로 이어지는 나룻길을 이용했다.

나룻배의 소유는 섬에 따라 2가지로 구분되었다. 선장에 해당하는 사공이 개인적으로 나룻배를 건조하여 운영하는 곳과 마을에서 배를 건조하여 사공을 선임하는 방식이 있었다. 그리고 나룻배을 이용하는 뱃삯은 '나가시', '석수', '지방·지방세'라고 하여 여름철에 보리를 걷고, 가을철에 나락을 걷었다. 지금 생각하면 간단하게 현금으로 뱃삯을 받는 것이 효율적일 것 같지만, 과거 현금이 많지 않던 섬사람들은 보리농사와 쌀농사를 마치는 시기에 곡식으로 뱃삯을 지급하는 것이 일반적이었다. 사공은 나루를 지키면서 수시로 나룻배를 운

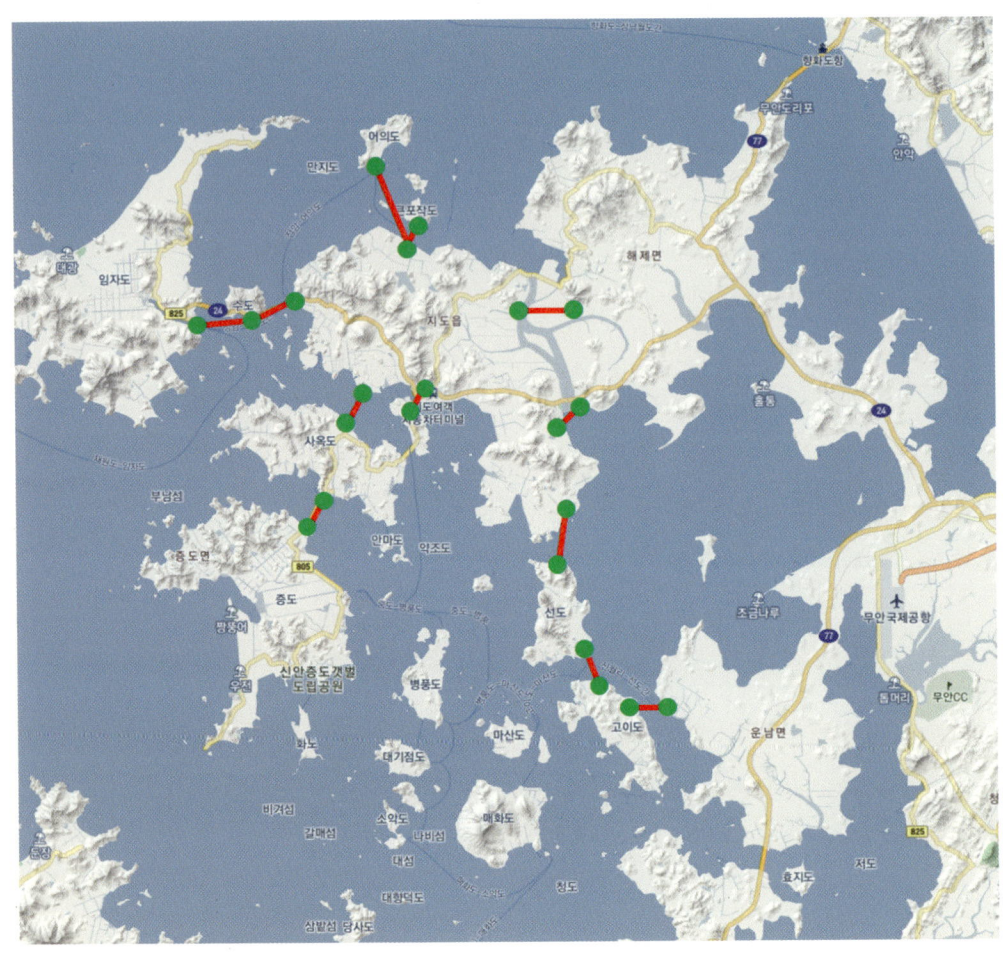

전통시대 신안군 지도읍 행정권의 나룻배 권역지도

항해야 했기 때문에 나가시는 사공의 가족들이 가가호호를 돌며 보리와 나락을 걷었다. 마을에 따라서는 나가시 비용 외에 사공답이라고 하여 마을소유의 일부 전답을 사공 집안에서 경작할 수 있도록 보조해주기도 하였다.

2. 나룻배시대 선도의 진번나루와 북촌나루

선도는 현재 선도항으로 불리는 진번나루만 기능을 유지하고 있지만, 과거에는 고이도를 오가는 진번나루와 지도읍 부사도를 오가는 북촌나루 2개가 있었다. 2개의 나루 중에서 진번나루는 선도에서 나룻배를 운영했고, 북촌나루는 건너편 부사도에서 운영했다. 선도가 행정적으로 지도읍에 속해있지만, 주민들은 고이도를 거쳐 무안군 운남면과 망운면 일대를 주된 생활권으로 삼았기 때문에 진번나루가 중요했다.

나룻배를 타는 데는 다양한 목적이 있지만, 항로가 형성되는 주된 이유는 재래시장을 중심으로 한 생활권과 밀접한 관련이 있다. 현재 선도 사람들은 주로 무안장을 이용하지만, 과거에는 매달 6일·1일에 서는 망운장을 이용하고, 필요에 따라 매월 3일·8일에 서는 지도장을 이용했다. 망운장이나 지도장으로 이동하는 것은 쉬운 일이 아니었다. 망운장을 가기 위해서는 진번나루에서 고이도 장구섬으로 건너간 후 산길을 걸어 고이도 사동 선착장으로 가야 했고, 다시 나룻배를 타고 운남면 신월항으로 건너가서 드문드문 다니는 군내버스를 타야만 했다. 지도장도 북촌나루에서 나룻배를 타고 부사도로 건너가서 버스를 타고 지도읍내까지 가야만 했다. 북촌나루의 경우 지도장을 이용하는 것과 함께 읍사무소의 행정사무를 위해서도 필요했다.

진번나루에서 고이도 장구섬으로 무동력 나룻배를 운항한 것은 1950~60년대 무렵까지다. 현재 도선 선장을 하는 박종택 씨의 부친 박이규(호적 박백용) 씨가 사공을 하던 시절이다. 당시에는 선도 주민들이 기금을 모아 나룻배를 건조하고, 주민들 중에서 사공을 선정하여 운항하였다.

사공은 늘 진번에 머물러 있으면서 선도와 고이도를 오가는 사람들과 짐을 실어 날랐다. 진번나루와 장구섬은 직선거리로 700m 정도로 가까운 편이어서 고이도에서 들어오려는 사람이 장구섬 앞에 서서 '사공!'이라고 외치거나 흰 수건을 흔들면 노를 저어서 장구섬으로 건너가 사람을 실어왔다. 날씨가 안 좋아 바람이 불거나 비가 내리면 사람들이 장구섬 인근 바위 밑에서 불과

선도항(진번나루)에서 나룻배로 오가던 고이도의 장구섬

연기를 피워 신호를 하였다.

사공은 1년에 두 번 선도 주민들로부터 뱃삯을 받았다. 여름걷이가 끝날 무렵 보리, 그리고 가을걷이가 끝날 무렵 나락을 걷었다. 선도사람들에게는 '보구'라고 하여 한 가구당 보리와 나락을 각각 3되 정도 걷고, 나룻배를 적게 이용하는 고이도, 매화도, 병풍도 사람들로부터는 '밧거지' 또는 '비럼'이라고 하여 돌아다니며 보리와 나락을 1되씩 걷었다. 그리고 외지인이나 소 등의 특수한 짐은 현금으로 받았다.

북촌나루와 부사도를 오가는 나룻배는 부사도 부세나루에서 운영했다. 부사도에 거주하던 사공은 나룻배를 주로 이용하는 부사도 인근 마을과 선도에서 1년에 두 번 뱃삯을 걷었다. 지도의 회산리, 누동, 연화동, 태천리, 태이도, 오룡동, 효지리 주민들로부터 '석수'라고 하여 보리 4되와 나락 4되를 걷고, 선도 사람들한테는 '동냥'이라고 하여 보리 1되와 나락 1되를 걷었다. 여름걷이가 끝날 무렵과 가을걷이가 끝날 무렵 하루씩 날을 잡아 다른 사람에게 사공일을 맡기고 보리와 나락을 걷은 것이다. '동냥'이라는 표현을 현재의 관념으로 오해할 수 있으나, 과거에는 필요에 따라 돈이나 곡식을 걷는 것을 일반적으로 동냥이라고 했다. 마을의 대소사를 위해 경비를 거출하는 것이나 걸립패들이 공공기금을 모으기 위해 마을을 돌아다니는 것을 모두 동냥이라고 했다. 그리고 외지인이나 소 등의 특수한 짐은 현금을 받았다.

뱃삯을 '석수'와 '동냥'으로 구분하는 것은 나룻배를 많이 이용하는 지역에 따른 것이었다. 부사도와 선도를 오가는 나룻배는 부사도 인근의 지도 사람들이 주로 이용하였다. 지도가 섬이었고 육지교통이 불편하던 시절 무안군 운남면과 목포 등의 육지로 나갈 때 선도와 고이도의 나룻배를 이용한 것이다. 따라서 부사도 인근의 지도 사람들에게 '석수'로 곡식을 많이 걷고, 선도 사람들에게 '동냥'으로 곡식을 적게 걷었다. 북촌나루의 나룻배 운항은 1980년대에 중단되었다.

3. 선도항 나룻배 관행과 뱃길의 변화

선도 사람들은 신월항을 오가는 배를 도선이라고 한다. 과거에 나룻배, 종선이라고 부르다가 근래에 도선이라고 부르게 된 것이다. 구분의 기준은 사람마다 조금씩 다르지만, 대개 나룻배는 손으로 노를 저어서 이동했을 때의 배를 지칭하고, 종선은 동력선이 등장한 후 정해진 운항시간 없이 상시적으로 운항했을 때의 배를 지칭한다.

나룻배의 운영과 관행에서 큰 변화는 무동력선에서 동력선으로 바뀐 점, 항로가 고이도 장구섬에서 신월항으로 바뀐 점, 나룻배를 건조하는 주체가 섬사람들에서 개인을 거쳐 신안군으로 바뀐 점, 나룻배를 수시로 운항하던 것에서 정기적으로 운항하게 된 점, 뱃삯과 임금 지급 방식이 가가호호 곡식을 걷는 석수에서 현금과 월급으로 바뀐 점 등이다. 변화된 점들을 간략히 살펴보면 다음과 같다.

첫째, 나룻배는 무동력선에서 동력선으로 바뀌면서 도선으로 불리게 되었

무안군 운남면 신월항에서 도선을 기다리는 주민들

다. 주민들이 기억하는 진번나루의 나룻배 사공은 1950년대부터다. 1950년대 10여 년 동안 박이규(호적 박백용) 씨가 사공을 할 때는 돛을 달고 노를 젓는 무동력 돛단배로 크기는 1톤 정도였다. 이후 박용실, 박달매, 조한복, 김몽석, 박종택 등으로 이어지는데, 박용실 씨가 사공을 할 때부터 동력선이 도입되고, 이후 점차 배의 규모가 커져서 현재는 정원 8명의 5.7톤 도선을 운항한다.

둘째, 진번과 장구섬을 오가던 항로는 박달매 씨가 사공을 할 때부터 진번과 신월항을 오가는 것으로 바뀌어 현재까지 유지되고 있다. 구체적인 시기는 명확하지 않지만 1960~70년대로 추정된다. 나룻배가 동력선으로 바뀌면서 먼 거리를 편하게 이동할 수 있게 되어 굳이 고이도를 거쳐 육지로 나갈 필요가 없어졌기 때문이다. 그리고 2019년 신안군 압해읍 가룡항과 선도항을 잇는 철부선이 취항하면서 두 개의 항로를 이용할 수 있게 되었다.

셋째, 선도의 나룻배는 과거 선도 사람들의 공동기금으로 건조하고 운영하는 것이었는데, 개인이 운영하는 것으로 바뀌었다. 기존 보고서에 의하면 진번의 선도항에서 운항하는 나룻배는 섬사람들이 공동으로 마련한 것이고, 북촌은 부사도의 사공이 개인적으로 운영하는 것이었다(고광민, 2006). 그런데 1970년대를 지나면서 진번의 나룻배도 개인이 운영하는 것으로 바뀐다. 2022년 현재 37년 전부터 도선을 운항하고 있는 박종택 선장도 개인의 자금으로 배를 건조하였고, 그전에 선장을 하던 박달매 씨도 개인이 배를 구입하여 운항했다고 하는 것으로 보아 1970년대부터 나룻배의 소유권이 섬 공동소유에서 사공 개인소유로 전환된 것으로 판단된다. 그리고 2000년대 초반 신안군에서 나룻배 운항을 지원하기 위해 FRP로 만든 배를 제공하면서부터 배는 신안군의 소유가 되었다.

넷째, 과거 나룻배는 건너편 장구섬에서 사공을 부르거나 불이나 연기, 흰 수건 등으로 신호하여 수시로 운항하였는데, 현재는 시간을 정해서 정기적으로 운항한다. 진번에서 장구섬으로 이동하는 항로는 40여년 전 박달매 선장이 나룻배를 운영할 때부터 신월항으로 변경되었다. 1960년대 동력선이 도입된 후에도 한동안 선도 진번나루와 고이도 장구섬을 오가는 항로를 유지했지만, 점차 엔진 성능이 좋아지면서 신월항까지 운항하는 데 어려움이 없어져 자연스레 항로를 변경하게 된 것이다.

다섯째, 뱃삯을 곡식으로 걷는 석수 관행이 현금 지급으로 바뀌고, 선장의 임금도 신안군에서 월급으로 지급하는 것으로 변화하였다. 박종택 선장이 일을 시작한 후 3년 정도는 여름걷이와 가을걷이에 맞춰 선도와 고이도를 돌며 보리와 나락을 걷었다고 한다. 그러다가 1980년대 후반부터 뱃삯을 현금으로 받기 시작했다. 처음에는 소인, 대인으로 구분하여 100원, 200원을 받기 시작해서 500원, 1000원까지 받았다. 그러다가 최근 3년여 전부터 섬주민들에게는 무료로 제공하고 외지인들에게만 2000원씩 받는다. 5~6년 전부터 신안군에서 도선 선장의 임금을 지급하면서 주민들로부터 뱃삯을 받을 필요가 없게 된 것이다.

4. 선도 나룻배의 산증인 박종택 선장

선도 진번나루의 나룻배 사공은 과거부터 주민투표를 통해 선출한다. 농사가 주 생업이었던 과거에는 나룻배를 운영하면 벌이나 낫기 때문에 뱃일을 할 줄 아는 사람은 누구나 하고 싶어 했다. 그래서 과거 나룻배 사공은 길게는 10년, 짧게는 1~2년만에 교체되었다. 뱃삯을 여름걷이와 가을걷이 곡식으로 받기 때문에 최소 1년은 보장하지만, 언제든지 나룻배 사공을 하고 싶은 사람이 나타나면 민주적 절차를 위해 섬 주민 전체투표를 시행한 것이다.

2022년 현재 선장을 하고 있는 박종택 씨도 주민투표를 통해 도선 운영권을 승낙받았고, 몇 차례 다른 사람에게 짧게나마 운영권을 넘겨주기도 했다. 박종택 선장은 1958년에 태어나 27살부터 도선을 운항하기 시작했다. 어린시절 아버지가 나룻배 사공을 했지만 성장하는 동안 뱃일을 하지 않고 농사만 짓다가 결혼을 하고 자녀들을 낳으면서 도선 선장을 결심했다고 한다. 당시 뱃일을 해보지 않았고, 사공을 했던 부친도 반대해서 도선을 운항하는 것은 쉽지

도선을 운항 중인 박종택 선장

않았다. 가족의 반대는 차치하고 배를 구입할 자금도 없었고, 배를 구입한다고 하더라도 도선 선장은 섬 주민들 전체의 선거를 통해 결정하는 것이어서 원한다고 할 수 있는 일이 아니었다.

박종택 선장은 부모의 만류에도 불구하고 친척 형님의 도움을 받아 목포 조선소에서 배를 건조했다. 당시 선도에는 기존부터 도선을 운항하던 선장이 있었지만, 배를 운영하고 싶은 마음에 덜컥 배부터 짓기 시작해버린 것이다. 상황이 이렇게 되자 부모님도 도선 선장으로 선출될 수 있도록 도울 수밖에 없었다.

선도 사람들도 처음에는 박종택 씨가 도선 선장을 하는 것에 대해 그리 탐탁하게 생각하지 않았다. 도선 운항은 섬주민들의 목숨과 직결되는 것이었기에 그전에 하던 사람이 해야한다는 의견이 많았다. 그런데 사공을 했던 부친을 비롯해 가족들과 지인들이 주민들을 설득하면서 급기야 선도 주민투표까지 진행하여 도선 선장으로 선출되었다.

박종택 선장은 뱃일에 대한 경험이 없는 상태에서 도선 선장으로 선출되었지만, 오랜 기간 도선을 운영하면서 선도의 뱃길에 대해서는 누구보다도 지식이 풍부하다. 선도항 인근은 '작은 울돌목'이라고 불릴 정도로 물살이 세고 휘돌아든다. 선도항에서부터 장구섬으로 이르는 좁은 수로 밑에는 암초가 길게 늘어서 있어서 조금만 잘못 들어서면 배가 좌초할 수도 있다. 실제 25년여 전에는 마산도에서 소금을 싣고 신월항으로 가던 배가 좌초하여 인명사고가 났을 때 급히 출항하여 사람을 구하기도 하고, 근래에 좌초한 낚싯배 선원들을 구하기도 했다.

사람뿐만 아니라 섬 물류를 운송하는 역할까지 해야 했기 때문에 도선 선장은 하루도 쉴 수 없었다. 선도 사람들은 대부분의 생필품을 도선으로 들여오고, 섬에서 돈이 되는 것은 도선을 이용해 육지로 내보내야만 했다. 섬에서 나는 낙지, 감태, 마늘, 나락, 보리 등의 농수산물을 모두 도선으로 운송했고, 육지에서 소를 비롯한 각종 짐과 경운기 등의 기계를 들여올 때도 도선을 이용했다.

선도항에 배가 들어오는 시간에 맞춰 운항하는 선도 마을버스

　도선 선장이 되면 흔한 계모임도 하기 어렵고 저녁 술자리도 하기 어렵다. 신안군에서는 2020년부터 한 달에 3회씩 쉬도록 권고하지만, 선도 내에 인명구조 자격증과 해기사 면허증을 갖춘 사람이 없기 때문이다. 박종택 선장이 가장 바쁠 때는 설과 추석 명절이다. 이때가 되면 명절 준비를 위해 섬주민들도 모두 육지 나들이로 바쁘고, 명절을 전후해서 밀려드는 귀성객들은 서로 도선을 타기 위해 아우성칠 수밖에 없다. 그래서 명절이 되면 평소 4회 운항하는 노선을 1시간에 2회씩 운항한다. 신안군에서는 이러한 박종택 선장의 공로를 인정하고, 노고를 위로하는 뜻으로 2018년 12월 28일 표창을 수여한 바 있다.

II

바다지식과
낙지잡이

송기태·이우섭

1. 봄낙지와 가을낙지

　낙지는 1년생으로 여름철에 산란을 하고 죽는다. 반드시 1년생은 아니라고 생각하는 주민들도 있으나 대개 1년생으로 인식한다. 크기에 따라 대낙, 중낙, 소낙으로 구분하는데, 봄에 산란을 한 후 여름이 되면 소낙에 해당하는 세발낙지가 나오고, 이들이 중낙과 대낙으로 성장한다. 따라서 낙지의 산란과 성장과정을 고려하여 6월 21일부터 7월 20일까지 금어기를 설정하고 8월부터 조업한다. 다만, 금어기라는 조건도 있지만 실제 6월~8월에는 낙지를 잡기 어렵다. 여름이 되면 낙지가 갯벌 깊숙이 들어가거나 바다 깊은 곳으로 이동하기 때문에 잡으려고 해도 잡을 수가 없다. 그래서 갯벌 낙지잡이나 주낙 낙지잡이 모두 8월 중순 이후부터 조업을 한다.
　낙지를 좋아하는 사람들은 흔히 '가을낙지'라고 하여 가을철의 별미로 생각한다. 초가을에 잡히는 세발낙지를 좋아하기 때문이다. 세발낙지는 작고 예뻐서 꽃낙지라고도 하는데, 이 시기는 그리 길지 않다. 낙지는 성장이 빨라서 가을이 깊어지면 금새 중낙지가 된다. 선도 1구 박일선 이장은 봄낙지가 더 맛있다고 한다. 일반적으로 가을철에 나오는 세발낙지를 선호하지만, 낙지의 성장과 정을 생각하면 일정 기간 성장하여 영양이 풍부한 시기는 봄이라고 할 수 있다.

2. 갯벌의 묻음 낙지잡이

선도의 전통적인 낙지잡이는 갯벌에서 가래나 손을 이용해 잡는 방식으로 일명 '묻음낙지'라고도 한다. 낙지구멍을 갯벌로 묻어놓고 낙지가 구멍 가까이 올라오도록 유인하여 잡기 때문이다. 낙지구멍을 갯벌로 묻을 때 여자들은 손을 이용하고, 남자들은 삽과 비슷한 가래를 사용한다. 묻음낙지잡이는 갯벌이 무른 신안 일대에서 널리 행하는 방식이다.

갯벌에서 낙지를 잡을 때 가장 중요한 것은 낙지 구멍을 확인하는 것이다. 낙지는 갯벌에 굴을 파서 서식하는데, 천적에 대응하기 위해 외부로 연결된 구멍을 3개 정도 파놓는다. 다만, 구멍이 여러 개라고 하더라도 실제 숨을 쉬고 드나드는 구멍은 1개이기 때문에 이를 구분하지 못하면 낙지를 잡기 어렵다. 여러 개의 구멍 중에서 낙지가 들어있는 구멍을 '부릇'이라고 한다. 부릇은 이끼가 끼듯 푸르스름하거나 물이 '꼴랑꼴랑 하다'고 하여 진동이 있다. 낙지가 굴 속에서 숨을 쉬기 때문에 부릇의 색깔이 변하고 물이 진동하는 것이다. 선도에서 낙지를 잡은 어민들은 오래된 경험으로 부릇을 구분하는 능력을 발달시켜서 다른 구멍과 혼동하지 않고 낙지를 잡을 수 있다.

> 낙지를 구별할 수 있는 방법은 낙지가 뻘 속에서 집을 짓고 살잖아요? 주로 살고 있는 곳하고, 그 다음 자기가 위험에 대피하기 위해서 구멍을 가짜로 뚫어 놓는다는 얘기에요. 피신하기 위해서. 이런 구멍들이 많이 있는 것은 아니고 있어봐야 한 두 개. 그러고 자기가 살고 있는 구멍은 하나. 그 구멍은 자기가 살고 있다면 물이 있을 것 아니에요. 그 물이 꼴랑꼴랑해. 낙지가 숨을 쉬기 때문에

부룻을 갯벌로 막고 그 위치을 표시한 것이다. 이 사진은 장산도의 사례인데 선도의 갯벌 낙지잡이도 다르지 않다.

그러면 금방 알죠. 그러면 여기가 낙지가 있는 구멍이다. 낙지가 있다는 걸 금방 알죠.

　그 구멍을 보고 철에 따라서 묻어. 갯벌을 사는 서식지라고 하면 (구멍에) 묻어놨다가 한 바퀴 돌고 와서보면 얘(낙지)가 이렇게 나와있거든요? 그럼 쉽게 잡을 수 있겠죠. 숨을 못쉬기도 하지만 묻어두면 얘가 이렇게 나와. 집이 파괴가 됐으니깐 나와서 이렇게 가만히 있는거죠. 그러다 삽으로 파버리면 가까이서 잡을 수 있어요. 그런데 구멍을 보고 잡았을 때는 기술이 덜한 사람은 원없이 파야해. 그래서 잡을 수 있고, 못잡을 수 있고. 구멍을 보고 아낙네들이 깊숙이 넣어서 하죠. 그리고 이 손으로 잡는 방법도 구멍을 보고 여자분들이 대부분 잡으니까 이렇게 묻어요. 구멍을 보고 잘 아니까. 그러고 한 바퀴 돌고와서 아까 그런 방식들로 해서 하면 쉽게 잡을 수가 있죠. 한 20~30분 정도 돌고 다시 가보면. (선도 1구 박일선 이장 구술)

갯벌 낙지잡이 복장 | 갯벌 낙지잡이 도구

　낙지 부룻을 확인하면 여자들은 손으로 부룻을 조금 파헤친 후 갯벌로 구멍을 막고, 남자들은 가래로 갯벌을 떠서 막는다. 부룻을 막아놓고 그 옆에 손으로 그림을 그리듯이 표시를 하거나 갯벌 무더기를 세워서 표시를 한다. 그리고는 인근 부룻으로 이동해 낙지 부룻 메우기를 반복한다. 사람에 따라서 수십 개의 부룻을 메우며 이동하는데, 보통 20분~30분 정도가 지나면 낙지가 훼손된 부룻 입구로 나와있기 때문에 시간을 고려하여 처음 장소로 다시 돌아온다. 처음 위치로 돌아오면 표시해놓은 자리를 확인하며 부룻이 있던 구멍에 손을 넣거나 가래로 파서 낙지를 잡는다.

　갯벌에서 부룻을 메워 낙지를 잡는 '묻음낙지' 방법은 주낙을 이용한 방식이 확산되면서 일부 어민들만 지속하고 있다. 남자들의 경우 대부분 주낙 낙지잡이에 참여하고 있고, 비교적 나이가 많은 할머니나 아주머니들이 갯벌에서 낙지잡이를 지속한다.

3. 어선을 이용한 낙지주낙

　선도의 어업에서 주낙을 이용한 낙지잡이는 중요한 부분을 차지한다. 20여 년 전부터 낙지 주낙이 확산하기 시작해 최근에는 젊은 사람들이 귀어를 희망하여 정착하고 있기 때문이다. 20여년 전 선도 일대의 주낙 어장은 목포를 비롯한 인근 지역의 어민들이 선단을 이루어 조업하고 있었다. 신안에서 암태도와 선도 일대의 어장이 낙지주낙을 하기 좋은 곳인데, 선도 주민들은 5~6명만 주낙을 하고 있었고, 대부분의 조업은 타 지역 어민들이었다. 그러다가 선도 주민 중에 낙지주낙을 시작하는 사람이 늘어나면서 외부 어선들의 조업을 금지시키고 선도 어촌계에 가입한 계원들만 조업할 수 있도록 어장을 정비하였다. 2022년 현재는 선도에서 31명이 낙지주낙을 하고 있다.
　낙지주낙은 3월 초부터 6월 20일까지 봄 어장이 형성되고, 8월 중순부터 12월 말까지 가을 어장이 형성된다. 겨울에는 낙지가 겨울잠을 잔다고 하여 갯벌과 수면으로 나오지 않아 잡기 어렵다. 그리고 6월 21일부터 7월 20일까지는 금어기가 형성되어 이때도 잡을 수 없는데, 여름에는 낙지가 갯벌 깊숙이 들어가거나 바다 깊은 곳으로 이동하기 때문에 금어기가 아니더라도 조업은 하지 않는다.
　주낙을 이용한 낙지잡이는 물때와 일정한 관련이 있다. 선도 일대의 낙지 어장은 지형적으로 물살이 약해서 바람만 불지 않으면 조금과 사리에 상관없이 15일 내내 조업을 할 수도 있는데, 일반적으로 주낙을 하기 좋은 물때는 물살이 약한 조금무렵이다. 어민들은 조수의 변화를 15일 단위의 물때지식으로 체계화하여 인지하는데, 음력 8일과 23일을 물이 조금밖에 움직이지 않는 '조금'이라고 한다. 조금 무렵을 지나서 점차 물이 살아나 음력 보름이나 그믐이 되면 물살이 거칠어지는 '사리' 때가 된다. 낙지주낙의 경우 물살이 약한 조금 무렵을 중심으로 조업이 이루어진다. 주낙을 조금 무렵에 하는 이유는 표적으로 하는 어종이 미끼에 반응을 보여야하기 때문이다. 사리 때가 되면 물살이 세서 뻘물이 형성되고, 그로 인해 시야가 불투명해져서 낙지가 미끼를 인지하지 못하기 때문이다.

물때와 함께 달의 변화도 중요한 요건이다. 어떤 면에서 물살의 영향보다 달의 영향을 크게 받는다. 낙지가 달이 있을 때 먹이활동을 활발히 한다고 생각해서 해가 지고 별이 뜨면 조업을 시작는데, 일반적으로 달이 뜨면 낙지가 많이 잡히기 때문이다. 그래서 낙지주낙을 하는 어민들은 '달사리'라는 표현을 사용하고, 이때 낙지가 많이 잡히는 기간이라고 한다. 달이 상현에서 보름을 거쳐 하현으로 이르는 기간이 '달사리'에 해당한다. 일반적으로 보름사리라고 하는 기간이다. 이에 비해 하현에서 그믐으로 이어지는 그믐사리는 달이 뜨지 않거나 달빛이 약해 낙지도 적게 잡힌다.

> 왜 우리가 달이 있을 때 낙지를 잡냐면 과학적으로 증명은 안 됐지만 달이 있을 때 낙지가 먹이활동을 활발히 한다고 생각하고 있습니다. 그러기 때문에 낙지를 많이 잡습니다. 달이 있다는 말은 초승달이 뜨잖아요. 초승달이 중간달 해갖고 큰 달로 해서 지잖아요. 그 사리를 얘기한 겁니다. 그리고 그믐사리라는 것은 달이 야예 없어요. 초승달이고 뭐고 아무것도 없어요. 그것이 그믐사리에요.
> – 선도 1구 박일선 이장 구술

낙지주낙은 시간의 영향도 받는다. 밤에 조업을 하기 때문에 낮보다 밤이 길어야 좋다. 보통 밤 8시 이후에 시작하여 4시간~5시간 정도 조업하는데, 여름철에는 일몰이 늦고 일출이 빨라 주낙을 하는 데 좋지 않다. 가을 어기를 시작하는 8월 중순에는 일몰 시간이 늦어서 밤 8시에도 하늘이 밝아 조업을 하지 않는 날도 있다.

주낙은 120m의 벼룻줄에 미끼를 매단 메시미줄 270개로 구성된다. 메시미줄 끝에는 사금파리나 타일조각을 매달고, 그 위에 고무줄로 칠게를 묶는다. 주낙을 갯벌 바닥에 닿도록 하고 줄의 양 끝부분을 조금씩 움직이면서 메시미줄을 하나씩 들어올려 낙지를 확인하고, 만약 낙지가 붙어있으면 뜰채로

주낙줄에 미끼로 칠게를 매단다. (선도 어촌계장 김영민 제공)

잡는다. 낙지가 칠게를 물고 있는 것이기 때문에 메시미줄을 들어올리면서 낙지가 보이면 바로 뜰채로 포획해야 한다.

    주낙을 통해 잡는 낙지의 양은 개인별로 하루에 많게는 10접~15접, 적게는 7접~8접 정도다. 한 접에 20마리기 때문에 4시간~5시간 동안 150마리~300마리 정도 잡는 것이다. 과거에는 20접 400마리 이상 잡기도 했으나 점차 개체수가 줄어들고 있다고 한다. 이렇게 잡은 낙지는 수협에 위판하여 판매한다.

III
당제와 열두 달 세시풍속

송기태·임정민

1. 당제

　선도는 마을마다 공동체 신앙으로 정월에 당제를 거행하였으나 현새는 모두 중단되거나 소멸한 상태다. 주동마을에서는 마을 뒤편에 당산나무와 당집이 있었는데 마을 청년들이 불을 놓아 없어졌고, 매계마을은 마을 뒤편의 대덕산 능선 중턱에 돌담으로 된 당이 남아있으나 의례는 중단되었다. 대촌은 마을 중심부 쪽에 당집이 있었으나 개인 사유지가 되면서 없어지고 현재는 대밭만 남아 있다. 북촌은 해안가 쪽에 당산나무가 있었는데 현재는 남아 있지 않고 밭으로 변했다. 이 중에서 현지조사한 매계마을의 사례를 간략히 살펴본다.
　매계마을은 정월 초아흐레 혹은 열흘에 당제를 지냈다. 당은 마을 뒤편에 위치한 당집으로 조성되어 있고, 모시는 신격은 산신, 당할아버지, 당할머니다. 당제일이 가까워지면 마을에서는 우물을 퍼내 깨끗하게 청소하고, 금줄로 봉해두었다가 당제 제물을 올리는 데 사용했다. 제관은 남자 두 명으로 구성되는데, 성품이 온화하고 당제에 대한 상식이 조금이라도 있는 사람을 선출했다고 한다. 제관을 선출하면 마을에 집을 한 채 비워서 깨끗하게 청소를 하고 그

매계마을 당제터 | 매계마을 우물

곳에서 1박 2일간 지내며 제물을 준비한다. 마을에서는 당과 우물, 제관 집에 금줄을 두르고, 길목에 붉은 황토를 조금씩 놓았다. 제관들은 금기를 수행하기 위해 밖으로 나가지 않고 항상 몸을 깨끗한 상태로 유지한다. 화장실을 다녀오면 목욕을 해야 해서 음식을 최소한으로 먹었다고 한다. 제관들은 밖에 나올 수 없었기 때문에 혹시라도 제물을 준비할 때 모르는 것이 있으면 마을 사람들이 담장 너머로 알려주기도 했다. 제물로 생선, 고기, 떡 등을 준비하는데, 떡은 시루에 쪄서 한 첩으로 만들었다. 당제에 사용되는 축문은 마을 어른들이 써주어서 미리 숙지하도록 했다.

당제는 정월 아흐렛날 자정 무렵 마을 뒤에 대덕산 중턱에 있는 당집에서 진행한다. 제관은 미리 준비한 제물을 들고 당으로 이동하고, 마을의 주민들은 집안의 모든 불을 소등하여 엄숙한 분위기를 조성한다. 그리고 제물을 진설한 후 절을 하고 축을 읽는 것으로 진행되었다. 당제를 진행한 후에는 해안가로 가서 용왕제를 지내고, 우물에서 샘제를 지냈다. 당제와 용왕제, 샘제의 진행은 모두 비슷한데 축문은 각각 별도로 마련되어 있었다.

당제를 마친 후 다음날이 되면 마을 사람들과 함께 음식을 나누어 먹고 농악으로 마당밟이를 연행했다. 농악대가 가가호호를 돌며 마당굿과 부엌굿 등을 하는데, 부엌굿을 할 때는 작은 상에 물그릇과 쌀그릇을 놓았다고 한다. 농악대의 포수는 가정에서 내놓은 쌀을 모아 등에 짊어지고 다녔고, 이렇게 모인 쌀은 마을 기금으로 사용하였다.

2. 월별 세시풍속

세시풍속은 1년 단위로 순환하는 시간의 체계에서 일정한 날에 수행하는 일련의 풍속이다. 주로 설, 대보름, 삼짇날, 단오, 유두, 칠석, 백중, 추석 등의 명절이나 세시절기에 따라 각종 의례나 놀이, 속신 등으로 전승된다. 선도의 전통적인 세시풍속은 설과 추석을 중심으로 명맥을 이어가고 있고, 대부분의 세시의례나 놀이는 기억으로 전한다.

선도의 월별 세시풍속 목록

월별(음력)	세시	주요 풍속	음식	비고
1월	설	차례, 성묘, 세배	떡국	지속
	입춘	입춘축 붙이기		지속
	보름	더위 팔기	오곡밥, 나물	지속
		소 밥주기		
		쥐불놀이		
		토정비결 보기		
2월	하드렛날	콩 볶아먹기	볶은 콩	
	경칩	용알 먹기	도룡뇽알, 개구리알	
	노인의날 행사	농악, 관광		(양력 3~4월)
	마을 잔치	농악, 줄다리기, 달리기		(양력 3~4월)
3월	삼짇날	줄다리기		
4월	초파일	불공 드리기		
5월	단오	상추이슬 바르기		

6월	유두	쉬면서 음식 먹기	밀문지(밀개떡), 볶은 보리	
	복날	복달임 하기	삼계탕, 보양탕	지속
7월	칠석	신혼집 음식대접	호박국	
	백중	제방 관리하기		
8월	추석	차례, 성묘, 송편	송편	지속
11월	동지	팥죽 먹기	팥죽, 팥떡	지속

1) 음력 1월

설날

선도를 비롯한 서남해 도서해안지역에서는 차례를 하루 전날 저녁 무렵에 지낸다. 따라서 설 차례는 음력 12월 30일 섣달그믐에 지낸다. 설이 다가오면 가정마다 제수로 사용한 음식이나 물건을 구

故박대덕 씨 묘소 앞에서 후손들이 성묘를 하고 있다. 설에 선도에 들어오기 어려운 후손들이 미리 들어와서 성묘를 했다.

입해서 섣달그믐에 차례상을 진설하고 절을 한다. 그리고 설날 아침이 되면 가족이 함께 성묘를 다녀온 후 세배를 한다. 목포나 타지에 살고 있는 가족들이 설날에 오지 못할 경우 미리 성묘를 한다.

입춘

입춘은 봄이 시작되는 절기로 보통 양력으로 2월 4일경이 된다. 음력으로는 정월이나 섣달에 드는데 윤달이 있을 경우 거듭 드는 때가 있다. 이럴 경우 '재봉춘再逢春'이라 한다. 선도에서는 입춘이 되면 '입춘대길立春大吉'이라는 글귀를 써서 대문이나 안방문 주위에 붙인다. 마을에서 글을 잘 쓰는 어른에게 부

탁는데 여의치 않을 경우 직접 써서 붙인다.

대보름

정월대보름에는 당제를 지내고 마당밟이를 하면서 마을의 축제를 벌이며 가정에서는 설과 마찬가지로 차례를 지냈다. 또한 더위팔기나 쥐불놀이, 소 밥주기 등의 풍속이 있었다.

더위팔기는 보름날 아침에 또래의 집으로 가서 "아무개야. 내 더우!"라고 하여 더위를 판다. 더위를 팔기 위해 상대방에게 말을 건넸을 때 이를 알아차리고 "니 더우"라고 답하면, 더위 파는 것을 방어할 수 있다.

대보름의 풍경으로 쥐불놀이가 성했었다. 보름을 전후하여 논밭둑의 잡초를 불로 태우고 불깡통을 돌렸다. 그러면 섬 곳곳에서 불놀이하는 풍경이 펼쳐지고 연기가 자욱하게 일었다. 이러한 풍속이 근래에까지 지속되었는데 신기하게도 쥐불놀이로는 집이나 산에 불이 나지 않았다.

보름날 아침에 소가 먹는 여물을 보고 그해 풍흉을 점치기도 했다. 소에게 여물로 다양한 곡식을 주는데, 이때 소가 가장 먼저 먹는 곡식이 풍년 든다는 속신이 있었다.

2) 음력 2월

초하루 하드렛날

음력으로 2월 초하루를 '하드렛날'이라고 한다. 이날을 특별한 명절은 아니지만 콩을 볶아서 먹는 풍속이 있었다. 콩을 볶으면서 평소와 다르게 손으로 젓는데 이렇게 하면 손에 부스름이 나지 않는다고 한다. 또한 콩을 볶으면서 불냄새를 피워 벌레가 줄어들기를 기원했다.

경칩

경칩은 24절기 중 세 번째 절기로 우수와 경칩이 지나면 대동강물이 풀린다고 하여 완연한 봄을 느끼게 된다. 이 무렵에 '용알'이라고 하여 논이나 들에 있는 도롱뇽알이나 개구리알을 먹기도 하였다.

노인의 날 행사

선도에서는 〈선도경노친목회〉가 주축이 되어 섬 전체가 함께하는 노인의날 행사를 진행했다. 대개 양력으로 3월이나 4월경 바쁘지 않은 날을 정해 진행하였다. 행사장소는 대개 노인회장이 있는 마을에서 열렸으며 사정이 있어 어려울 때는 마을별로 돌아가면서 진행하였다. 노인의 날 행사계획이 확정되면 섬사람들 모두 모여 어르신들에게 선물을 주고, 농악을 울리며 잔치처럼 하루를 놀았다. 한동안 노인의 날을 진행하다가 〈선도경노친목회〉 운영에 어려움이 생겨 현재는 중단한 상태다.

선도경노친목회 회칙

마을 잔치

전통적인 명절이나 세시는 아니지만 양력 3월~4월 중에 바쁘지 않은 날을 정해 마을 잔치를 벌였다. 대개 농사일이 바쁘기 전이나 모내기 후에 열렸다고 한다. 마을 잔치를 하면 농악을 울리고 음식을 나눠 먹었다. 그리고 마을 운동회처럼 줄다리기와 달리기도 했다. 줄다리기는 남녀 편을 갈라서 했는데 남자가 쉽게 이길 것 같지만 질 때가 많았다고 한다. 달리기는 마을 입구까지 누가 가장 먼저 도착하는지 시합을 하는 것으로 남자부와 여자부를 나누어 진행했다.

3) 음력 3월

삼짇날

음력 3월 3일을 삼짇날이라 하고 제비가 돌아온다고 한다. 선도에서는 특별한 명절은 아니지만 남녀가 편을 갈라 줄다리기도 하고 음식을 나눠 먹으며 놀았다. 특별한 행사가 없더라도 이날 만큼은 쉴 수 있도록 배려했다.

4) 음력 4월

초파일

음력 4월 8일 초파일이 되면 농가에서는 힘든 일을 하지 않고 쉬었다. 평소에 절에 다니는 사람은 섬 밖으로 나가서 인근 절에 불공을 드렸다.

5) 음력 5월

단오

음력 5월 5일을 단오라고 한다. 단오를 명절로 인식하지만 특별한 의례는 없다. 명절이기에 가정에 따라 쉬거나 떡을 해먹기도 하는데, '상추이슬 바르기'라고 하여 아침에 이슬이 맺힌 상춧잎을 따서 아이들의 얼굴에 바르는 풍속이 있다. 이날 상춧잎의 이슬을 얼굴에 바르면 버짐이 피지 않는다고 한다.

6) 음력 6월

유두

음력 6월 15일을 유두날 또는 유두절이라고 한다. 선도 사람들은 이날 들에 나가지 않고 쉬면서 '밀문지'라고 부르는 밀개떡을 해서 먹었다. 그리고 유두날 비가 오면 보리를 볶아서 먹었다고 한다.

7) 음력 7월

칠석

음력 7월 7일을 칠석이라고 하고, 견우직녀가 만난다는 이야기가 전한다. 이날은 마을사람들이 함께 공동우물을 청소하고 음식을 나눠먹으며 하루를 보낸다. 집 안에 우물이 있는 사람들은 가족들과 함께 우물 청소를 한다. 그 해에 장가를 간 아들이 있는 집에서는 술과 호박국을 준비해서 마을사람들을 대접한다.

백중

음력 7월 15일을 백중이라고 한다. 특별한 행사는 없으나 명절이라는 인식은 존재한다. 그래서 평소에 보리밥을 먹었다면 이날은 쌀밥을 해서 먹는다. 백중이 되면 바닷물의 수위가 높아진다. 백중사리라고 하여 이 무렵이면 밀물이 제방을 넘치거나 훼손하기 때문에 특별히 신경써서 관리한다.

8) 음력 8월

추석

음력 8월 15일 추석은 설과 함께 대표적인 명절이다. 다른 명절은 소략하게 지내거나 잊혀졌지만 추석 만큼은 자녀들이 섬으로 모두 들어와 함께 차례를 지낸다. 추석이 다가오면 조상의 묘를 찾아 벌초를 하고, 설과 마찬가지로 14일 저녁에 차례를 지내며 송편을 만들어서 먹는다. 과거에는 추석날을 전후로 여자들은 강강술래를 하고 남자들은 농악으로 샘굿과 마당밟이 등을 했다.

9) 음력 11월

동지

동지는 양력으로 12월 22일에 해당하는데, 음력으로는 11월을 동짓달이라고 한다. 동짓날이 음력 11월 10일 전후에 들면 '애기동지'라고 하여 팥떡을 해먹고, 11월 중순 이후에 들면 '어른동지'라고 하여 팥죽을 끓여 먹는다. 과거에는 애기동지와 어른동지를 구분하였으나 현재는 구분하지 않고 팥죽을 끓여 먹는다.

IV
선도의
일생의례

이경아·이우섭·송기태

1. 출산 관행

선도에서는 산모가 아이를 낳을 때 조식(볏짚)을 깔고 그 위에서 낳았다. 전통적으로 나락을 조상동우나 성주동우 등에 넣어서 조상과 가정의 신체로 생각하고, 그와 이어진 볏짚은 생명을 점지하는 삼신짚으로 인식하는 관념이 작용하기 때문이다. 선도에서는 상징적 의미가 전승되지 않지만, 아이를 낳을 때 깨끗한 볏짚을 골라 탯자리로 삼는 전통은 오랜 기간 지속되었다. 볏짚은 현실적으로 태와 탯줄 등 산모의 자궁에서 나오는 부산물들이 널브러지기 때문에 이것을 방지하기 위한 면도 있었다.

아이를 낳은 후에는 3일 동안 산모가 찜질한다고 하여 탯줄을 두르고 있었다. 탯줄을 잘라 아이와 산모가 떨어지지만 둘의 관계가 천륜으로 이어져 있음을 상징적으로 표현한 것이다. 이후 3일이 지나면 탯줄을 소중하게 생각하여 남몰래 묻는다. 그리고 산모는 일곱이레 즉 49일 동안 7일에 한 번씩 미역국과 쌀밥을 먹으며 산후조리를 하였다. 과거 쌀이 귀하던 시대에 산모라도 하더라도 매일 쌀밥을 먹을 수 없어서 삼신을 위하는 이레(7일)마다 미역국과 쌀밥을 차려놓고 이를 먹었던 것이다.

2. 혼례 절차와 부조

전통시대의 결혼은 부모를 통한 중매를 중심으로 이루어졌다. 지금처럼 행해지는 연애결혼은 상놈들이나 한다는 인식이 팽배하여 연애결혼을 하게 되면 집안의 수치로 여겼다. 결혼 연령대는 여자의 경우 16세~18세, 남자의 경우 20~23세 사이에 결혼하는 것이 일반적이었다. 신분제에 대한 관념이 잔존했을 때 무속인이나 상인, 장인들은 일반인과 결혼하지 않고 그들끼리 결혼하는 사례가 일반적이었다.

결혼이 결정되면 혼례 날짜는 신부 편에서 60갑자를 보아 결정했다. 사주단자를 받아 길일을 택하는 것과 함께 신부의 월경 기간을 피하기 위함이었다. 이렇게 결혼 날짜를 확정하면 혼례는 신부집 마당에서 진행한다. 신랑이 타지 사람일 경우 신랑 일행은 혼례 전날 배를 타고 와서 마을 사람 중 한 사람의 집을 빌려 자거나 마을회관에서 잠을 잔 후 다음날 혼례에 나온다. 선도에서 결혼은 다른 섬이나 육지사람과 결혼하는 것이 일반적이었다.

혼례가 시작되면 신랑 집안의 상객과 가마를 짊어지는 중객이 자리하고, 신부집안과 마을사람들이 함께 자리를 잡는다. 중객이 가마에 신랑을 태워서 마당으로 들어오면 사회자인 집례의 말에 따라 신랑이 가마에서 내리고 신부도 방에서 나온다. 신랑과 신부가 마주본 상태에서 신랑이 두 번 절하고, 신부가 네 번 절한다. 그리고 술을 따라서 마시게 하는 것으로 혼례를 마친다. 이후 신랑과 신부는 신부방에서 첫날 밤을 지내고 다음날이나 신랑집으로 가서 결혼생활을 하게 된다.

현금이 귀하던 시절 결혼식 부조는 비누나 식량이 일반적이었다. 과거에는 현금이 귀하기도 했고, 신혼부부가 생활하는 데 필요한 생활용품을 부조하는 것이 관행이었다.

3. 상장례와 초분

1) 축제적 상례로서 밤다래

　상례는 사람의 숨이 멎는 순간 시작된다. 사람이 죽으면 신체가 차가워지고 몸이 굳기 때문에 먼저 시신의 손과 발을 묶는다. 그리고 목포나 인근 지역에서 관을 구입하여 방 안에 시신을 안치한다. 이때 관 안에 북두칠성이 새겨진 칠성판을 먼저 놓고 그 위에 시신을 올린다.
　시신을 관에 안치하면 가족들은 상복을 입고 조문객을 맞는다. 이때 마을에서는 상두계원들과 마을주민들이 함께 상례 절차를 돕기 위해 준비하는데, 선도를 비롯한 서남해 섬사람들은 상례의 하나로 밤다래를 한다. 죽은이와 남은 가족을 위로하기 위해 상가에서 북장구를 치며 노래를 부르는 것인데 이러한 전통은 근래에까지 지속되었다.

> 밤다래는 사람죽어서 슬퍼해야 하는데, 슬퍼해야 할 때도 있지만 즐거워야 되는거여. 3일장을 하게 되면 오늘부터 내일모레까지 놀아야 할 사람이 있어야 하자네. 상주만 있겄어? 그땐 동네사람들도 많이 살아서 전부 모든 일을 멈춰야 해. 젊은 아주머니들은 음식같은 거 만들어야 하고, 오늘 죽어서 오늘 술을 만들더라도 내일 먹게끔 만들어야 해. 막걸리를. 그걸 만들어. 떡도 만들고 별거 다 해야 해. 그리고 나이 자신 분들은 전부 상복을 만들어야 해. 전부 손수 만들어. 그걸 다 만들기 때문에 놀러 가는 것이 아니라 일을 해야 하는 것이여. 그리고 남자들은 그것도 만들어야 하잖어. 상여.
> 　　　　　　　　　　　　　　　　　　　　　- 매계리 주민 구술

　섬마을에서 상례는 가족의 일로 국한하지 않고 마을공동체의 중요한 일이었다. 그래서 초상을 치르는 3일 동안 마을사람들 모두 다른 일을 하지 않고

상갓집에 머물며 일을 돕고, 밤다래를 하며 상주과 고인을 위로하였다. 젊은 아낙들은 음식과 막걸리를 만들고, 나이 든 사람들은 바느질로 상복을 지으며, 남자들은 상여를 만들어서 장례를 준비하였다.

상장례가 마을의 일로 확대되긴 하지만 그 중심은 상두계에 있었다. 보통 마을에 1개 이상의 상두계가 결성되어 있었는데, 상두계마다 12명 이상 가입되어 있었다. 상여를 매는 인원 12명과 명정, 공포 등을 고려하여 대개 14명~15명 정도를 최소 인원으로 하였다. 상두계원들은 빈소의 천막을 설치하는 것에서부터 시작해 사자상의 짚신도 만들고, 상여를 제작 및 운구하며, 장지에 초분을 만들거나 시신을 매장하는 것까지 전담하였다.

2) 초분 문화와 만장 풍습

매장과 관련해 선도에서는 근래에까지 초분을 조성하는 관행이 있었다. 사람이 죽으면 바로 땅을 파서 매장하지 않고, 뼈와 살이 분리되는 기간 동안 짚으로 이영을 덮어두는 초분을 했던 것이다. 초분을 만들 때는 큰 단 위에 올려진 시신을 기준으로 양 모퉁이에 말뚝을 설치한다. 그리고 볏짚으로 이영을 엮어서 지붕을 만든다. 이렇게 초분을 만든 후 3년 정도 지나면 시신에서 뼈만 남는다. 그러면 가족들은 다시 고인의 뼈를 수습하여 미리 준비한 장지에 매장하고 봉분을 만든다. 현재는 대부분 화장이나 매장을 하는데, 고인의 유지에 따라 초분을 하는 사례가 남아있다고 한다.

이러한 초분 관행은 고대시대부터 지속되어온 매장법인데 서남해 일대에서 마지막으로 확인된다. 여러 가지 이유가 있지만 교통·통신 시설이 발달하지 않던 시절 섬에서 갑작스런 초상이 나면 뭍과의 소통수단이 여의치 않았기 때문에 부모 형제의 사망소식을 제때 전해 듣지 못한 경우를 위한 일종의 가족이나 이웃에 대한 배려로 지속된 점이 있다. 초분 장례는 초분과 본장이 따로 이루어지는 두 번의 장례를 치르는 이중장二重葬인 셈이다. 이러한 초분은 육탈한 다음 깨끗한 뼈만 선산에 가는 것이기 때문에 조상에 대한 예의이고, 3~4년

후에 본장을 할 때 미리 가족과 마을에 알리기 때문에 장례에 참석치 못했던 가족들에 대한 배려이자 효의 도리로서 권장되기도 했다.

선도에는 장례 과정에서 만장의 행렬이 이어지기도 했다. 만장輓章(挽章)은 죽은 사람을 슬퍼하고 기리며 적는 글을 말한다. 영구를 앞에서 끌고 인도한다고 해서 '만장輓章'이라고 하며, 저승에 잘 갈 수 있도록 앞에서 끌어 준다는 의미를 지니고 있다. 만장은 돌아가신 이를 생각해 지은 시나 글로 '만사輓詞'라 했다.

만사는 죽은 이의 학덕, 선행, 문장, 직위 등에 대한 칭송과 친분관계나 망자와 있었던 특별한 일을 적기도 한다. 비단이나 종이에 적어 기처럼 만들어 들고 상여 뒤를 따른다(『한국민족문화대백과사전』). 크기는 약 2.4m, 폭은 60cm인 천이나 종이에 쓴 뒤 깃대에 받치고 들었다. 만장은 오죽烏竹이나 대나무를 장대로 사용하며 하얀 면사綿絲로 만든 영자纓子를 장대의 꼭대기에 달았다. 장례가 끝나면 이를 태운다.

여기서 만挽이라는 글자는 만輓과 통용되며 만장은 대부분 오언五言이나 칠언七言의 절구絶句와 율시律詩로 작성되었으며, 장문長文으로 이어지는 경우도 있었다. 만장은 문장이지만 망자를 위한다는 뜻에서 간지나 절기를 쓰지 않는다.(『문헌통고』)

일반적으로 만장은 고인의 공덕을 칭송하거나 죽음을 애도하는 절차의 한 형태로 행해졌으며, 지역의 유지나 학자들의 장례에서나 볼 수 있었다. 만장은 써서 보내는 쪽이나 받는 쪽이나 모두 가장 큰 부의賻儀로 여겼음은 물론, 초상때 들어온 만장의 수와 만장행렬의 길이로 고인의 업적을 평가하기도 하였다.

이러한 고인의 공덕을 칭송하는 만장 행렬이 선도의 장례식에서도 목격되었다. 선도에서 한문선생을 했던 주동의 박원석의 증조부의 장례에 만장행렬이 줄을 이었다고 한다. 덕망이 높았던 박원석의 증조부를 추모하기 위한 만장 행렬은 상여 뒤로 두 줄로 이어졌는데, 주동마을 회관 우물앞에서부터 진번 나루터까지 이어졌다고 하니 그 행렬이 얼마나 길었는지 가히 짐작하고도 남을 만하다. 만장풍습이 있었다는 말은, 그만큼 선도에 마을마다 서당이 있어 문장가들이 많았음을 알려주는 대목이다.

> 함평 벗재 안에서는 옛날에는 한문 선생을 했어, 저 우리 증조 할아버지가. 우리들 어려서 요 밑에 샘자리에서 부터 만사라고, 옛 날에는 만장이라고 써서 제자들이 진번까지 써서 연결해서 두줄로 걸었다고, 그때는 글좀쓰고 그러면 만장을 써서 걸고 그랬거든. 증조할아버지가 당시에 말타고 다녔다고 그래. 지금 함자는 얼른 생각이 안나는데, 이런데서 어떻게 한문선생을 했을까 하거든. 생각해보면 그때 그렇게 보리밥도 제대로 못먹고 살 때 운남 면장 하시던 신복수씨라는 분이 우리 마을에서 공부를 했어. 지금은 돛단배에 돛이 있잖아요. 포장이 있는데, 그때는 그 돛에 포장이 없었어. 가마니는 지금 가마니는 곡식이나 안빠지게 되게 짜져있는데 전에는 그것도 없어. 그때는 둥글게 짜진 미소리라는 것이 있는데 미소리. 길이는 약 두발이나 된디. 설기게 짜졌어. 그럼 나무배에 그걸로 돛을 달고 여기를 왔다고 그러드만. 요 섬에서 산 사람들이 원래 섬놈들이 아니여. 원래 위에서는 벼슬아치하다가 귀양 온 사람들이라 똑똑했지. 서울서 귀양와서 해남가 살다가 여기 선도로 들어왔다고 그래.
>
> 그래서 손이 퍼진거여. 어쩌그러냐면 밀성군 할아버지가 어떻게 나왔냐 하면. 밀양군 할아버지 큰아들이 귀양와서 역적으로 몰린께. 그냥 밀양이 아니고 밀성이라고 써붙였다고 그래. 그래서 할아버지가 밀성대군이여. 밀성이 되부렀어. 밀양이라고 하면 역적으로 몰리니까. 그래서 밀양, 밀성, 반남, 면성으로 갈라졌지. 그러니까 여기가 다 똑똑한 사람들이 많았고, 우리 증조부도 그래서 훈장 선생을 한거지. 그런 분이 돌아가셔노니까 사방데서 육지저런데서 만장을 써서 갖고와서 초상치르는데 거창했다고 하더라고요. 이런 섬에서 그많은 만장을 보기가 힘들지. 〈박원석(남, 1933년생)〉

3) 변화된 상장례 문화

선도에서도 초상이 나면 마을 사람들 전체가 자신의 일처럼 참여하게 된다. 남자들은 상주와 유족을 위로하며 날을 새고, 부녀자들은 모두 모여 술과 음식을 준비한다. 80년대까지만 해도 부의금으로 현금이 아닌 현물을 내는 경우가 많았으며, 대표적으로 직접 빚은 술(막걸리), 팥죽 한동우, 콩나물 시루 등이 부주계책에 작성되어 있는 품목들이다. 상여계와 상포계 등의 동일 계원이 아니더라도 장례기간 내내 마을주민들 전체가 참여하는 공동체문화가 반영되어 장례가 이루어졌다.

그러나 장례문화는 예전과 달리 급격히 바뀌는 추세이다. 시대가 변화하고, 바쁜 일상의 현대인들의 라이프스타일에 따라 장례문화가 변화하고 있다. 물론 장묘 및 제례문화가 개개인의 필요에 따라 쉽게 바뀔 수 있는 것은 아니지만, 최근 핵가족화와 생활양식의 변화 등으로 간소화되고 있는 것은 사실이다. 최소한의 기본적인 장례법은 효도라는 예절의 범주에서 진행되고 있으며, 한국인의 기본적인 심성과 사고방식을 반영하고 있는 중요한 문화이다. 그러나 전통적인 장례문화였던 매장문화에서 화장火葬문화로 바뀌고 있으며, 대부

좌 신안씻김굿 공연(사진: 신안문화원)
우 제 53회 한국민속예술축제 '은상'을 수상한 비금 '밤달애놀이'(사진:신안문화원)

선도의 장례풍습(사진제공 : 박기남)

분 도시의 병원 곧 장례식장에서 죽음을 맞이하고 화장장을 거쳐 고향 선산이 아닌 공동묘지나 가족 납골묘로 안치되는 경향이 뚜렷하다.

    이처럼, 변화의 속도는 다소 느리지만, 주류를 차지하던 장례문화도 서서히 바뀌고 있다. 급속한 도시화와 산업화는 전통과 생활 속의 장례문화의 변화를 꾀하였다. 다소 번거로웠던 절차의 생략, 그리고 다양한 종교의 전파 및 유입으로 인한 각종 제례 의식의 변화 등으로 축소 및 간소화되고 있다. 다만, 마지막 관문인 염습을 하는 과정은 생략되지 않고, 수의를 입혀 마지막 망자와 작별 인사를 고하는 절차로 마무리되고 있다. 이는 전통적인 관례로서 유교적인 영향으로 인한 부모에 대한 효 사상이 근간을 두고 있음을 알 수 있다. 전체적인 장례 절차는 간소화되고 현대화되었지만, 염습과정은 생략되지 않고 유지되고 있다는 것은 특징적이다.

따라서 과거 초상이 나면 마을 단위에서 육지의 조문객을 받고 장례가 치러졌던 반면, 최근에는 오히려 섬에서 육지로 조문을 가야하는 방식으로 바뀌었다. 초고령화를 맞은 도서지역에서 예전과 같은 공동체성을 발휘하는 것도 물론 쉽지 않겠지만, 기존의 선산 관리와 묘소 벌초 등의 문제도 심각하게 고려해야 될 것들이다.

선산의 시제상

4. 제례

1) 선도의 제례 방식

　선도는 밀양박씨와 밀성박씨가 주류를 이루며 관련 비갈碑碣도 다수 남아 있다. 박기남(1958년생, 북촌)에 의하면 2구 매계마을에 새로 조성한 밀성박씨 납골묘역 일대에서 시제를 모시고, 밀양박씨는 매계 앞의 선산에서 시제를 모신다고 한다. 4대까지는 집안에서 기제사로 지내고 그 윗대는 시제로 모셨지만, 최근에는 간소화되면서 일반적으로 부모 제사만 기일에 지내고 윗대를 합동제사로 지내는 경우가 많다. 시제는 4월 한식을 전후로 지내게 되는데 5대까지 매계 선산에서 모시고, 그 윗대는 열흘 정도 뒤에 영광 군남면의 선산에서 밀양박씨 소종중 시제를 모신다. 음력 3월 상순에 좋은 날을 정하는데 양력으로 하면 보통 4월 한식 전후가 된다. 그리고 10월 시제는 대종중인 함평의 밀양박씨 선산에서 모시고 있다.

　시제일자가 정해지면 시제 음식은 각자 나눠 준비하기도 하고, 문중 자금으로 준비하기도 한다. 밀양박씨 문중답門中畓이 있어 그 전답에서 수확한 것으로 충당하기도 한다. 여성들이 음식을 준비 하지만 진설은 제관인 남성이 맡아한다. 문중 선산에 도착하면 간단한 상차림(포와 과일 등)으로 산신제를 먼저 지내고, 종손이 헌관獻官을 맡고 집례자를 선정해 시제를 모신다. 시제는 보통 오전에 시작하여 지내며, 술을 올리고 축문을 읽고 모두 음복을 하며 시제를 마무리한다. 점심을 겸해 음복을 함으로써 제를 마무리하기 때문에 오후 12시가 지나면 끝내고 철수한다. 남은 음식은 모두 균등하게 나누어 분배한다.

　그 윗대인 5대조 이상은 영광 군남면에 위치한 선산에서 4월 한식 즈음에 시제를 모시는데 미리 종원들에게 시제 일시와 장소를 공지하고 제관을 지명한다. 시제 때에는 많은 자손들이 모여드는 것을 자랑으로 여기기 때문에 가급적 집안에서 빠지지 않고 참석한다.

　시제는 과거 3월과 10월 두 번 지내던 것이 한번으로 축소되면서, 봄과 가을에 적당한 날을 정해 제를 모시게 되는데, 음력 10월은 하반기라 행사들이 많고, 간혹 날이 춥거나 눈이 오는 경우가 있어 대부분 따뜻한 봄철로 일원화되고 있는 편이다. 더군다나 가을은 기상악화로 배가 결항되는 경우가 많아 가급적 이동이 수월한 봄철로 대부분 조정된 것으로 보인다. 게다가 음력 3월이면 대략 한식 전후, 양력 4월 10일경 즈음이라 선도에서는 수선화축제 기간과 맞물리게 된다. 타지에 있는 종친들은 어차피 시제 모시러 고향에 1년에 한 번 들르는데 되도록 수선화축제 기간에 섬을 방문해서 변화된 모습을 볼 수 있도록 대부분 시제를 봄철로 옮겼다고 한다. 수선화축제가 개최되면서 부터인 2019년 이후로 선도의 시제는 봄철에 모시고 있다.

반면, 기제사는 예전에는 대부분 3대까지 모셨지만, 지금은 매우 간소화되어 부모의 기일 정도만 제사로 모시는 경우가 많다. 또는 부모 제사도 합치거나 3대조까지 합쳐서 합동으로 모시는 경우도 많아지고 있다. 제사상 역시 약식으로 최대한 간단하게 준비한다. 대부분 선도에서 나는 재료를 이용하여 제물을 준비하고 진설한다. 주로 어장에서 잡힌 고기를 말렸다가 쪄서 올리고, 떡과 과일, 나물 등을 차례로 올린다.

특히 제사 일정에 맞춰 육지로 나간 형제, 자식들이 참석하는 게 쉽지 않기

선도 매계마을 박씨 문중 선산에서 봄 시제 모시는 풍경(1993년 3월 31일 촬영)(사진제공: 박기남)

때문에 부부가 간소하게 제사를 모시게 되는 경우가 빈번해졌다. 최근에는 아예 합동제사로 옮기면서 제삿 날짜를 협의하에 주말로 바꾸는 경우도 간혹 있다. 기일보다는 오랜만에 함께 얼굴 보고 모이는데 더 의미를 두기 때문이다.

2) 선도의 제례방식의 변화와 특징

일반적인 제례절차는 지역이나 지방풍습에 따라 차이가 날 수 있다. 원래 제사는 자시子時인 밤 11시에서 새벽 1시 사이에 지내는 것으로, 그리고 명절 차례는 오전이나 낮에 지내는게 풍습이었다. 그러나 현대에 와서는 편의상 제사 시간을 앞당겨 저녁 8시~10시 사이에 지내는 경우가 많고, 차례는 주로 명절날 아침에 지내고 있다. 제사 시간이 과거에는 죽은 이의 혼이 활동하는 시간인 밤 12시가 일반적이었지만, 10시 이전으로 앞당기거나 아예 저녁 식사 시간에 맞춰 일찍 제를 모시고 음복을 해버리는 경우도 늘고 있다.

도서지역의 경우는 특히 교통편이 제한되어 있어서 같은 섬에 살고 있지 않으면 제사에 참석하는 게 쉽지 않다. 따라서 멀리 있는 친척과 자식보다 오히려 이웃사촌이 더 가깝다는 말이 적합한 경우가 많다. 다행히 도서 지역은 같은 섬에서 섬으로 혼인하는 도내혼島內婚이 상당히 많이 존재하기 때문에 객지에 나가 있는 자손들을 제외하고는 가급적 참여한다.

예컨대 도서지역은 어업의 발달과 함께 대규모 시설 투자 등이 이루어지면서 조업 구역 선점을 위해 남들보다 먼저 어장에 나가야 할 때가 많다. 또한 물때에 따라 새벽 이른 시간에 출어해야 하는 경우도 빈번하다. 그러한 측면에서 어업에 종사하는 경우, 물때에 따른 새벽 조업의 부담감으로 인해 가급적 일찍 앞당겨 제사를 모시고 정리하는 편이다. 다음날 새벽에 무리없이 어장 작업에 참여할 수 있도록 하는 일종의 편의를 위해 제사 시간을 조정한 것으로 볼 수 있다. 제사라는 것이 조상에 대한 숭배의식으로 어차피 살아있는 후손들이 예를 갖추는 형식이라는 점에서, 기본적인 예는 갖추되 죽은 이 들보다는 산 사람을 위한 생활양식에 맞춰 일련의 조정이 이루어진 어촌만의 특수한 사례라 할 수 있다.

　제례와 달리 명절 차례는 이른 아침에 모시고 성묘가는게 관례적임에도 불구하고, 이러한 맥락에서 제례와 더불어 명절에 지내는 차례 역시 도서지역의 경우 대부분 밤에 진행되는 경우가 많다. 도서지역은 기제사와 명절 차례를 지내는 시간이 모두 밤 시간 대로 동일하며, 최근에는 이 시간대가 다시 이른 저녁 시간으로 옮겨졌다.

　이러한 도서지역의 특수한 사례는 향후 선도 지역뿐만 아니라 더 나아가 다양한 도서사회의 사례를 비교하는 것을 물론, 육지와의 풍습의 차이를 비교해 나감으로써 특수성과 보편성 등을 비교 연구할 필요가 있을 것으로 보인다.

V
선도의 음식과 풍속

이경아

    선도는 섬이라는 지형과 기후를 바탕으로 풍부한 재료를 생산하고, 음식에 활용해왔다. 섬 음식에는 섬이라는 지리적 특성이 낳은 식재료와 섬사람들의 고유한 식습관, 조리법 등이 함축되어 있다. 특히 선도는 육지와 그리 멀리 떨어지지 않은 지역으로 인근의 지도와 망운, 그리고 압해로 이어지는 활발한 교류는 선도의 식문화를 더욱 풍성하게 해주었다.

    음식은 한 민족이나 지역을 알릴 수 있는 대표적인 문화의 수단으로, 각 지역마다 역사·지리·기후적 특징에 따른 상이한 음식문화를 지니고 있다. 또한 음식은 지극히 문화적인 성격을 띠며, 일종의 문화적 기호체계를 보여준다. 특히 육지와 달리 도서지역에서는 식량을 자급자족하고 다채로운 음식을 만들어 먹는다는 것은 쉽지 않다. 그럼에도 불구하고 섬 주민들끼리 특별한 날 음식을 만들고 나누며 형성해갔던 공동체문화도 간직해왔다. 더욱이 섬 음식은 그 지역마다의 풍토와 전통 그리고 생활의 지혜로 빚어진 고유문화를 담고 있는게 특징이다. 전통적인 방식으로 생산(채취)하고, 조리하고, 보관함으로써 섬 주민들의 귀한 양식이 되어왔다. 섬에서 나는 독특한 식재료로 다양한 섬 음식을 만들어 먹기도 했지만, 이제 재료를 구하는 방식과 만드는 방식 등

섬 주민들만이 아는 음식비법이 하나둘 잊혀져가고 있는 것도 사실이다. 사람들이 다양한 음식을 먹는 행위는 대개 자신들이 속한 환경과 사회의 체계 내에 이미 준비되어 있는 방식을 따른다.

일반적으로 한 지역의 음식문화는 음식의 종류와 재료, 만드는 방법과 먹는 방법, 상차림과 식사예절 등에 따른 독특한 문화적 차이가 존재한다. 또한 음식문화는 기후나 자연 환경의 역사적 산물이자, 구성원들의 사회문화적 산물로서 지속적으로 계승·발전되어 왔다.

따라서 이러한 음식문화를 통해 사회구성원이 중요시하는 관심사나 의식을 파악할 수 있으며, 각 집단의 문화적 특징을 살펴볼 수 있다. 음식문화는 사람들의 지혜에 의해 만들어져왔으며, 후대에 전승되고 지속되어 왔다. 또한, 식습관은 고유의 문화 속에서 전승되고 계승되어 오면서 새로운 요구를 반영하여 달라지기도 한다. 결국 음식문화는 한 사회 또는 집단 구성원에 의하여 습득, 공유, 전달되는 식생활의 양식이며, 각각의 요소마다 그 지역의 자연적, 사회경제적 조건과 그 집단의 특성이 내재되어 있다고 할 수 있다.

물론 음식문화는 다양한 사회문화적 흐름, 즉 식생활의 변화, 유통과 정보의 발달, 식습관의 다양화, 외식산업의 발달, 서구와 외래문화의 유입에 의해 변화되고 있다. 각 지역에 따라 독특한 음식과 맛이 있었지만, 최근에는 그런 맛들이 사라지고 평준화되는 추세이다. 특히 섬 주민의 고령화로 섬 음식의 고유한 문화가 사라져갈 위기에 처해 있다. 각 지방의 전통 음식인 '향토음식' 역시 그 지역을 대표하는 음식이었지만 식생활의 변화로 지금은 점차 사라지고 보편화되고 있다. 그러나 음식이 그 지역의 역사와 환경, 그리고 문화를 읽는 하나의 상징적인 코드로 해석될 수 있으므로, 선도의 대표 음식과 식생활을 통해 선도의 문화적 특징을 살펴볼 수 있을 것으로 기대한다.

전통음식이란 한 문화의 특정한 전통적 음식을 말한다. 전통음식과 일상음식의 구별은 사실 크게 다르지 않다. 일상에서 자주 먹을 수 있는 것이 일상음식이며, 전통적으로 내려온 음식이 전통음식이다. 여기서 일상음식 중에 전통음식이 있을 수 있고, 전통음식이 일상음식화 되기도 한다. 우리나라의 경우 김치와 젓갈류 등이 전통음식이면서 일상음식이다. 물론 전통음식은 깊은 역사를 가지고 있지만, 실제로 그 유래가 정확하지 않은 경우가 많다.

향토음식鄕土飮食은 자연 환경과 역사적 환경에 영향을 받으며 정착된 그 지역의 고유한 토착 음식이다. 본래 그 고장에서 생산되는 산물을 재료로 하여 만들어낸 나름대로의 고유한 음식이다. 특정한 지역의 자연환경과 문화적 배경이 만들어낸 산물로서, 지역마다 독특한 향토음식이 개발·발전되어왔다. 최근에는 교통과 물류가 발달하고 지역간 교류가 활발해지면서 향토음식이 전파되어 전국적인 음식으로 보편화되는 추세이다.

선도는 남도의 특성을 지니며 따뜻한 기후로 음식의 간이 맵고 짠 편이지만 대체로 소박하다. 전통을 이어오면서 그 지역에서만 맛볼 수 있는 향토음식도 적지 않은데, 그 중 '기젓국(게젓국)'이 대표적인 갯벌 지역에서 맛볼 수 있는 음식 중 하나이다. 꽃게로 만드는 '게장'과 달리 일명 '서렁게' 또는 '화랑게'라고 하는 '칠게'를 갈아서 만든 젓갈류의 음식으로 갯벌을 끼고 있는 섬 지역에서 자주 볼 수 있는 반찬이다.

예전과 달리 섬 지역의 일상음식은 이제 여느 육지와 비슷하다. 시장이나 마트를 이용하여 찬거리를 구입하고 1인 독거노인의 증가로 간편한 반조리식품이 등장하기도 하였다. 음식의 획일화로 인해 지역마다 간직해온 고유한 향토음식이 사라질 위기에 처한 것이 사실이지만, 여기 선도 주민들이 즐겨먹던 대표음식을 기록한다.

1. 낙지호롱구이

낙지호롱구이는 신안 인근 갯벌에서 잡은 세발낙지를 통째로 볏짚에 돌돌 말아서 삶아낸 다음 양념장을 발라가며 구워낸 대표적인 향토음식이다. 다른 여느 낙지요리와 달리 손이 많이 가는 편에 속하며 일상식이며 동시에 제사와 잔치상 등 의례용으로 이용되기도 한다.

낙지호롱구이와 데친 낙지

낙지는 문어과에 속하는 연체동물로 주로 갯벌의 바위 틈이나 진흙 속에 숨어 사는 습성이 있다. 우리나라에서는 갯벌이 발달한 서남해안에 주로 서식한다. 특히 무안 운남면과 청계 복길리, 그리고 압해 고이도 인근의 광활한 갯벌에서 맛 좋고 영양가 높은 낙지가 많이 잡힌다. 낙지는 호칭이 다양하여 고문헌에는 낙제絡蹄, 낙체絡締, 석거石距, 소팔초어小八梢魚, 장거어章擧魚, 장어章魚라고 한다. 방언으로는 낙자, 낙짜, 낙쭈, 낙찌, 낙치로 불린다.

낙지는 조선시대에 궁중과 민간에서 각종 음식에 널리 이용하는 식재료였다. 정약전丁若銓이 1814년 흑산도 유배지에서 저술한『자산어보玆山魚譜』에서 낙지는 "살이 희고 맛은 달콤하고 좋으며 회와 국 및 포를 만들기에 좋다. 이것을 먹으면 사람의 원기를 돋운다"고 하였고,『동의보감東醫寶鑑』에서는 "성性이 평平하고 맛이 달며 독이 없다"고 하였다.

낙지에는 단백질을 비롯하여 인, 철, 비타민, 타우린 등 무기질이 풍부하여 심혈관 질환 개선, 빈혈예방, 자양강장, 피로회복에 효과가 있다. 정약전의『자산어보』에는 "봄철 농경기를 맞아 논과 밭을 가느라 지쳐 쓰러진 소에게 낙지 2~3마리를 먹이면 벌떡 일어난다"고 기록하고 있다. 낙지를 일컬어 '갯벌 속의 산삼'이라고 할 정도로 보양식으로 인기가 높다.

낙지호롱구이는 '낙지호롱'을 '구운' 방식으로 요리해 요리법이 합쳐진 용어이다. '호롱'은 볏짚의 전라도 방언이다. 생낙지를 볏짚에 바로 말아서 양념장을 발라 굽기도 하지만, 보통은 살짝 데친 다음에 볏짚에 감아서 양념장을 발라가며 굽는게 요리하기에 편하다. 따라서 바로 생으로 먹거나, 삶아먹는 낙지요리보다 손이 많이 가는 음식으로 제사상이나 잔칫상에 올리는 귀한 요리이다. 낙지호롱구이는 대개 낙지볶음처럼 매운 고추 양념장을 뻘겋게 발라 구워내거나, 간장 양념장을 발라 구워내기도 한다. 살아있는 낙지를 살짝 데쳐 통째로 볏짚이나 나무젓가락에 감아서 참기름을 발라 구운 낙지호롱은 다른 지역에서는 접할 수 없는 섬과 갯벌 지역에서만 맛볼 수 있는 명물이다. 요즘은 볏짚을 구하기 어려워 나무젓가락으로 대체되었고, 마늘대나 대파잎에 감아서 굽기도 한다. 쌉싸름한 마늘과 대파 향이 어우러져 향긋한 맛을 느낄 수도 있다. 막걸리 등 술안주로도 잘 어울리는 음식이다.

2. 게젓국 혹은 칠게장

섬에서 봄철 자주 맛볼 수 있는 '게젓국'은 갯벌에서 자라는 '칠게'로 담근 게장을 일컬으며 '칠게장'이라고도 한다. 일명 '서렁게' 혹은 '화랑게'라고 부르는 칠게를 곱게 갈아서 양념을 넣어 젓갈류로 만들어 주로 밥에 비벼먹는다. 양파 약간, 마늘, 생강을 게와 함께 섞어서 믹서기에 부드럽게 갈아 주고, 매운 청양고추를 살짝 썰어넣어 입맛이 없을 때 비벼 먹으면 밥 한공기를 뚝딱 해치

선도에서 잡은 칠게로 만든 '게젓국'

우기도 한다. 매운고추를 넣으면 비린내를 제거할 수 있고, 매실청을 약간 넣고 집간장으로 간을 맞춘다. 열무김치를 넣고 칠게장을 섞어 비빔밥으로 먹을 수도 있다. 다만 칠게장은 다른 젓갈류에 비해 장기보관이 어렵다. 따라서 오래 두고 먹을 칠게장은 냉동실에 얼려서 보관하였다가 꺼내 먹는게 좋다.

3. 굴국

선도의 겨울 제철음식의 대표 먹거리는 바로 '굴'이다. 양식산이 아닌 자연산 굴은 알맹이는 작지만 담백하고 고소한 맛이 난다. 바닷가 바위 틈에 붙어 있는 굴 껍질에서 굴을 조새로 캐내어 모았다가 생굴을 그대로 맑은 국을 끓여 내면 양식굴에 비할 바가 아니다. 이때 특히 짧고 넓적한 껍질 속의 굴 알맹이를 위주로 캐 담는데 짧고 평평한 굴이 훨씬 더 알맹이가 통통하다고 한다.

서해안 갯벌 자연산 굴의 특징은 서해바다의 밀물과 썰물로 인해 일정 시간 공기와 햇볕에 노출되어 육질이 단단하고 수분함량이 적기 때문에 굴을 조리해서 먹거나 숙성시켜 먹기에 좋은 조건이다. 바다의 우유라고 불리는 굴에는 보통 음식에는 적게 들어 있는 무기염류 성분인 철분, 셀레륨, 아연, 칼슘, 단백질이 함유되어 있어 빈혈예방 및 개선에 탁월하다. 동의보감에도 '굴은 몸을 건강하게 하고 살결을 곱게 하고 얼굴빛을 좋게 하니 바다에서 나는 음식 중에서 제일'이라고 굴효능에 대해 소개하고 있다.

굴국을 만드는 방법은 다음과 같다.

굴국은 싱싱한 굴이 준비되면 간단한 부재료로 끓여낼 수 있다. 굴은 굵은 소금 한 스푼 넣고 손으로 살살 섞어주듯이 흔들어 혹시 모를 이물질이나 껍질을 골라내고 살짝 씻어낸다. 냄비에 물과 채 썬 무를 넣고 끓여준다. 무가 익었다 싶으면 잘게 썬 호박과 기타 야채를 넣고 씻어 놓은 굴을 넣는다. 간 마늘과 새우젓을 넣고 국간장으로 간을 한다. 호박 대신 부추, 쑥갓, 버섯 등을 먹기 좋게 썰어 넣기도 하고 마지막에 청양고추를 넣어 칼칼한 맛을 더하기도 한다.

굴국과 굴젓(좌), 굴국과 굴젓, 굴전이 올라간 선도 밥상(우)

굴국에는 각종 야채를 넣어 맑게 끓이기도 하지만, 선도에서는 다른 야채를 전혀 넣지 않고 오로지 굴만 넣어 시원하고 담백하고 끓이는게 특징이다. 마지막에 잔파를 썰어 넣고 깨소금만 살짝 뿌려낸다.

굴은 생굴을 회로 초장에 찍어 먹기도 하고, 굴전이나 떡국 등에 넣어 조리하기도 한다. 오래 두고 먹을 반찬으로는 굴에 소금을 넣어 섞어두었다가 물을 빼고 고춧가루 양념에 버무려 삭혀 '굴젓'으로 담가 먹는다.

4. 감태지와 감태장아찌

선도의 청정 갯벌에서 자란 '감태'는 매일 겨울철 식탁에 오르는 일상음식이자 선도의 지역특산물의 하나로 여성들의 주요 소득원이기도 하다. 갯벌은 수많은 생물자원을 품고 있지만, 무엇보다 깨끗하고 청정한 갯벌에서만 자란다는 감태. 선도갯벌을 둘러싼 탄도만 일대는 유난히 찰지고 부드러운 감태가 많이 나는 것으로 유명하다. 내만 또는 민물의 유입으로 영양이 풍부하고 오염원이 없는 강어귀 등지에서 자라는 감태는 주로 탄도만 일대의 바위나 갯벌

위에 서식한다. 이곳 선도 앞 탄도만은 바람이 많고 수심이 얕아 질 좋은 감태 서식지로 익히 알려져 있으며, 무엇보다 무안군의 황토 갯벌 성분과 신안군의 게르마늄 성분이 합쳐져 갯벌로 흘러 들어가기 때문에 맛과 영양 면에서 우수하다.

감태는 달 감(甘), 이끼 태(苔)라는 말 그대로 '달콤한 이끼', 즉 그 맛은 갯내음이 물씬 나면서도 달큰하다. 감태는 조선 시대 『자산어보』에는 '매생이를 닮았으나 다소 거칠고 길이는 수자 정도이며 맛은 달다. 갯벌에서 초겨울에 나기 시작한다'고 기록된 바 있다. 매생이, 파래와 비슷하지만, 굵기가 매생이보다 굵고 파래보다는 가늘다.

찬바람이 거센 12월부터 다음 해 2월까지 주로 채취하며 겨울철 별미로 인기다. 탄도만 일대를 비롯한 선도의 주민들은 물이 빠져나가는 조금에 맞춰 감태를 매러 나간다. '당글개'라고 부르는 갈퀴로 채취하여 겨우내 다양한 음식을 만들어 먹는다. 대부분 익혀 먹기보다 생으로 무쳐 밑반찬으로 많이 낸다. 특히 감태를 살살 씻어내고 송송 썬 풋고추에 멸치액젓, 고춧가루와 다진 마늘, 생강으로 버무린 후 소금물로 간을 맞추고 2~3일 정도 익혀 색이 노랗게 변할 때 먹는 '감태지(감태김치)'는 밥반찬으로 으뜸이다.

또 감태를 말려 '감태김'으로도 구워 먹기도 하고, '감태전'은 부침가루를 물에 풀고 감태를 넣어 국자로 뜨기 좋게 살짝 가위로 잘라주고 섞어준 뒤 기름에 고소하게 부쳐낸다. 선도에서 잔칫상이나 명절음식으로 자주 올리는 감태전은 특별히 반죽에 추가로 생굴을 살짝 다져 넣고 풋고추를 썰어 얹어 부쳐내면 감태와 굴의 궁합이 좋아 손님 접대용으로도 손색없는 요리가 된다. '감태무침'은 쪽파를 넣고 국간장으로 간을 하거나, 오이나 무, 배를 채썰어 설탕과 식초로 새콤달콤하게 무쳐내는 두가지 방식이 가능하다. 굴을 넣고 시원하게 '감태국'을 끓여도 좋고, 노란 계란사이에 감태를 풀어 넣어 부쳐 돌돌 말아주면 맛과 비주얼을 모두 살린 감태계란말이가 완성된다. 겨울철 별미인 감태를 냉동실에 보관하면 사시사철 즐길 수 있기도 하다.

5. 고구마 막걸리

　선도는 전형적인 반농반어 지역이며, 섬이지만 오히려 어업보다 농업의 비중이 높은 편이다. 과거부터 논농사보다는 밭농사가 중심이었고, 밭작물로 봄에 보리와 가을에 고구마가 주 재배 작물이었다. 고구마는 구황작물로서 뿐만 아니라 주정酒精 발효원료로서도 활용되었다. 고구마를 얇게 썰어 햇볕에 말린 '절간切干' 고구마가 그것이다.

　덩이줄기나 덩이뿌리를 가진 서류薯類에 해당하는 감자나 고구마 등은 척박한 토양에서 잘 자라 오랫동안 배고픔을 해결하기 위한 대표 구황작물로 이용되어 왔고, 특히 추위에 약한 고구마는 남부지방에서 널리 보급되어 수요가 많았다.

　우리나라에 고구마가 처음 들어온 것은 조선시대인 1763년(영조 39) 10월로 그 당시 일본에 통신정사로 갔던 조엄이 쓰시마섬에서 고구마를 보고 이것이 구황작물이 될 수 있을 것으로 생각하고 씨고구마를 구하여 부산진으로 보내온 것이 처음이었다고 한다. 그리고 이듬해 조엄은 귀국 길에 다시 씨고구마를 구해서 동래지방 및 제주도에 심도록하였다. 1834년(순조 34) 전라관찰사인 서유구는 종저보種藷譜를 지어 호남지방에 고구마 재배를 권장하였다는 기록이 있다. 고구마의 어원은 쓰시마섬(대마도)의 고꼬이모에서 유래한 것이라고 하며, 남방에서 도입되었기 때문에 남저南藷라고도 한다. 1970년대까지 전국적으로 고구마는 주식에 가까웠으며, 농토의 부족으로 전적으로 논농사가 부족했던 서남해안 도서지역에서는 80년대 후반까지도 최소 하루 한끼를 책임진 주식이자 생활경제의 밑천이었다.

　재배된 고구마를 가을에 수확하면 집집마다 1.5m정도의 구덩이를 파서 짚을 깔고 보관창고를 만들어 고구마를 보관하거나, 방 한구석에 고구마 보관통을 만들어 실내에서 썩지 않도록 하는게 관건이었다. 쌀이 부족했던 도서지역에서는 고구마를 겨울 식량으로 활용하기 위해 보관에 심혈을 기울였다.

　특히 고구마 재배는 식용뿐만 아니라 공업용, 사료용 등 그 이용도가 광범

'선도슈퍼' 한쪽에서 고구마 막걸리를 직접 걸러 판매 중이다.

위하였다. 고구마는 구황작물은 물론 전분의 원료로서 에탄올$^{Ethanol(주정)}$ 제조에 이용되기 시작하면서 절간방식으로 생산되기 시작했다. 1960년대 들어오면서 정부는 주정원료로 수입하던 당밀을 고구마로 대체하는 정책을 시행하면서 고구마는 농가소득 증대를 위한 중요한 경제작물로 자리잡았다. 주정원료로 사용하는 고구마는 생고구마를 직접 삶아서 사용하거나, 혹은 절간 고구마에 물을 가하여 발효하여 증류하게 된다. 이때 생고구마 보다는 보관 및 운반에 용이하여 절간고구마를 주정 원료로 수매하게 되었다. 그러나 1970년대 후반부터 고구마 전분을 이용하여 생산하던 당면과 주정원료가 값싼 수입산으로 대체되고 감소하게 되었다.

선도에서도 당시 집집마다 고구마를 재배하여 썰어서 말렸다가 수매를 통해 주정 공장에 보냈다. 그리고 선도에서도 이 고구마를 이용한 막걸리를 오래전부터 빚어 만들었다. 조선시대부터 집에서 가양주로 직접 만들었는데 쌀 부족 등의 이유로 금주령이 자주 시행되고, 일제강점기에 주세법 등이 시행되면서 공장제 양조장으로 전환되면서 술제조가 어려워졌다. 일제는 1916년 강화된 주세령으로 제한면허제를 시행하여 각 가문에서 자가용으로 만드는 가양주에 대해서도 자가용 제조 면허를 받도록 했는데, 자가용 술에 대해서 시판

하는 술보다 높은 세율을 매겼기 때문에 즉, 만들어 먹는 것보다 사 먹는게 더 싸게 만듦으로써 자신들의 관리하에 있는 양조 업체들의 술을 사서 마시도록 유도했다. 사실상 가양주 주조를 막으려는 정책이었다. 이런 과정에서 많은 전통주들과 가양주들이 밀주가 되어 지하로 숨거나 대가 끊겨 사라졌다. 1965년 주세법이 개정되며 일부 수출용 제품을 제외한 미곡을 원료로 하는 전통주는 탁주까지도 전부 제조가 금지되었다가 1977년 식량사정 개선으로 탁주에 쌀 사용이 다시 허가됐고, 1988년에는 서울 올림픽을 맞이하면서 전통주를 조금이라도 인정해야 할 필요가 생기면서 이 때까지는 밀주의 형태로 이어지던 증류주 및 청주 계열 민속주 일부 판매를 허용했다. 이후 1990년대부터 본격적으로 규제가 풀리기 시작하였으나 때마침 터진 IMF 금융위기로 한국 경제에 타격이 가해지면서 희석식 소주가 확고히 자리매김 했지만, 동시에 밀주 형태로 이어져오던 전통주들이 이 시기부터 본격적으로 양지로 나오기 시작하면서 사라진 전통주들을 복원하거나 전통누룩을 사용한 제법으로 새로운 술들도 개발되기 시작했고, 오늘날에 이르고 있다.

1965년 '순곡주 금지령'이 시행되기 전까지 우리민족이 가장 오랜 기간 즐겨 마셔온 술은 탁주이다. 1980년대 이후 한국 전통주를 복원하면서 집에서 술을 담그는 것이 합법화됐고 음식점에서 소규모 주류제조 면허를 취득해 직접 만든 술을 판매할 수 있게 되면서 지역 특산물을 이용하여 직접 제조가 가능해졌다.

농경 민족인 우리 민족은 아주 옛날부터 쌀, 보리 등의 곡물 농사를 지었기 때문에 여기서 생산된 작물들은 주요한 식량이 되었고, 술을 담그는 원료가 되기도 했다. 대표적 특징으로 허기를 달래준다는 점이다. 바쁜 농사철 쌀도 귀하던 시절 굶주리고 허기진 배를 달래는 데는 막걸리 만한 게 없었다. 농사일 중간에 잠깐 짬을 내어 막걸리 한사발 들이키며 일을 마무리하고 했다. 새참에 자주 등장하던 음식도 막걸리였다. 특별한 술안주 없이도 막걸리 한 대접에 김치나 깍두기면 충분했다고 한다.

선도에서도 오래전부터 고구마를 이용한 막걸리가 제조되어 농주로 음용되어왔던 것을 최근에 축제가 활성화되면서 판매하고 있다. 선도 대덕산과 범덕산을 오르는 등산객과 수선화단지를 구경하는 관광객들에게 고구마 막걸리 한 잔이면 최고의 요기가 된다. 고구마 막걸리는 됫병 한 병에 1만원에 판매하는데, 술 제조 특성상 열 병 이상을 구입해야 주문이 가능하다.

막걸리 만드는 방법은 다음과 같다. 먼저 깨끗이 씻은 쌀을 찜솥에 쪄서 고두밥을 한다. 20분간 센불에 찌고 뚜껑을 열어 물을 뿌려준 다음 다시 10분간 더 찐다. 10분 정도 뜸을 들이고 완전히 식혀준다. 차갑게 식힌 고두밥에 누룩을 넣어 고루 치대서 잘 섞어준다. 항아리에 누룩으로 치댄 고두밥과 끓여서 식힌 물을 넣어서 잘 버무려서 흰 천을 덮어 뚜껑을 닫는다. 밑술이 거품이 일어나면서 발효되기 시작한다. 이때 효모가 잘 번식할 수 있도록 자주 저어주어야 하고, 고구마를 덧술 재료로 넣어준다. 덧술도 밑술처럼 고두밥을 만들어주고 고구마를 썰어서 무르게 찐다. 고구마는 물기없이 포슬포슬하게 찌는게 좋고 다 쪄지면 뜨거울 때 으깨서 입자를 잘게 만든다. 그래야 누룩의 당화를 앞당긴다. 여기에 고두밥을 섞어서 잘 말려 잘개 쪼갠 누룩을 함께 섞는다. 이때 밑술 한국자를 떠서 부어서 골고루 치댄다. 덧술 재료가 잘 섞이도록 손으로 문질러가며 치대준다. 밑술이 담긴 술항아리에 잘 치댄 덧술 재료를 넣어주고 다시 끓여서 식힌 물을 부어준다. 덧술 재료가 잘 섞이도록 하고 흰 천으로 덮고 발효가 잘 되도록 따뜻한 곳에 보관한다. 발효 후 고운체나 광목천으로 거르는 것이 막걸리이다. 술익은 소리가 들리면 걸러도 된다. 만드는 법은 간단하지만 빚는 사람의 정성과 손맛이 들어있어 다양한 맛을 낸다. 술은 빚을 때 거르는 방법에 따라 청주와 탁주로 나뉘는데, 청주를 떠내고 거른 탁주는 걸쭉하여 마시기에 불편하였으므로 물을 타서 양을 늘리고 도수를 낮추어 마시던 것이 막걸리이다. 하지만 막걸리라는 이름이 널리 퍼지면서 오늘날에는 탁주(고급 탁주)나 일반 탁주 모두 막걸리라는 이름으로 부르고 있다.

향토음식은 자연환경은 물론 사회, 경제적 환경과 신앙 등 문화적 배경을 바탕으로 오랜 세월을 두고 형성된 것이다(이동필 2007). 선도의 향토 음식은 섬과 갯벌의 향기가 묻어있다. 섬과 갯벌이 지니는 고유한 맛과 정서, 지역민의 정서가 담긴 손맛, 자연이 주는 건강한 식재료, 지역민의 토착지식과 노하우가 담긴 향토음식의 보고인 셈이다. 누구도 흉내 낼 수 없는 토속음식이자 로컬푸드이다.

　음식이란 의생활, 주생활과 함께 생활문화를 이루는 근간이며 시대적인 상황과 자연 조건, 생활 환경 등을 망라한 모든 영향을 한데 모아놓은 삶(김지순, 2005)의 역사이다. 그러한 과정들이 생략된 채 지역의 향토성과 생활역사가 담기는 향토음식이 단지 맛으로만 평가받는 획일화된 상품으로 취급받아서는 안 되며 당당히 하나의 문화콘텐츠로서 격상되어야 할 것이다.

선도의 자연환경

4부

Ⅰ. 선도의 산과 지형 둘러보기

Ⅱ. 선도의 식물 살펴보기

Ⅲ. 선도 토지이용의 과거와 현재

Ⅳ. 선도의 생태환경 가치

Ⅴ. 선도의 생태문화자원

I

선도의
산과 지형
둘러보기

김재은·이승하

1. 선도의 산(3D)

선도는 목포에서 북서쪽으로 51km, 신안군에서 20km 떨어진 지점에 있다. 면적은 5.23㎢이며 섬 전체 모양이 매미를 닮았다고 하여 매미섬蟬島이라 부르기도 한다.

선도는 크게 북쪽에서 남쪽으로 큰딱지산, 범덕산, 대덕산이 차례로 있다. 경사가 비교적 완만한 구릉성 산지인 범덕산(145m)이 선도의 중간에 자리잡고 있으며 이외에 대부분이 평지이다. 지형도를 보면 북쪽으로부터 3개의 산지 줄기가 큰딱지산에서 범덕산, 대덕산으로

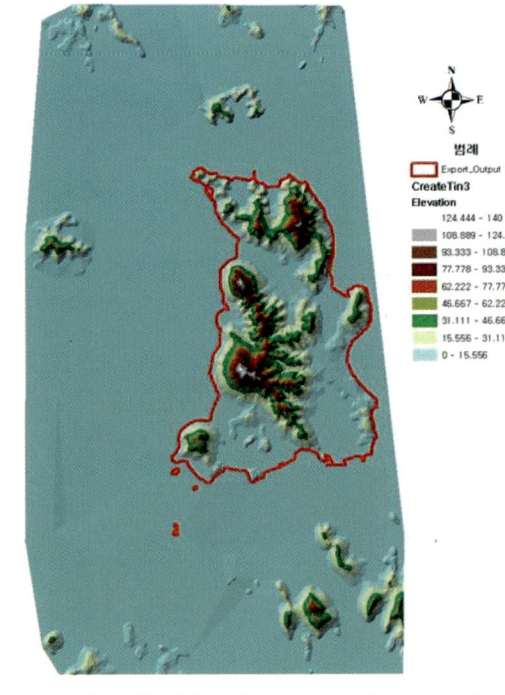

선도의 3차원 지형도(원자료: 환경부, 2020, 이승하 편집)

크고 작은 산들이 연결되어 있고, 이 주위로 마을과 농경지가 있다. 특히 옥녀봉에서 범덕산으로 향하는 암반지대에는 부처손 군락지가 펼쳐져 있다.

2. 등산로

선도의 대덕산-옥녀봉-범덕산으로 이어지는 등산로는 가파른 곳이 없고 완만하다. 약 4.4km의 등산코스가 조성되어 등산 및 트래킹 코스로 많은 등산객들이 방문하고 있다.

출발 지점에서 대덕산 정상까지 총 1,400m의 거리가 소요된다. 대덕산 정상에서 아래로 내려다보면 매계마을과 범덕산으로 가야할 능선들이 아름답게 펼쳐진다. 옥녀봉 도착까지의 거리는 총 800m가 소요되며, 바위 능선들이 많아 결코 지루할 틈이 없는 등산길이다. 옥녀봉 능선에 도착

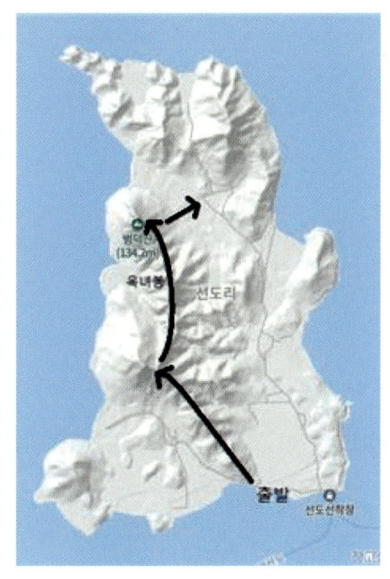

선도 등산코스(원자료: 네이버지도)

하면 북쪽으로 지도, 동쪽으로 무안, 서쪽으로 증도가 보인다. 시야가 탁 트인 해안 경관을 마음껏 감상할 수 있다. 옥녀봉 아래의 소나무 숲길을 따라가다 보면 부처손 군락이 있으며 범덕산 정상까지 약 500m의 거리가 소요된다. 하산시 돌아온 거리를 다시 되돌아 약 420m 내려가면 북촌마을이 반기고 있다.

II
선도의
식물
살펴보기

김재은

　　선도의 주요 식생은 곰솔이다. 북쪽에서 남쪽으로 큰딱지산, 범덕산, 대덕산의 키큰나무^{喬木(교목)}는 모두 곰솔군락이 우점하여 가장 넓은 면적을 차지하고 있다. 2018년 환경부 생태원이 제공한 자료를 편집하여 작성한 식생도는 아래 그림과 같다. 대덕산의 경우 키작은나무^{灌木(관목)}는 사스레피나무가 우점종으로 가장 넓은 면적을 차지하고 있다. 사스레피나무는 작은큰키나무^{小喬木(소교목)}밀도 또한 매우 높은 상황으로 장기간의 시간이 지나면 사스레피나무가 가장 넓은 면적을 차지하는 우점종이 될 가능성이 매우 큰 것으로 보인다.

　　사스레피나무는 해안가를 따라 서식하는 특성을 보이고 있고, 상록활엽수로서 국가 기후변화 생물지표종으로 알려져 있다. 사스레피나무는 사계절 푸른 키 작은 나무^(상록관목)로 이 관목이 우점하여 넓은 면적을 차지할 경우에는 숲 아래쪽에 사는 키 작은 풀^(초본류)들이 잘 자라지 못하는 경향을 보인다. 이런 현상은 햇볕이 위에서 아래까지 전달되는데 방해가 되어 아래쪽에 사는 키 작은 풀이 성장하는데, 어려움을 겪게 된다. 이 나무는 특히 밀도가 높게 빽빽하게 숲에 자랄 경우, 우리가 산에서 채취하는 각종 나물의 서식을 방해해서 풀을

선도의 식생도(원자료: 환경부 생태원, 2018, 편집: 김재은)

범덕산 부처손 군락

위주로 하는 숲 활용에 부정적인 영향을 미친다고 알려져 있다. 대덕산의 서쪽으로 리기다나무 식재림이 우점하고 있는데 이 지역은 사스레피나무가 키 작은나무 층에 넓은 면적으로 우점하고 있어 지속적으로 숲을 활용하기 위해서는 적절한 관리 계획이 필요할 것으로 판단된다.

    범덕산의 정상 부근은 식생이 없는 암석이 드러나 있다. 이곳에는 부처손Selaginella involvens (Sw.) Spring이 군락을 이루어 자라고 있다. 상록성의 양치식물로 우리나라에서는 북쪽으로는 경기도에서 남쪽으로는 제주도까지 출현하는 식물로 전국에 걸쳐 서식하고 있다. 겨울에는 갈색으로 손이 오므라든 것 같은 동그란 공모양을 하고 있다.

III
선도 토지이용의
과거와 현재

김재은

1. 토지피복

　환경부에서 제공하는 토지피복도는 인공위성이 찍은 영상을 과학적 기준에 따라 분류하고 분석하여 지도의 형태로 나타낸 정보이다. 지적도를 기준으로 하는 토지이용과는 좀 다르다. 지적도상의 면적은 직선형태이고 일제 강점기에 만들어져 현재의 실질적인 토지의 상태를 나타내주지 못한다. 따라서 최근에는 인공위성 사진을 기본으로 하는 지도를 사용하는 것이 과학적 자료로 더 많이 사용되고 있다. 따라서 아래의 토지피복도는 지적도를 기본으로 한 면적이 아닌 인공위성 자료를 기본으로 한 것임을 미리 밝혀 둔다.
　선도의 전체 면적은 573.54ha이다. 침엽수림, 활엽수림, 혼효림과 같이 숲이 차지하는 면적이 약 47.69%로 절반 가까이 이른다. 그다음은 논, 밭, 시설재배지 등 경작지와 관련된 면적이 31.63% 이르기 때문에 선도는 숲과 경작지가 주요 토지피복 요소이다.

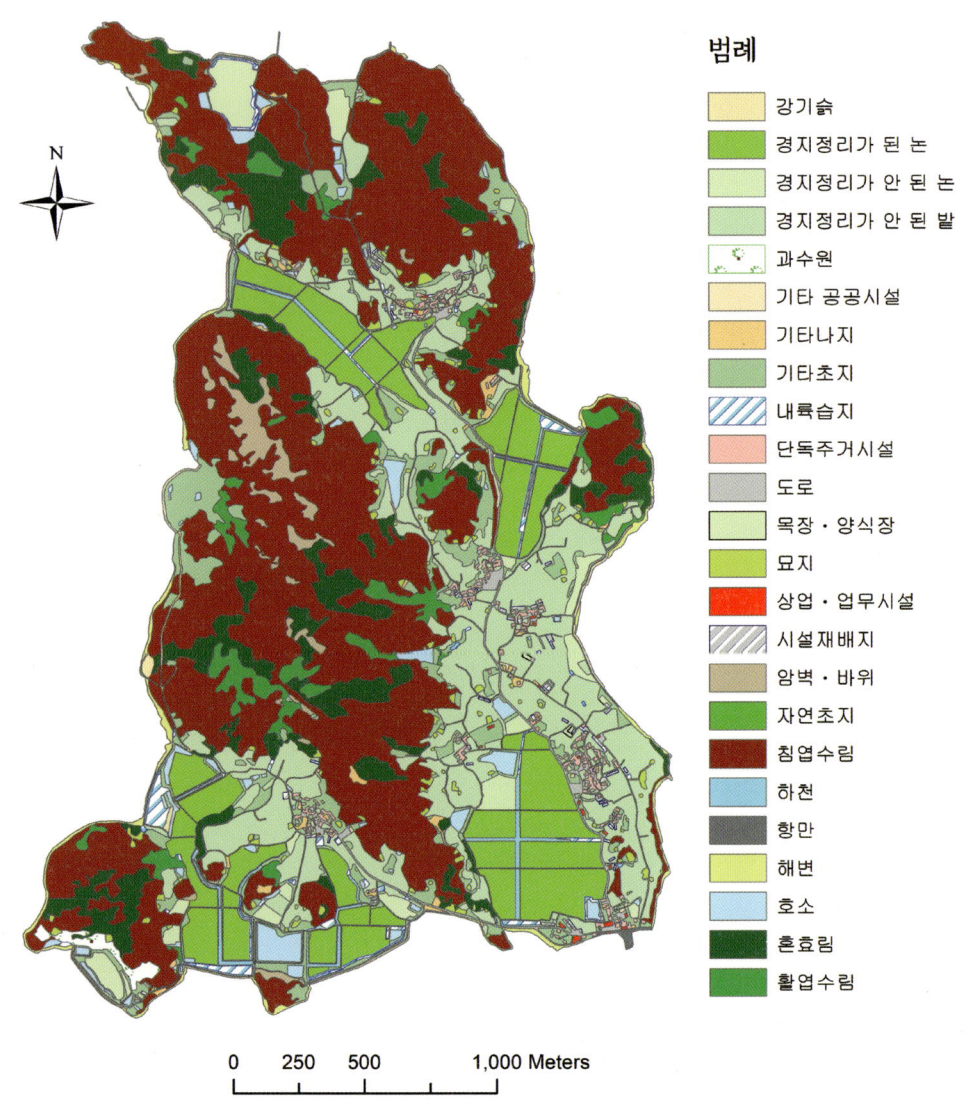

선도의 토지피복도 (환경부 제공 자료:2020년도, 김재은 편집 및 분석)

선도의 토지피복별 면적과 상대비율

토지 피복 범례	면적(ha)	비율(%)
도로	14.45	2.52
기타 공공시설	2.47	0.43
경지정리가 안 된 논	13.60	2.37
경지정리가 안 된 밭	94.60	16.49
과수원	2.19	0.38
활엽수림	17.22	3.00
침엽수림	210.75	36.75
혼효림	45.54	7.94
묘지	6.14	1.07
기타초지	45.19	7.88
내륙습지	6.23	1.09
해변	7.66	1.34
강기슭	0.47	0.08
기타나지	5.24	0.91
호소	10.28	1.79
암벽·바위	10.12	1.76
해양수	0.52	0.09
단독주거시설	4.10	0.71
시설재배지	1.98	0.35
상업·업무시설	0.50	0.09
항만	0.45	0.08
경지정리가 된 논	69.04	12.04
목장·양식장	0.21	0.04
하천	4.46	0.78
자연초지	0.13	0.02
합계	573.54	100.00

2. 갯벌

신안군은 오랜 시간에 걸쳐 갯벌을 간척하여 토지를 늘이는 방식으로 삶의 형태가 변화해 왔다. 선도도 과거 여러 지역을 간척하여 현재 형태의 토지 모양을 갖추게 되었다. 1910년대부터 1930년대 일제 강점기에 제작된 지도를 기준으로 하여 방파제 등을 쌓아서 간척한 곳을 제외하고 대략적인 선도의 과거 지도를 유추하였다. 일제 강점기 시대의 지도가 대축척으로 지도의 축척이 달라 세밀도가 떨어지는 점도 있지만, 간척이 어느 정도 진행되었는지를 예상하는 것은 가능할 것으로 생각된다.

서남쪽 아래에 일정도─靜島는 과거 1910~1930년대 일제 강점기 시대에는 연결되지 않은 것으로 나타났다. 그리고 범덕산 서쪽에 부분도 일제 강점기 이후 간척된 것으로 보인다. 일제 강점기 시대와 2020년도의 지도를 비교해서 갯벌 간척의 예상도를 작성하였다. 물론 토지피복이 현재와 똑같을 수는 없지만, 전체적인 경계를 예측하였다.

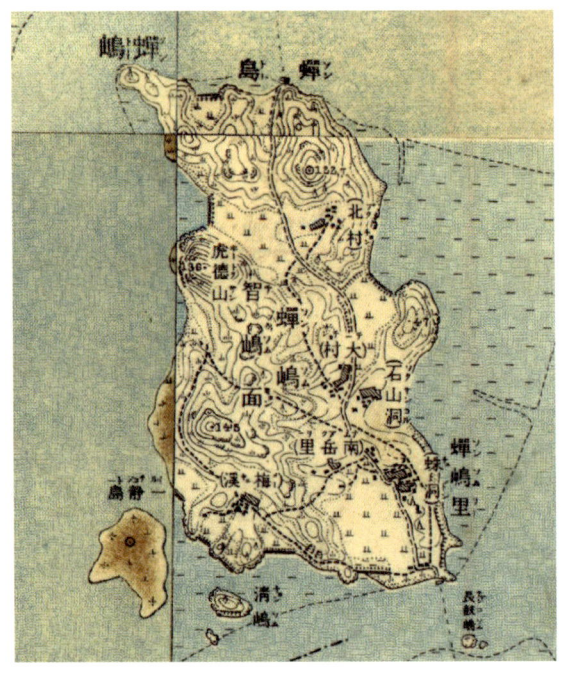

1910-1930년대 선도 지도
(국토정보플랫폼 국토정보맵 제공)

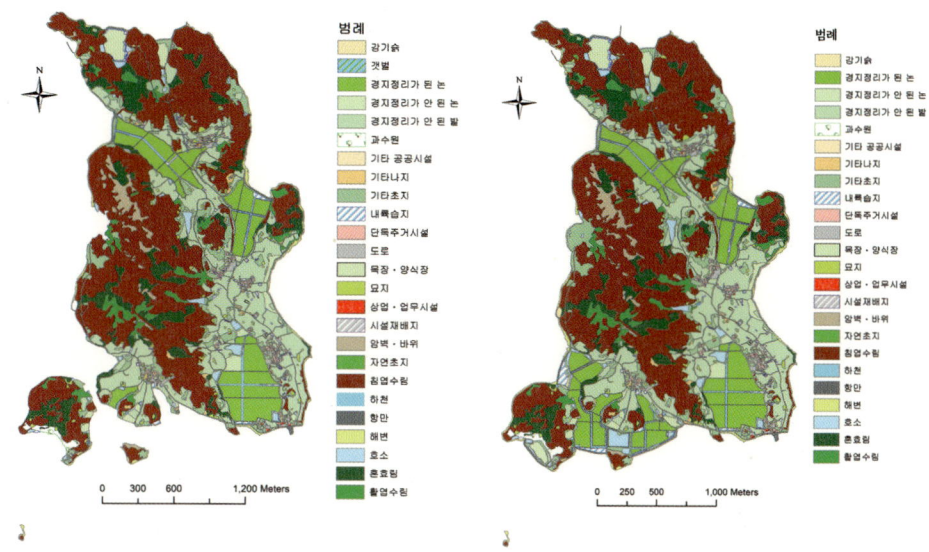

| 1910-1930년대 일제 강점기시대 선도 | 2020년도 선도 |

일제 강점기 시대와 2020년도의 선도 간척 예상 지도(환경부 제공 자료:2020년도, 김재은 편집 및 분석)

    선도의 갯벌은 서쪽과 동쪽으로 크게 나뉘어 발달해있다. 신안군이 유네스코 세계자연유산에 등재되어 있고 선도 갯벌도 여기에 포함되어 있다. 우리나라의 갯벌은 생산성이 매우 높은 것으로 알려져 있고, 종다양성도 풍부한 것으로 알려져 있다. 특히 서남해의 갯벌은 시베리아와 호주, 태국 등 먼 거리를 이동하는 철새들의 매우 중요한 중간 기착지로 알려져 있다.

    선도 주민들의 주요 산업 중 하나는 낙지 채취인데 동쪽 갯벌

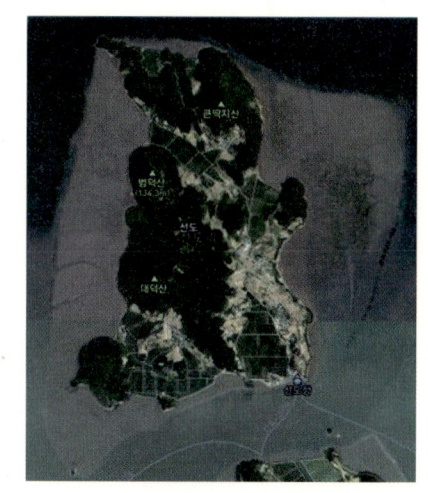

선도의 갯벌 위성 영상(자료: 다음지도)

선도 갯벌 항공사진(제공: 신안군)

(선도항쪽)에서 주로 낙지를 채취하고 있다. 선도항 근처에 채취한 낙지를 모아 놓은 수족관을 갖춘 시설도 따로 마련하여 주민들이 활용하고 있다. 각자 채취한 낙지를 수족관에서 보관하고 필요에 따라 판매하고 수익을 내고 있다. 또한, 낙지 이외에도 김양식을 하고 있고 조개도 채취하고 있다.

IV
선도의
생태환경
가치

김재은

1. 국토 환경성 평가

국토 환경성 평가는 여러 관련 정부 부처에서 수집된 환경과 관련된 공간 정보를 이용하여 62개의 법제적 평가항목(상수원보호구역, 생태경관보전지역 등)과 8개의 환경과 생태계를 평가하는 항목(생물종다양성, 자연성 등)을 기초로 작성되었다. 평가 등급은 1-5등급으로 나뉘고 1등급이 높은 등급이고 5등급이 낮은 등급으로 이에 따라서 국토의 개발과 보전 등에 활용되고 있다.

선도 숲은 2등급이고 경작지는 3등급으로 대부분을 차지하고 있고, 도로와 건물이 있는 지역은 5등급으로 나타나고 있다.

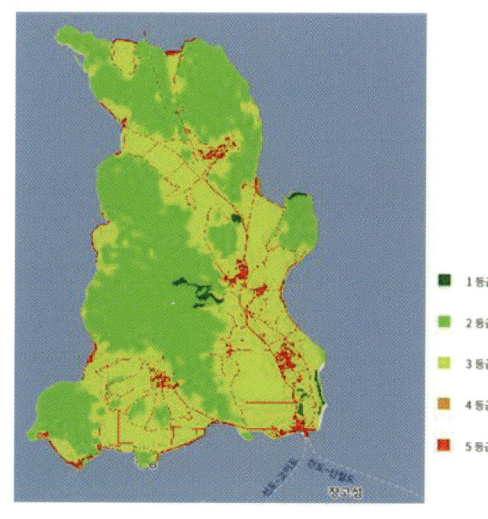

국가공간정보포털 제공 국토환경성평가지도

2. 생태자연도

생태자연도는 산, 하천, 농지, 도시 등에 관해 자연환경을 생태적 가치와 자연성 및 경관적 가치 등에 따라서 등급을 정한 것으로 자연환보전법 제34조에 의해 작성된다. 이 생태자연도는 토지이용이나 개발 계획 수립과 시행 등에 활용하기 위해 작성된다. 1등급은 멸종위기 동·식물의 주된 서식지, 생태계가 특히 우수하거나 경관이 수려한 지역, 대표적인 주요 식생 군락 등이 있는 지역이다. 2등급은 장차 보전의 가치가 있는 지역으로 주로 1등급 지역의 외부지역으로 완충 역할을 할 수 있는 지역이다. 3등급은 주로 개발이나 이용의 대상이 되는 지역을 말한다. 별도관리지역은 다른 법률 규정에 따라서 보전되거나 특별히 관리되는 지역이 포함된다. 예를 들면, 국립공원, 습지보전지역 등이 이에 해당한다.

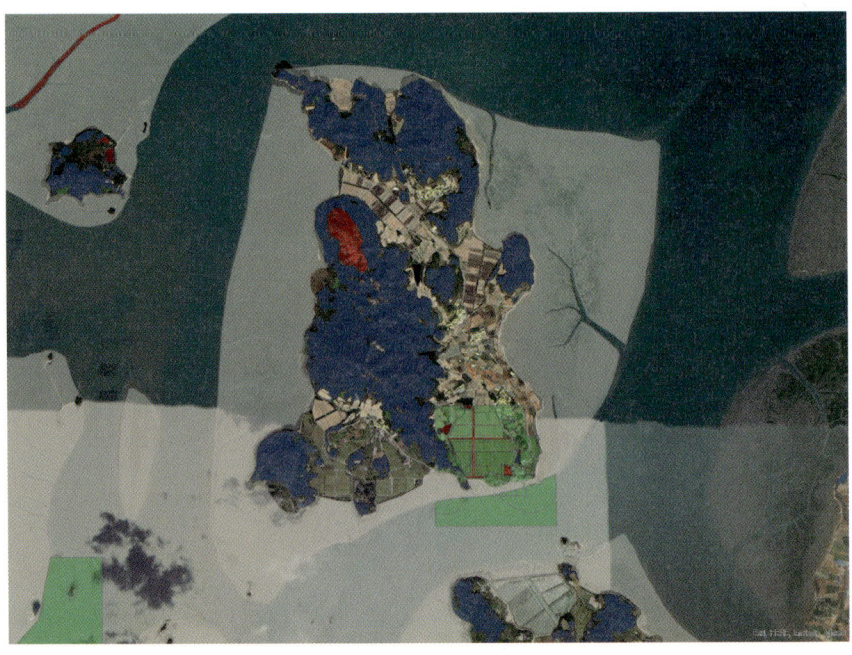

선도 생태자연도 붉은색: 1등급, 푸른색: 2등급, 초록색: 3등급 (자료: 환경부 환경공간정보서비스제공 김재은 편집)

선도의 범덕산 정상부근은 1등급에 해당하는 지역으로 부처손군락이 넓게 자생하고 있어 서식지 보호를 해야 한다. 나머지 숲은 대부분 2등급에 해당하고 경작지나 주거지가 있는 지역은 3등급에 해당한다. 농경지 근처에 보이는 붉은 색은 저수지로 특히, 섬은 물자원이 중요하기도 하고 최근 수자원 보호 차원에서 1등급으로 지정되었다. 선도의 갯벌은 도립공원으로 지정되었고 또한 유네스코 세계유산으로 지정되어 별도로 관리되는 지역이다.

V
선도의
생태문화자원

김재은·이승하

1. 선도의 바위

1) 여끝 삼형제 바위

선도 주동마을 끝에 크고 작은 세 개의 바위가 솟아있다. 이 바위는 예로부터 전해오는 전설에 의해 '여 끝 삼형제 바위'로 불러오고 있다.

〈여 끝 삼형제 바위의 전설〉

옛날 주동마을에 어려서 어머니를 잃은 세 자매가 고기잡이 하는 아버지와 행복하게 살고 있었다. 그들은 효심이 지극하여 마을 사람들로부터 많은 칭찬을 들으며 자랐다. 어부 또한 곱게 크는 딸들을 위해 매일 고기잡이에 나섰는데 이날은 왠지 고기가 많이 잡혀 열심히 그물을 끌어 올렸다. 그러는 사이 날은 어두워지고 비바람이 몰아치기 시작했다. 그 시각 집에 있던 딸들은 아버지가 걱정이 되어 바닷가 여 끝으로 나갔다. 한참동안 기다리던 그들에게 멀

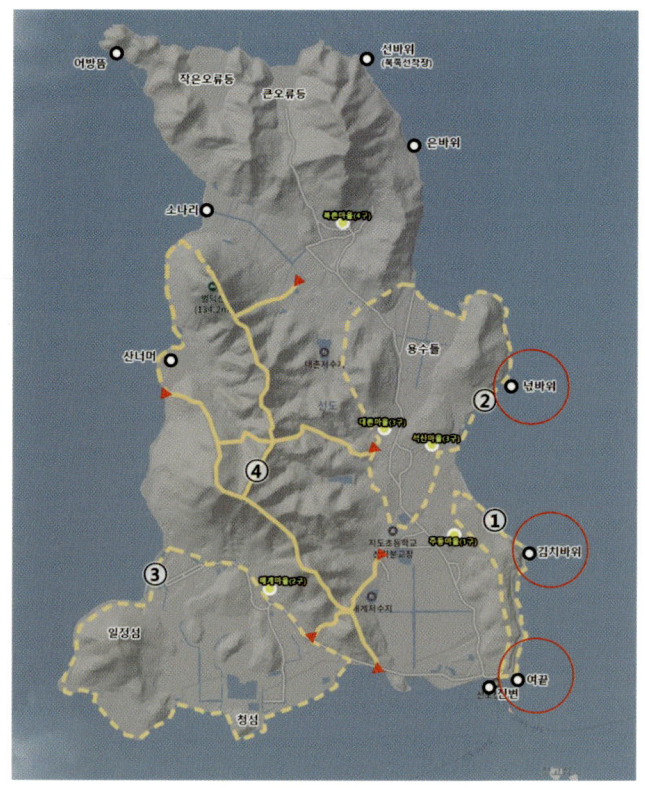

선도 바위 위치

리서 오는 아버지의 배가 보였다. 그런데 그들 앞에 보이던 배가 갑자기 사라져 버린 것이다. 어찌 된 일인가? 불행하게도 큰 파도를 만난 배가 그만 뒤집혀 버리고 만 것이다. 그러나 슬픔도 잠시 아버지가 헤엄쳐 오고 있는 것이 아닌가! 그것을 본 딸들은 빨리 구해야 한다는 생각에 거친 파도 속으로 뛰어들었다.

그들이 눈을 떴을 때는 바다 속 용궁이었는데 효심에 감동한 용왕의 배려로 그날부터 왕과 왕비를 모시며 아버지와 함께 행복한 생활을 하게 되었다. 그런데 그들은 고향을 그리워하다 아프기 시작하여 온갖 치료에도 회복하지 못하고 사경을 헤매게 되었다. 그래서 용왕께서는 목숨 바쳐 아버지를 구하려했던 효심을 영원히 추모해 주기 위하여 그들이 평소에 그리워했던 고향땅 여 끝에 바위로 태어나게 해 주었다.

사람들은 용왕께서 효심에 감동하여 그들을 바위로 태어나게 했다고 생각하며 그 바위를 세 자매 바위라 부르기 시작했다. 그러나 세월이 흐르면서 세 자매 바위는 삼형제 바위로 바뀌어 불린다.

예로부터 살기 좋은 이곳은 인재들이 많으며 바다에서 크고 작은 사고가 없다. 그래서 이곳에서는 그들이 고향을 지키며 보살펴주기 때문이라 생각하고 해마다 정월 대보름에 그들을 위해 제를 지내오고 있다.

2) 김치바위

옛날 선도 마을 사람들은 이곳에서 바닷물을 이용하여 배추를 씻고, 자연 염장처리를 할 수 있었으며 평평한 모양의 바위에 앉아 여럿이 모여 김치를 담글 수 있어 '김치바위'라 부르기 시작하였다.

상 여 끝 삼형제 바위
하 김치바위

3) 넋바위

넋바위

동네 아녀자들을 태우고 지금의 무안군 망운면 탄도리 방면으로 굴을 따러 갔다. 그러나 돌아오는 길에 배가 풍랑으로 파손되어 아녀자들이 떼죽음을 당했다. 이에 동네 동편 해변가 바위에서 무당굿을 하고 이들의 넋을 달랬다고 하며, 그 후 사람들이 그 바위 이름을 넋바위라 불러오고 있다.

2. 중생대 백악기 화산활동 흔적(부가화산력)

선도 북쪽 범덕산 일원 중생대 지층에서 대형 부가화산력 Accretionary Lapilli을 볼 수 있다.

선도 부가화산력

선도 부가화산력 근처에 시멘트와 병으로 된 설치물

　부가화산력은 화산이 분출할 때 형성되는 야구공 형태에 가까운 암석으로 수중에서 화산 폭발시 많은 습기를 포함하여 끈끈해진 화산재가 뭉쳐서 만들어진다. 선도는 중생대 백악기의 응회암과 화산암으로 이루어져 있는데, 선도에서 발견된 부가화산력은 100mm이상 대형으로 과거에 대형의 수중화산 폭발이 있었음을 추측할 수 있다. 그러나 안타까운 것은 부가화산력이 발견된 곳에 과거 해안가 침입을 위해 시멘트와 깨진 병을 사용하여 설치한 설치물이 함께 산재하고 있어 정리의 필요성 있다.

3. 느티나무 숲

　선도1리 마을회관 동쪽 해변에 느티나무 숲이 조성되어 있다. 이 느티나

선도 동쪽해안의 느티나무 숲(좌)과 근처 해변(우)

무 숲은 같은 시기에 심어져 나무 둘레나 키 등 크기가 일정하다. 조성된 느티나무는 여름 해안가에 그늘을 만들어 쉴 장소를 제공해 주어 여름철 해수욕객들에게 휴식 공간으로 적절한 역할을 하고 있다. 또한 가을에는 단풍이 물들고 낙엽이 떨어져 가을로서의 온전한 기분을 느낄 수 있게 하는 장소이다. 특히 서남해 다른 지역의 많은 해안은 곰솔 등이 해변에 주요 식물로 자리잡고 있는 반면에 선도는 이 느티나무 숲이 다른 해안에 비교해서 색다른 경관을 즐길 수 있게 하는 역할을 한다.

선도
사람들의
삶

5부

Ⅰ. 선도 사람들의 생애이야기

Ⅱ. 수선화의 섬, 선도에 살다

Ⅲ. 평생을 살아온 내고향 선도

Ⅳ. 선도의 갯벌과 함께하다

Ⅴ. 제2의 고향, 선도의 귀촌라이프

I
선도 사람들의
생애이야기

이경아

      선도 사람들은 어떻게 살아왔을까? 20세기를 살아온 세대들에게는 삶의 모든 순간이 녹록지 않았을 터이지만, 특히 섬사람들은 그 누구보다도 지난한 세월을 견뎌왔으리라 생각된다. 가난과 굶주림과 배우지 못한 설움에 더해 육지를 향한 절절한 그리움까지 이 모든 상황을 온몸으로 경험했던 선도 사람들이 살아온 역사가 궁금해진다. 오래된 과거는 알기 어렵지만, 다행히 가까운 과거는 경험과 기억을 통해서 만날 수 있다. 세월의 파도에 밀려 온 공공의 기억뿐 아니라 개인의 기억을 천천히 따라 가다보면 오늘의 선도가 있기까지 겹겹이 쌓아온 삶의 층위들을 발견할 수 있을 것이다.

      5부는 선도 주민들의 경험과 생애를 기록한다. '기억의 기록화' 작업이라 할 수 있는 구술채록은 여러 세대를 관통하는 지혜를 전달하려는 데 그 목적이 있다. 우리는 지역민들의 삶의 지혜는 물론이고 격동의 시기와 현재를 살아온 주민들이 헤쳐나온 이야기와 그들이 살아온 경험을 통해 각자의 삶을 대하는 태도를 마주할 수 있게 된다. 더욱이 구술은 과거가 아니라 현재를 반영한다. 즉 과거의 사실에 대해 말하는 것 같지만, 사실 구술은 현재의 이야기이고, 미래의 이야기이다. 이는 구술자의 경험과 인식의 세계를 명확히 드러내

보여주기 때문이다. 개인의 기억을 온전히 신뢰하기는 어렵다 할지라도 그 지역에 대한 구술과 기억이 양적 혹은 질적으로 축적된다면 그 안에서 지역민들의 공통 집합기억이 서서히 모아질 수 있을 것이라고 본다. 이는 곧 또 다른 역사가 될 수 있음을 말해준다. 결국 지역민들의 살아있는 기억communicative memory이 문화적 기억cultural memory이 되는 순간을 놓치지 않고 기록하고자 하는 이유이다. 가까운 과거를 소홀히 다룬 결과, 수많은 역사·문화자원을 잃어버렸고, 전통은 단절되었다. 그러한 전철을 다시 밟지 않도록 하찮고 가치없는 것으로 치부되었던 일상의 소소한 경험과 기억을 기록할 필요가 있다.

　구술은 역사이기 이전에 기록이지만 결국 기록이 되어야 역사가 되기 때문에, 작은 섬 선도에서 살아온 주민들의 생애이야기를 기록으로 담고자 한다. 가까운 과거의 경험과 기억까지 포함하는 것은 물론, 개인의 살아온 기억이 공공의 문화적 기억이 될 수 있도록 지속적인 기록이 필요하다.

　여기서는 선도 주민의 생애이야기와 지명에 얽힌 이야기를 주로 다루되, 섬의 고유한 자원을 활용한 음식문화의 특성을 덧붙였다. 더불어 육지의 제사 및 시제와는 다른 섬 지역의 독특한 제사와 시제 방식을 간단히 소개한다. 시간 및 지면의 제약으로 생애이야기 및 구술기록의 전체를 수록하지는 못하고 일부를 수록한다. 부족하지만 이 구술 기록을 바탕으로 선도의 생활문화기록화 작업이 계속되고, 향후 섬 마을박물관이나 혹은 스토리텔링을 통한 문화 콘텐츠 작업 등으로 다양하게 활용되어지길 기대한다. 수선화의 섬으로 거듭나고 있는 선도의 현재를 기록하는 이유이다.

II
수선화의 섬, 선도에 살다

이경아

1. "선도를 수선화 섬으로 만들려고 노력 많이했어요"
: 박기남(남, 1958년생, 북촌)

박기남은 1958년생으로 선도 북촌마을 출신이며 선치국민학교 23회 졸업생이다. 어려서부터 손으로 만들기를 좋아했던 박기남은 젊어서 배와 집을 만드는 목수일을 했다. 산에서 직접 나무를 베어다 선도의 대부분의 배를 직접 건조했다고 한다. 타고난 손재주는 배 만드는 작업에서 빛을 발휘해 조선장造船場으로서 면모를 갖추게 되었고, 이러한 연유로 후일 대형 선박회사에서 모형 선박을 만드는 일을 맡게 된다. 영암 삼호중공업에서 배를 건조하기 전에 미리 시험적으로 형태를 제작하는 모형 배를 만드는 작업자로 발탁되었다. 비록 직장으로 인해 목포로 이주했지만, 주말마다 부모님이 계시던 선도를 찾아와 어장일 등을 돕곤 하였다. 그래서 정년을 마치고 이곳 선도로 다시 들어온 것은 너무도 당연했다.

박기남 신도 수선화축제위원장

옛날에는 여기 마을길이 한사람 다닐 정도의 좁은 길이였어. 마을길이 전부 그랬지. 어덕으로 해서 한사람이 겨우 다닐 정도였지. 중간에 리어커 들어오면서는 리어카 다닐 정도였고. 그러다가 경운기가 다닐 정도, 나중에는 차 다닐 정도의 길로 넓혀졌지.

초등학교 졸업하면 다 목포로 나가야돼. 목포로 가든지 광주로 가든지. 나는 목포에서 있다가 서울로 올라갔다가 한 스물 다섯살 때쯤 다시 들어와서 여기서 서른 살까지 있다가 다시 나갔어요. 직장 때문에. 목포에서 삼호중공업에 근무하다가 퇴직하고 다시 들어왔어, 여기 들어온지 7년차여, 부모님은 여기서 사셨고 중간에 내가 계속 왔다갔다 했지, 젊어서부터 집도 짓고, 선창 쪽에서 목선, 배도 만들고 그랬지, 그런 손재주가 있으니까. 목선은 아무나 못만들죠, 새로 만드는 배들은 전부 내가 나무로 먼저 본을 떠서 다 맨들았지. 배는 아무나 못 만들고 내가 다 했지, 그렇게 나무를 비어다가 부분 부분 만들어서 붙이면 배가 되지, 직장 들어가서도 내가 선도는 계속 왔다갔다 했어.

그때 70년도에 사람들 많이 살 때는 선창에 가게가 4~5개 되었어, 돼지 잡고, 배짓고 하니까 장사가 잘되는거야, 목포가면 지금도 임자 전장포, 매화도, 선도 대목수들이 제일 많아, 목포 뒷개가면 선도출신이 제일 많아. 우리는 옛날에 우리 할아버지들이 목수였어, 방조제 안되었을 때는 거기가 모래가 엄청 좋았어, 배를 지었어, 그래가지고 서울가서 한옥집을 지을려고 조각을 배웠어, 절, 한옥 이런데 지으면 문까지 다 짜고 그랬지, 손으로 직접. 그래서 인자 예술계통으로 소질이 좀 있었지.

배는 1구 선착장 그쪽에서 지었지. 창고 건너쪽에서 저쪽까지 소나무 숲이 있었거든요. 배 지을라면 소나무를 비어서 배를 안치고 그랬거든. 마을 땅이었는데 다 팔아먹고 지금은 없어, 거기 근방이 해당화 꽃이 그러고 좋았어요. 지금은 집짓고 개인 저기로 팔아

먹어버렸지. 옛날에는 방풍이 있었다고 봐야지. 근디 다 팔아먹고, 집짓고 배짓고 해버리니까 다 없어졌다고 봐야지. 집도 산에가서 큰 나무를 잣대재고 베어서 울력해서 갖고와서 짓고 그랬지.

선도는 섬이며 어촌이지만, 농사도 꽤 많이 짓는다. 어촌마을들이 대부분 반농반어라고 하지만, 오히려 선도는 농업이 주를 이룬다. 섬의 규모면에서 농토가 차지하는 비율도 높다. 지금은 고령화로 논과 밭이 묵전과 묵답이 되어서 그렇지만, 과거에는 농사를 짓기 위해 땅을 일구고 간척을 해 농토를 넓혀 나갔다. 박기남의 부친 역시 선도의 4구인 북촌마을 앞의 원을 막았다고 한다. 또한 운남 신월 선착장으로 도선이 다니기 전에는 지금의 오류동에 선착장이 있어 나룻배를 타고 지도로 건너다녔다.

선도는 주로 농사지었지. 섬인데 전에부터 농사가 많어. 우리 어려서부터 간척은 이미 끝났고. 58년도까지 끝났고. 내가 58년도에 태어났는데, 그 당시 간척 끝내고 신규 매립 등록하고 그랬드만, 서류보니까. 4구쪽도 매립을 우리 아버지가 하셨어. 거기가 인제 북촌 앞뜰, 매립지지, 여기도 땅을 늘렸어. 원장이라고 하지. 농업과 어업이 있는데 어업이 힘들어.
오류동이라고 큰오류동, 작은 오류동이라고 있는데, 우리 어렸을 때는 이쪽 운남으로 안댕기고. 지도로 차가 안 다닐 때는 북촌 넘어서 오류동, 그리 나룻배가 댕겼다고. 그래서 지도로 왔다갔다 했어요, 선착장에 선바위가 있었고, 그 옆에 주막이 하나 있었어. 지금은 안보여. 산에가 있었으니까 덮어버렸지, 바닷가 위에 산에가 주막이 있었다. 왜 주막이 있었냐면 물이 좋으니까, 배에서 물이 필요하잖아. 그러면 이리로 물을 뜨러 댕기거든. 여기가 물이 좋아서. 물 뜨러 오면은 배를 이리 대잖아. 그러니까 주막이 있었제. 거기서 술도 팔고. 왜 오류동이라고 했냐면. 오류동은 버드나무가 다섯그루가 있다고 해서 오류동이라고 했다고 해. 우리 어렸을 때는 버드나무가 좀 있었는데 지금은 없어.

박기남은 선도의 여러 전설과 지명 등 전해 내려오는 이야기들 가운데 잘못된 것들이 있다며 아쉬워했다. 선도는 섬이지만 규모가 꽤 크기 때문에 5개 마을로 이루어졌고, 본인 마을이 아니면 세세한 이야기를 잘 알지 못한다는 것이다. 그런데 일부 사람들이 듣고 흘린 이야기들이 와전된 경우가 있어 바로 잡아야 할 필요성을 느꼈다. 후손들을 위해 선도의 역사가 올바르게 기록되어야 하기 때문이다.

내가 아는 것하고 많이 틀리더라고. 이야기들이 제대로 안나와. 나는 어른들한테 들어서 잘 알거든. 그리고 우리 마을 얘기는 더 잘 알지. 매개 같은데는 절이 있었다고 했잖아요, 그것이 절이 아니고, 내가 매개 사람들 이야기를 들어보고 했거든, 어장을 많이 했어요. 집에서 애를 못나, 매개 저쪽으로 가다보면 늑받이라고 했어. 애를 낳으러 갔다가 목적지까지 못가고 애를 낳아버리니까 늑받이라고 했다고 그래. 출산하고 산당 할머니한테 몸조리 하고 내려왔다고 해서 늑받이라고 했는데, 중간에 산당을 다 철수하고 나니까 그 뒤로 절에 다니던 사람들이 들어와서 살았던갑대. 그래서 다들 확실히 모르고 그냥 절이 있었다고 해버렸다고 그래. 절은 없었거든.

지금 80~90대도 잘 모르고, 요즘 사람들은 전설만 들은거여, 자기 할아버지가 그랬다고 하니까 믿어버리는거지. 절에 좀 있다가 와서 거기서 살았던 사람이 있었던가봐. 산당이 있었으니까 움막이 있었을거 아닌가, 인자 산당할머니는 없어져불고 중간에 그 움막에 중이 잠깐 살다고 해서 그냥 절터라고 해버려. 절 흔적도 없는데, 우리 어렸을 때 인자 산에 놀러가면 다 보이거든요. 나무가 없어.

논이 있어. 다랑이 논이. 맨 위쪽에 대나무도 있고, 물 좀 나오니까 약수터 만들어놓고. 절터는 아니지.

박기남은 특히 선도의 옛 물건과 생활도구 등 일상에서 놓치기 쉬운 물질문화의 중요성을 일찍이 깨달았다. 육지 사람들, 특히 골동품 상인 등을 통해 선도의 귀중한 생활도구들이 외부로 반출되는 것을 안타까워 했던 박기남은 그 길로 선도 주민들을 일일이 찾아가 물건이 외부로 유출되지 않도록 설득하고, 직접 구입에 나서기도 했다. 그렇게 모은 집기들을 수선화축제장 주변을 꾸미거나 '가고 싶은 섬' 사업을 진행하는 과정에서 요긴하게 사용하였다. 선도 카페와 쉼터 내부에도 전시공간을 마련하여 선도 주민들에게서 모은 오래된 과거 사진을 통해 역사를 엿볼수 있게 하였다.

이거는 내가 선도에서 난 것을 다 수집해놓은 거예요. 직접 만든 것도 있고. 마을까페에 있는 옛사진들도 내가 다 모아둔 것을 갖다가 전시해놓은거여. 처음 축제시작할 때 뭐 아무것도 없으니까, 유네스코 실사온다고 해서 내가 다 만들어서 걸어놨어. 여기 선치 국민학교 나왔어, 내가 23회, 학교는 좀 늦게 다녔어. 물건들이 밖으로 나가는게 아쉽더라고, 싼값에 골동품 장사들한테 팔아버리니까, 귀한 걸 모르는거지. 이런게 다 나중에는 역사가 되고, 자료가 되잖아요. 내가 모아노라고 하는데 관심이 없어. 갖다고 태워불고, 뚜두러깨서 버린사람, 고물상회에 줘분 사람. 그래서 인자 놔뒀다 나를 주쇼. 차라리 나한테 파쇼. 그랬지. 내가 보기에는 주민들이 일상생활 필수품이 모아놓으면 보물인데 다 버리드라고.
이런 것을 내가 인자 처음에 수선화축제 준비도 하고, 유네스코 실사 준비 먼저 했잖아요. 그래서 내가 이렇게 있어서는 안되겠다. 집집마다 돌아다니면서 족보책 다 내놓고. 앨범, 사진 다 내놓으라고 했어. 다 외부로 반출되어 버리고 태우고 없애버리고.

박기남이 수집한 선도의 사진들. 박기남은 집집마다 보관해 둔 앨범을 들춰 마을 기록 역사자료로 활용하기 위해 다양한 사진 등을 수집해두었다. 특히 그동안 모아온 생활도구와 옛 사진들은 마을 카페와 쉼터에 전시하고 있어 선도의 역사가 되고 있다.

항아리 주면 우리 집에 갖다놓고. 절구통도 갖다놓고 그랬지. 우리 동생네와 우리집에 절구통 서른개 정도 갖다놨어. 산에다 다 놔뒀어. 이런 자료들 이제 더 이상 이대로 두면 안되겠다. 숟가락, 젓가락 하나도 버리지 말고 나를 주라. 그러니까 학교를 이런데를 공간을 주면 전시하고 싶다. 우리집에 교지 같은거, 족보책도 많이 있고, 내가 다 사진 모은 것을 저기 군청 가고싶은섬 직원한테 주면서 액자를 만들어서 달라고 했지. 학교랑 까페에 걸어놓으라고. 수선화 작업하면서부터 지금까지 전 과정을 찍어서 다 보관하고 저장을 해뒀어요.

처음에 가고싶은섬, 수선화축제 시작했던 당시 작업사진도 다 있어. 그래서 내가 1년에 하나씩 외장하드 사갖고 저장해서 센터에서 필요한 것 빼쓰고 그랬지. 지금은 외지사람들, 출향민들한테도 자료 보내달라고 하고 있지요. 다 보내주라, 여기 선도 자료될 만한 것들. 앨범이나 교지랑 갖고 있으면 주라. 그런데 내놔보라고 하면 다 잃어버리고 없다고 해.

선도가 대부분 밀양박씨, 파가 좀 틀리지. 여기 선도에는 세파가 있어. 규정공파(박현), 사문진사공파(박원), 충헌공파(박척). 우리는 사문진사공파. 원본이 우리 집에 다 있어. 출장소 밑에 게스트하우스 자리 밑에가 본래 다 우리 집터 자리여. 출장소 지을 때 매립해서 내가 우리 집을 지었지, 원래 마을회관에 출장소가 있었는데 출장소를 새로 지으면서, 매립했지. 게스트하우스 밑에가 다 논이었는데 땅을 사서 매립해서 집을 지었지. 출장소, 보건소 있는 자리가 다 논이었지. 마을회관에 출장소가 있었는데 적어서 다시 지었지. 학교에서 1월 1일이면 주민 전체 회의를 했어. 보리 몇가마니, 몇되 받아서 해놨다가 중대본부와 출장소를 저리 옮겼지, 그때는 60~70명 되니까. 그때가 내가 스물한 대여섯 살 되었을 때, 지역예비군 중대장하면서 배도 짓고 집도 짓고 출장소도 짓고, 70년대 초반이네요.

박기남은 선도의 오래된 도구와 사진 뿐만 아니라 지역에서 불리던 지명 등에도 남다른 관심을 갖고 연로한 마을 주민들을 찾아다니면서 옛이야기를 귀담아 들었다. 선도는 매미 선蟬자를 써서 선도라 불리운다. 간혹 선도 관련 기록에 선도를 '맵재'라고 표기하고 있는데 이는 잘못된 것이라고 한다. 즉 매미처럼 생긴 형국이라 하여 '맴재'라고 불리우는게 맞다는 것이다. 그밖에 섬의 산과 마을, 바위 등 주민들이 부르던 각기 고유의 명칭이 있는데, 이런 지명들을 제대로 확인하고 기록해야 후대에 올바른 내용이 전승될 수 있다는 것이다. 더 늦기 전에 수집하고 기록해야 한다고 했다.

특히 선도에는 서당이 마을마다 존재해 있어 육지의 웬만한 글쟁이보다 박학다식한 학자들이 많이 배출되었다. 작은 섬에서 마을마다 서당이 있다는 것이 흔치 않던 시절이었기 때문이다. 과거에 섬 사람들은 대부분 육지에서는 천대와 홀대를 받던 시절이었지만, '맴재'에서 왔다고 하면 육지 사람들이 함부로 하지 못했다. '맴재'는 선도의 옛이름이다. 그래서 북촌 나루터를 통해 지도로 왕래하던 당시에 선도 주민들은 '맴재'에서 왔음을 유난히 강조했다고 한다.

쭉 그런 것을 내가 조사를 했지. 나는 관심이 있으니까. 각 마을에 부르고 있는 지명들을 싹 다 조사를 했어요. 돌아가시고 나면 아무도 모르니까. 내가 어렸을 때 들은 내용이 같은가 아닌가 조사를 다 했지. 지금 여기 마을에 사는 사람들도 주동이 무슨 마을이었는지 다 잘 몰라. 내가 처음에 막 들어와 가지고 나이먹은 사람들이 80~90세 이 사람들이 다 없어져버리면 아예 다 몰라. 그래서 돌아가시기 전에 바로 와서 다 조사를 했지. 일부 돌아가신 사람도 있고.

본래 1구가 주동이 아니였어. 줏나리, 준나리라고 했어. 나루터가 있다고 해서 주나리, 주나루라고 불렀어. 선도가 옛날에는 각 마을마다 서당이 있어 가지고, 영산포를 가면은 육지사람들보다 더 많이 배웠다고 했어. 여기가 매미 선자를 쓰는데 그래서 '맴재'라고 불렀어. 여기는 서당이 마을마다 있어서 배운 것은 많은데 밖에 나가서 할 것이 없잖아요, 육지 사람보다 더 잘 알았다고 해서 맴재에서 왔다고 하면 다 알아줬어. 함부로 무시못했어. 배운 사람들이 많았다고.

선창에 가면 선바위라고 4미터 정도 되는데, 지금은 없어져부렀어. 움바위는 이쪽에 인자 바닷가쪽에 있어 물이 빠지면 보이고, 건너가고, 개바위라고 큰개바위, 작은개바위, 어망뚱, 어장을 많이 한다고 해서 그러고 불렀어. 넉바위, 김치바위. 그런디 1구에서 사는 사람이 4구 내용을 잘 몰라. 지금도. 4구 사람들도 1구를 잘 모르고. 내가 선도 전체적으로 다니면서 옛날 활동한 사람들을 선정해서 물어본거여. 그나마 많이 다니면서 물어서 들었지.

김치바위, 저 소나무 밑에, 제일 높은 반반한데. 여기가 인자 옛날에 김장할 때 배추를 씻을라면 물이 깨끗해야 하거든. 그런디 다른디는 모래가 있으니까 못하고, 거기는 바위가 있으니까 가능하지. 어렸을 때 가면 거기서 배추를 많이 씻었어요. 범덕산이 호랑이 앉은것처럼 생겼다고 해서 그렇게 불렀어. 범덕산 앞에 섬이 하나 있거든. 그것이 개가 쪼글셔 앉은 것 같고, 호랑이가 그것을 잡아먹을려고 한다고 해서 호덕산이라고 한거지. 범덕산을 호덕산이라고도 해. 하루는 산에 나무하러 갔다가 호랑이가 잠자고 있는데 이것이 뭔가 하고 갈퀴로 긁으니까 잡아 먹어버렸다고 그랬다는 말이 있어. 거기서 기우제 지내고 당제지내고, 마을굿하고 그랬지.

비석, 열녀각, 다 있거든요. 우리 7대 할아버지가 들어와서 입도조거든. 박 세자 태朴世泰 어른이 교지를 받았고. 그리고 박 도자 민朴道民 어른이 입도조. 옛날에는 우리 할아버지, 박세태 어른 비석 앞으로만 길이 있었어요. 여기서 말타고 다니면서 나릿배 건너가다가 보이면 인사하고 가고 그랬다고 그래. 석산을 독산이라고도 하는데, 본래 소가 엎져있는 형국이라고 했거든. 그런디 사람들은 뭔 홀엄씨가 많다해서 독산이라고 했다하기도 하고, 돌이 많으니까 그랬다고 하기도 하고 얘기들이 다 틀려.

고향에서 살려고 정년하고 들어왔어. 부모님은 다 돌아가시고. 내가 교회 옆에가 우리 집 짓다가 집일도 다 못 끝났는데 수선화에 뛰어들어서 다 못끝냈어. 이 기회에 관광지라도 만들라고, 나한테 욕하든지 말든지 나는 하는거여.

여기 선도 수선화는 우리 교회옆에 수선화할머니가 있잖아요. 박군수님이 선거운동 다니면서 봄에 할머니집에 핀 수선화를 보고, 피면 이쁘거든요. 당선되면 수선화 섬을 만들겠다. 그래서 시작했어. 출향인사들한테 찬조받아서 그것부터 세운거지요. 표지석. 19년도, 1회 축제하기 전에 개막식 할 때, 수선화 심어놓고 바로 표지석 제막식하고 축제장 개막식했죠. 현복순할머니 그분들도 늦게 들어와서 살았거든요. 할머니도 교회다녔고.수선화를 주민들 보기에도 다 보기가 좋으니까. 교회 올 때 보면 이쁘니까 그래서 조금씩 집에다 얻어다가 심고 그랬죠. 여기가 남편 고향이었는데, 객지에서 살다가 애들 가르치고 늘어왔지, 4~50대 들어왔어.

초기에 수선화축제 부위원장직을 맡아 선도를 수선화 섬으로 이끄는데 일조를 했던 박기남은 작년부터 축제위원장직을 맡게 되면서 본격적으로 축제 준비에 심혈을 기울이고 있다. 실은 축제는 본 행사 기간보다 오히려 축제 준비기간, 그리고 축제 이후의 관리 기간이 훨씬 더 많은 잡다한 일들이 기다리고 있다. 새로운 구근을 심고 정리하고, 풀메고 관리하는 일들이 산적해 있어 마을주민들 손을 빌리지 않으면 쉽지 않다. 축제 행사는 개개인의 차원이 아니라 매번 마을 차원에서 준비하고 실행에 옮겨야 한다.

예를 들면, 수선화 두둑 정비와 더불어 수선화의 짧은 개화기간을 보완하기 위해 고안한 금영화 식재가 그러하다. 금영화金英花는 북아메리카가 원산인 양귀비과의 원예종 꽃으로, 이 금영화를 심음으로써 풀을 메는 수고가 줄어들었고, 수선화 두둑의 노출도 가려주는 일석이조의 효과를 보게 되었다고 한다. 특히 수선화 구근의 판매 수익뿐만 아니라, 금영화 역시 씨앗을 받아서 판매가 가능하다.

> 좋잖아요. 수선화 심어서 꽃으로 사람도 오지도 않는 섬에 관광객이 오면 좋잖아요. 처음엔 부위원장, 선도축제위원회 부위원장을 했어. 가고싶은섬 추진위원. 실사한다니까 내가 자료를 더 수집을 해야쓰것다 생각을 했죠. 가고싶은섬이라는 것을 알려야되는데 역사나 뭣이 하나도 없어서, 가보고싶은 섬으로 만들어야 하기 때문에 옛날 것을 복원하고 해야지, 축제 전에 등산로 해달라고 건의 드렸죠. 범덕산, 계단으로 해져가지고. 주민들도 못 다니는데여 여기가. 그래서 전부 길을 만들었지, 작년에는 범덕산 위에 갯벌 전망대를 해달라고 했거든. 그러믄 하나 더 볼거리가 생기잖아요, 수선화 하나 가지고만 안된다. 농업기술센터와 같이, 나는 현장에서 직접 캐고 심고 사람들 데리고 수선화 자라는 과정, 저장하는 과정, 우리나라에서 하는 사람들이 없잖아요, 주민들이 땅을 안주면 내가 다 임대해서 하고 그랬어요.

백합과에 속하는 수선화는 지중해 연안이 원산지이며, 주로 영국과 네델란드 등에서 많은 품종의 개량이 이루어져 국내에도 여러 종류의 수선화가 유통되고 있다. 수선화는 흰꽃잎의 '윈터 왈츠', '세리', 노란 꽃잎의 '풀하우스', '나팔수선화', '겹첩수선화' 등 잎 크기와 색상에 따라 세부 이름을 지니고 있다. 해마다 차이는 있지만 1월 말부터 늦겨울부터 시작해 5월까지 여러 수선화의 꽃을 볼 수 있다. 특히 꽃과 비늘줄기인 알뿌리를 약용으로 사용하는 수선화는 부스럼으로 인한 부기를 가라앉히고 고름을 빼주는 작용이 있어 모든 종기의 치료약으로 쓰이고 있다. 특히 암세포의 성장을 유발하는 단백질 생성을 억제하는 알카로이드 성분이 함유되어 있어 강력한 항암효과가 있다고 알려져 있다. 수선화는 오래전부터 민간약으로 이용되어져 왔는데 류마티즘, 어깨

결림, 신경통 등에 효과적이며, 미백효과가 뛰어나 피부미용에도 효과적인 것으로 알려져 있다. 현재 선도에 심어진 수선화 구근은 약 90여 종에 이른다

선도는 볼거리가 너무 없으니까, 여기 동선 가지고는 안되니까 저기 저 출장소 뒤에 산을 조금 임대해서 공원을 만들었제, 내가 센터에 사주라고 했지. 전주사람한테 사정해서 샀어. 그래서 거기 작은 산을 공원조성했제. 밭은 수선화로 해서 구근을 팔면 되니까. 작년에 10만그루를 일단 팔았어요. 구근하나에 600원씩에. 올해는 더 많이 할거여. 그리고 작년에 수선화밭이 두둑이 높거든. 그러니까 사진찍는 사람들이 저게 안보였으면 좋겠다고 해서 인자 내가 녹두, 콩 이런것도 심어보고, 그리고 금영화를 해보자. 두둑 밑에 골에 금영화를 심었어. 수선화 꽃지고 금영화가 피니까 더 이뻐요. 올해 피어서 좋으면 밭에만 심을것이 아니라 저런 밭두룩을 다 심을려고. 이 금영화가 풀을 잡드라고. 1년만 지나면 풀을 이겨. 밭두렁만 살 해놔노 심어놓으넌 그세 너 이쁘거든요. 4월에 수선화나고, 지면 5월에 금영화가 나오지. 올해 해서 이쁘면 내년에 더 심은디. 인잔 어덕에 심을라고. 관리하기도 편하고, 두렁만 잘 해놔도 그림이 나와불잖아요. 금영화 씨앗을 따가지고 판매도 하고. 우리 축제위원회에서 따가지고 다시 뿌리고. 키로에 팔만원. 그래서 인자 밭에만 심을 것이 아니라 밭 두럭에도 심으면 스케치가 되불잖아요. 그러면 부담없이 심을수 있잖아요. 풀만 제거하고 심어불면 번식이 잘되요. 일부 우리가 출장소 뒤에 고랑없이 빽빽이 심어불고, 저수지 둑에도 다 심고. 저수지 안쪽으로는 꽃창포 심고, 금영화도 한달가거든. 저수지도 다 둘레길 만들고 했잖아요. 마을사업을 할 때 사실 행정하고 같이 호흡이 맞으면 일이 재미있어요. 행정이 앞서가면 같이 할 수 있거든. 돈을 더 안들이고도 잘할 수 있어.

부위원장 2년하고 작년부터 위원장 맡았어요. 축제위원회 꾸

선도축제 준비를 위해 선도 마을주민들과 직접 밭을 일궈 수선화를 심고 관리한다.

리면서 아쉬운 점은 축제를 못하니까 이게 아쉽지 다른 것은 없어. 축제가 활성화가 되고 그러면 주민들도 힘이 나고 그러잖아요. 축제를 못하고 기대했던 만큼 안되어버리니까 그게 좀 그렇죠. 볼거리를 더 만들고 만들고 하죠. 주민들이 호응 안해주면 안되지. 그래서 인자 내가 일일이 설득을 하지.

지금은 축제 준비하고 있고, 실은 축제 끝나고 부터는 계속 바빠요. 오히려 축제 끝나고 더 바뻐. 관광객들 맞이할라면 계속 정비를 해야하거든. 준비는 연중해야 해요. 그 뒤에도 꾸준히 해줘야 돼. 사업소가 있어가지고 직원들이 다니면서 꾸준히 해야 하는데, 축제만하고 모르겠다 놔두면 안되거든요. 딱 가만히 놔두면 풀이 길어나는게 장난 아니야. 내가 직접 다니면서 풀베고 관리하고 하죠. 집집마다 구근을 300개씩 나눠줬어. 선도 어느집이나 가면 수선화가 필수 있게끔.

박기남에 의하면 선치국민학교의 전신인 회영서당이 1944년 5월 15일에 설립되어 운영되다가, 1947년 6월 10일경 선치국민학교를 개교했다고 알고 있다. 현재 폐교된 선치분교는 군에서 매입하였고, 그동안 농업법인에 내어준 임대가 끝나 이제 이 공간에 작은 전시관을 꾸미는 것을 꿈꾸고 있다. 그동안 선도에서 모은 여러 생활도구들을 전시하여 섬마을박물관을 운영하게 되기를 기대한다.

처음엔 여기 선도사람들이 학교를 지었지. 그래서 공부하다가 정식으로 지금 학교자리에 개교했지. 인자는 폐교됐어. 군에서 학교를 샀거든. 잘됐지. 지금까지는 임대를 내줬는데 인자 올해부터는 우리가 써야제. 학교에다 교실 한칸을 만들어서 이런 물건들을 전시를 해놓을라고. 내 집에 있는 것 다 갖다가 전시할라고 해. 마을 박물관 하나 학교에다 만들어서 전시하면 선도도 알리고 좋지.

여기 향우회는 서울에 많죠, 여기 실질적으로 선도에 사는 숫자보다 서울에 사는 숫자가 더 많아. 향우회도 많죠. 행사때 여기서 가기도 하고, 향우회에서 오기도 하고 왔다갔다 했었는데 코로나 때문에 왕래를 못하지. 축제때 많이 도움도 받고 했는데.

지금 그러니까 수선화 축제도 그러고, 가고싶은 섬 되가지고도 1구를 제외하고는 다 소외받았다고 생각하죠. 전체 그림을 그려야 되잖아요. 1구부터 차차 해나가면 된다. 선도 둘레길이라든지 그런

박기남이 선도에서 직접 수집해서 모은 옛 민속도구들

전체 그림을 그려나가자. 1구 축제가 성공해야 나머지도 된다 그러고 생각해요. 그리고 각자 마을에 인자 뭣을 해야 좋을까 그런 생각을 해야 돼. 특성화 할 것이 뭐가 있을까하고. 가만히 있으면서 누가 해주기만을 바라면 안되고, 특성화할 수 있는 것을 찾아나가야 돼요.

축제 준비를 위해 수선화를 심는 일은 선도 주민들에게 있어 선도를 아름답게 가꾸고 많은 사람들에게 홍보하는 일이기 때문에 보람차고 행복한 일이다. 다만, 코로나-19로 인해 2019년 1회 수선화 축제 이후에 2년간 축제를 개최하지 못한 점이 안타깝다고 한다. 축제를 통해 외부 관광객들이 섬을 찾고, 마을 주민들이 고생한 보람을 찾아야 하는데 그렇지 못해 못내 아쉽다.

선도가 수선화 축제로 알려지면서 마을 주민들은 물론 출향민들도 자긍심이 높아졌다고 한다. 지금처럼 선도가 전국에 널리 소개된 적이 없었기 때문에 수선화축제를 계기로 더 홍보되었으면 하는 바램을 가지고 있다. 수선화축제 개최, 가고싶은 섬 가꾸기 선정, 갯벌 세계유산 지정 등 선도를 둘러싼 많은 변화가 일고 있다. 추진과정에서 반대의견을 맞닥뜨리기도 하고, 부정적인 얘기를 듣기도 하지만 누군가는 앞장서야 한다. 그래서 박기남은 주변의 말에 되도록 신경 쓰지 않고 앞만 보고 달리고 있다. 몸이 허락하는 한 선도를 최고의 수선화 섬으로 가꾸기 위한 목표에 집중하고 최선을 다하고자 한다.

2. "앞으로는 수선화 구근으로 6차산업 같은 것을 했으면 하는 생각이지"
: 박영식(남, 1957년생, 주동)

박영식은 주동마을 출신으로 선치국민학교를 졸업하고 목포로 진학하였다. 음악을 즐겨듣고 친구들과 어울려 기타와 노래부르기를 좋아했던 박영식은 목포에 정착하지 못하고 결국 남다른 효성으로 인해 어머니를 위해 다시 선도로 돌아올 수 밖에 없었다. 막상 선도로 돌아왔지만 농사만으로는 형편이 나아지지 않았다. 그러던 중 목포의 선배로부터 화장품 판매를 권유받는다. 태평양(현 아모레퍼시픽)은 1964년 대한민국 최초로 방문판매라는 판매 방식을 도입해 전국에 방문판매 대리점을 모집하고 여성을 중심으로 화장품 판매원으로 고용했다. 당시 목포 방판 대리점에서 화장품을 떼어 인근 섬 지역에 판매하는 사람들이 꽤 있었다. 그때만 해도 도서지역 인구가 감소하기 전, 선도에도 천여 명에 가까운 주민들이 거주했기 때문에 박영식의 고객이 상당했다. 그 당시 직접 가정집을 방문해 화장품을 판매했던 방판제도는 파격적인 제도였으며, 육지에서 떨어진 도서지역의 여성들 사이에도 화장품의 인기와 더불어 단골관계에 의해 외상으로 구입할 수 있는 혜택으로 소비가 증가했다.

　　　　호적으로는 59년생, 정확히는 57년생이고, 내 우게 형이 하나 있어. 우리 형제가 일곱인데 해필 제일 형편이 취약할 때라 학교를 다 못갔어. 여자들은 아예 못갔어. 먹고 사느라고 못가르쳤어. 내 밑에 동생 둘은 우리가 가르쳤제.
　　　　여기 선도 교회는 오래되었어. 나 어렸을 때부터 교회 다녔지, 여기서 주일학교 다녔어. 지금 이 교회는 94년도에 새로 지었고, 그러고 최근에 리모델링 한번 했어. 지금은 성도가 한 50명 좀 넘을까. 전에는 70명 넘었는디 다 돌아가셔불고 얼마없어. 다들 팔구십 되부니까 많이 돌아가셔부렀어.

선도의 수선화로 6차 산업을 꿈꾸는 박영식

목포에서 중학교 나왔어. 섬이라 중학교가 없으니까 유학갔어. 목포에서 학교 다닐 때 물이 귀하니까 물지게 지고 날랐던 기억이 있어. 아버지가 교장까지 했었는데 그만두고 사업한다고 퇴직금을 날려버렸어. 싹 재산 다 털어서 깨끗하게 없애불고 선도로 오셨제. 나도 혼자 방황하고 돌아다니다가 다시 들어와서 그대로 정착했어. 그때가 열야닯일까. 정신차렸지.

내가 아모레 태평양화학 화장품 판매사원을 했어. 그때 당시에는 선도에 여자들이 겁났어. 엄청 많았어. 그때 섬에 들어와서 생활하기가 힘들더라고. 그래서 그때 연구를 했제. 그리고 돌아다니던 사람이라 친구가 많았는데 한 친구가 그 계통에 있더라고. 화장품 대리점 팀장으로 있더라고. 그 친구가 나한테 해보라고 그래.

농촌은 여름이면 뭐 일할 것이 없잖아요. 화장품 판매를 저녁에만 하는거야. 낮에는 일하고. 마을마다 가는 날이 며칠며칠 정해져있어. 마을마다 정해진 집을 가. 그럼 그 집으로 다 모여. 밤 두시 넘어서까지 이야기하고 놀고 그런거야. 화장품 팔라고 술 사줘야지, 과자 사야하지…. 그러니까 돈이 많이 들지. 그때만해도 놀고 날새고 들어간 경우가 많지. 어떤 종류냐면 기초화장품, 비싼 것으로는 화운데이션이 비싸고. 아모레 잘나갈 때거든. 그때 당시 쥬단학이라고 경쟁업체가 생겼는데 조끔 중저가로 좀 약해. 우리는 피부별로 건성, 지성, 이런 것을 권유하고. 그러다가 쥬단학이 색깔을 좀 특이하게 해서 신제품이 좋게 나왔어. 그래서 잠깐 아모레가 약간 밀리다가 그걸 대체해서 새로 나오니까 대번 다시 이겨부렀제. 물건은 대리점, 목포에 직접가서 띠어갖고 오제. 필요한 것만. 처음에는 그애들이 준대로 가져왔드니 안팔리는게 많아. 처음에는 모르니까. 나중에 재고정리해서 반품할때는 싼거야. 그래서 반품안할려고 나중에는 인자 잘나간것만 가져왔지. 종류가 어떻고 많은고 외우기도 힘들었지. 마사지 크림이 제일 많고 잘나갔지.

변변한 화장품 하나 구할 수 없었던 섬에서 박영식이 화장품을 판매하면서 호응이 좋아 초기에는 많은 고객이 생기면서 단골이 늘어갔다. 그러나 여성들을 상대해야 하고, 단골관계를 유지하기 위해 마사지는 물론 샘플 등을 두둑히 챙겨줘야 하는 각종 서비스를 제공해주게 되면서 마진이 줄어들었다. 특히 장부를 통한 외상거래는 계속해서 미수금액이 증가하면서 5년여 간의 화장품 방판업을 접으면서 결국 송아지 두 마리 값을 쏟아부은 꼴이 되었다. 선도의 특성상, 단골이었던 여성 고객들이 육지로 시집 가면서 외상 금액을 갚지 않은 사례가 빈번하게 발생하게 된 것이다. 돌이켜보면 기왕 장사를 하려고 마음 먹었다면 목포에서 했더라면 더 성공했을 터이지만 선도에 남게 된 것을 후회하지는 않는다.

    대리점 가보니까 나갈은 사람이 겁나. 전부 아침에 와서 물건 띠어가니라고. 네모로 생긴 가방에 화장품 담아가. 풀색깔로 된 것. 좀 더 큰 가방 있고. 술 사주고 맛있는거 사다주고 하면서 고객관리 해버리니까 남는 것이 없어. 결국은 다 처분하고 재고정리하고 나니까 결국 송아지 두 마리 값 날려버렸드만. 우리한테 남는게 35%여. 여자들이 전부 띠어먹어버리더라고 시집가면서. 근디 쫓아다니면서 주라고 하겄어. 뭐하겄어 그래서 많이 띠어부렀제. 앞으로 벌고, 뒤로 밀지고, 외상장부가 이만큼 있어. 전부 외상이여. 가끔 미용사들, 맛사지사, 데꼬 와야지. 서비스해야 또 판매가 되니까. 손님들한테 맛사지해주고 그랬지. 한 오육년 정도 하다가 못하것더라고. 그때 당시 최초로 내가 오토바이 90짜리 타고 댕겼제. 뒤에다 화장품 이빠이 싣고. 들어와서 몇 년 했제. 나중에 정내미 떨어진게 화장품 가방을 불속에 다 집어 넣어부렀어. 놔둘 것 그랬네.
    장사를 할라고 생각했으면 도시에서 했어야제. 그러면 그 길 아니어도 더 낫지 않았겄냐 그생각이 들드만. 장사를 계속할라고 했으면 도시에서 하면 분명히 잘 나가지 않았을까 싶어. 여기 선도에 남으면서 지금도 뭐 후회는 안하지만, 삼시세끼 먹고 사는 것은 똑같으니까.

그때만 해도 여기는 트럭으로 물건 팔러 들어오고 그런거 많지 않아. 보따리 장사만 좀 들어오고. 보따리 장사 아줌마들이 들어오면 그때 당시에는 질세라고 길세라고 있어. 그 질세 받아서 밤새 먹고 놀고 그랬제. 산다이하고. 옛날에는 그런게 많이 있었어. 그때가 좋아. 인심이 좋았어. 그래서 눌러앉은 사람도 많애. 옛날에는 텔레비전도 없었잖애. 라디오가 전부니까. 전주만 나오면 뭔노래인지 다 알았어. 텔레비전이 80년대 생겼나. 선도에 전기가 78년도에 들어왔어. 회관에 흑백 테레비가 있었는데, 10원씩 전기세를 준다고. 그 기도를 보는 사람한테 전기세 내고 텔레비전을 봤어. 밧데리로 전기 연결해서 보고 그랬어. 그 회비로 전기세 내고, 나머지는 기도가 갖고 그랬제. 사람이 많았으니까 회관에 다 못 앉았지. 테리비 기도가 끗발이 좋았어. 돈 안낸사람들 못보게 하니까. 끗발좋제.

명절에 보름도 상당히 걸게 샜어. 걸판 걷으러 다니고. 걸판 걷어다가 처녀총각들 모태 놓고. 걷어다가 큰솥에다 비벼서 먹고 그랬거든. 그것이 귀신밥이제. 열나흗날이면 밥을 일곱 번 먹는대. 나무를 지게로 일곱 번 하고. 보름날은 밥을 솥에다가 넣어놔. 못사는 사람도 있고 그러니까. 그러면 밥 훔치러다닌다고. 그럼 처녀총각들이 다 훔쳐가서 먹고 그랬어. 오곡밥을 많이해서 훔쳐먹고 그랬지. 쥐불놀이하고. 돌로된 도구통 있잖아. 집집마다 거기다 반찬 올려놔두고 밥놔두고 그랬지. 천정에 달아매놓는 집도 있었고. 우리가 그것을 걷어다가 먹었어. 옛날에는 모내기해도 못사는 사람들이 있었어. 모밥이라고 해갖고, 싹 갖고가잖아. 가져다가 새끼들 갖다 먹이고 그랬지. 그 가난한 시절에 옛날에는 무나 고구마 같은거, 땅에다 묻어놓으면 구멍내서 빼내다가 먹고 그랬지. 거리제 지낸다고 제사지내고 그러믄 떡도 훔쳐다 먹고 그랬지. 제사지내고 절하

여흥을 즐기던 선도 주민들(상)과
중추절에 개최되었던 가요경연대회(하)
(사진제공 박기남)

고 있으면 시루채 들고 가져가고 그랬어. 그러믄 인자 시루만이라도 놓고 가라고 그랬다고.

그리고 전에는 이런 산밑에, 저수지 옆에 가서 노래도 많이 불렀다고. 라디오 들고다니면서, 기타하나 메고. 노래부르면 젊은 사람들이 모여. 그러믄 연습해갖고 콩쿨대회 나가고 그랬어. 그때는 무슨 날 마을마다 노래대항전 하고 그랬거든. 그러믄 나는 선배 하나랑 같이 연습해서 나가고 그랬제.

선도 주민들은 마을잔치가 열리면 모두 모여 흥겨운 여흥을 즐겼다. 특히 명절 즈음에 가요경연대회가 열렸고 기타와 노래부르기를 좋아했던 박영식은 동네 형들과 출전하곤 하였다. 마을 대표로 출전하기 위해 뒷산에 기타를 메고 올라가 동네 형들과 많은 연습을 했다. 추석 명절이나 학교 운동회와 같은 행사는 선도 주민 전체의 행사가 되었고, 마을 대항 줄다리기나 노래자랑대회 등을 통해 흥겨운 마을잔치가 되었다.

선도는 오래전부터 각 가정에서 소와 돼지 등 가축을 길러 가용으로 사용했다. 자녀들 교육 및 결혼 자금 등으로 목돈이 필요할 때 긴급 자금으로 쓸 수 있는 장점이 있었다. 어미소를 살 형편이 안된 사람들은 다른 집의 소를 대신 길러주고 나중에 송아지를 얻기도 했다. 선도에 들어와 화장품 방판을 시작했던 박영식도 판매업을 모두 정리하고 스물일곱에 혼인하면서 축산업을 시작했다.

그동안 특별한 자원이 없었던 선도는 3백 여 명이 채 안되는 주민들이 단순 농업과 어업만으로 생계를 꾸려 왔던게 사실이다. 목포에서의 생활을 정리하고 선도로 들어온 박영식 역시 20대 초반이었음에도 불구하고 농사 외에 일거리가 없어 화장품 방문판매를 시작한 것에서도 알 수 있다. 젊은 박영식은 선도가 잘살기 위해서는 1차 산업만으로는 한계가 있으며, 무언가 새로운 계기가 필요했음을 인식하였다.

그리고 서른일곱부터 이장직을 맡아 마을 일을 도맡아 해나간다. 선도의 지리적 위치가 신안에 속하면서도 무안쪽에 위치해 있어 읍사무소로 행정 일을 보러가는데 무려 5개 면(운남, 망운, 현경, 해제, 지도)을 거쳐 돌아가야 하는 점이 애로사항이었다.

그뒤로 결혼은 82년도에 했나. 나 스물일곱에 했어. 그때 당시에는 늦은거여. 스무살 넘어가면 하던 때라. 집사람은 운남서 살다가 선도 들어와서 나를 만났제.

여기 선도에 제일 많을 때는 450가구, 천명 넘었다고 봐야제. 우리 초등학교 때 두 개 반이 있었으니까. 학교 다닐 때 전에는 북촌으로 나리를 건너다녔지. 나리 건너는 삯을 내야지. 하반기, 상반기, 상반기는 보리, 가을에는 나락. 사공료라고 해서 한 두 되씩 걷어서 내고 그랬지. 집집마다. 그 뒤로 북촌이 없어지고 주동리 이리로 길이 터진 것 같아. 신월리가 옛날에는 선착장도 없었어. 그래도 그리 마늘, 양파 실어냈어. 그때 당시에 나릿배 운행하면 돈 많이 벌었지. 통통배. 그때는 개인배였어. 지금은 군에서 배는 건조해주고, 월급 받고 운항하지. 외지 사림민 도선비 받어. 주민들은 안내고 무료아. 많이 못태우잖아. 승선 인원 어기면 해양경찰에 벌금 3백만원이야. 바람만 불면 주의보 떨어져서 안다녀. 섬사람들이 힘들어. 부사도까지는 가깝지. 강다리 만도 안돼. 배 두척노면 닿아부러. 부사도 건너서 지도 태천으로 가지. 부사도까지 도로 4차선 공사하다가 중단되었다고 하드라고.

내가 이장을 30대부터 했어. 서른 일곱부터 시작해서 오래 했어. 그때 그동안 마을 회의록이며 금전출납부며 다 마을 역사인데 하나도 없더라고. 그것을 앞에 한사람이 싹 없애부렀어. 자료 달라고 하니까 없대. 결국은 다시 내가 맡으면서 정리했지, 그때는 이장도 힘들었지. 전부 걸어다녀야 하고. 보수도 없어. 내돈 들여서 다 다니고 했지. 일보러 읍사무소 다니고. 우리는 읍사무소 갈라면 5개 면을 거쳐 가야했어. 지도읍을 갈라면 압해, 운남, 망운, 현경, 해제를 거쳐서 지도. 이렇게 5개면을 거쳐가. 우리는 실지로는 무안으로 붙어야 해, 고이도하고는. 무안은 섬은 탄도 하나 있지. 섬치고는 선도가 큰 편이야. 이런 산이 없어. 우리 선도같이 좋은 섬이 없어. 그런게 인물들이 낫지. 산세가 좋아.

과거에는 소 장수들이 직접 선도를 방문해 소를 보고 사갔지만, 지금은 무안 일로장으로 직접 소를 내다 팔고 있다. 일로장은 우시장이 같이 열리기 때문에 장날에는 인근 지역 주민들은 물론 선도를 포함해 신안군 일대의 섬 지역에서 많이 이용하는 장이다. 일로장은 우리나라 최초의 지방 장시로서, 성종 원년 1470년에 처음 개장한 것으로 기록되었다. 쇠퇴 되어가고 있는 여느 재래시장과 달리 일로장은 아직까지 명맥을 이어오고 있는데, 소전(가축시장)과 함께 이 지역 시장을 대표하며, 아직도 성시를 이루는 편이다. 장이 서는 날은 매월 1, 6, 11, 16, 21, 26일이며 주로 곡물, 잡화류, 농산물과 함께 우시장이 선다. 지금은 통신이 발달되어 직접 우시장 경매현장에 가지않더라도 당일 경매 내용을 문자로 전송해주고 있으며, 최근은 코로나-19의 상황 등으로 마주칠 필요없이 우방에 넣어놓고 오면 알아서 경매에 부쳐서 거래를 해주기 때문에 오히려 편리한 점도 있다. 물론 더 좋은 가격을 받고, 더 좋은 소를 구입하기 위해서는 현장 경매에 직접 참여한다.

전에는 소나 돼지랑 집집마다 가정에서 다 키웠제. 소를 팔려면 옛날에 소 장사들이 여기 와서 사가지고 풍선배에 그 쪼깐한 배에 싣고 갔었어. 운남에서 소장사들이 이리 들어와. 송아지 사가고 돼지 사가고, 소장시들한테 소 뱃속에 들어갔다 나온 사람들이라고 그랬어, 하도 둘러먹는다고. 옛날에는 한번은 소가 물에 빠져부렀어. 소는 헤엄쳐나온다고 그러거든. 그런디 뻘로 가믄 죽는다고 하드만. 뻘에 빠져블믄 못빠져 나오니까. 뻘이 깡깡한대로 유도를 해서 데꼬 나오고 그랬제. 지금은 사람들이 육지로 가. 용달차에 싣고 일로

박영식이 운영하는 소 축사

장에 가지. 경매장에 가면 소 값을 매긴 사람들이 있어. 한도가 얼마라고. 그래갖고 송아지 목에다 써놔. 그러면 1차 경매. 전자입찰. 4백이라고 매겨놨는데, 그런디 내가 욕심난다 그러믄 그 가격에 좀더 쓰지. 4백5십에서 5백까지도 쓰지. 제일 높은 가격 쓴 사람이 낙찰이 되지. 송아지가 안팔려서 유찰되버리믄 2차 경매로 가지. 그런디 2차 경매로 들어가면 무조건 10만원씩 다운되거든. 그러믄 3백9십만원. 그래서 또 안되면 3백8십만원. 3차에서도 안되면 인자 주인하고 직접 거래해. 3백5십만원. 그러면 인자 팔것이냐 안팔것이냐 결

선도에서는 과거부터 집집마다 소를 키워 농사는 물론 자녀 교육비와 가용으로 사용해왔다(사진제공 박기남)

정하지. 맘에 안맞으면 싣고와불고. 그런디 나는 그냥 웬만하면 팔고 오지. 요즘은 코로나라 안만나지. 우방에 넣고 열쇠 채워놔. 그러면 경매사들이 보고 가격 정해서 싹 팔았습니다하고 경매단가가 들어오지. 일로장이 1,6일 장인데 소장날도 똑같아. 일로 장날 소 장도 같이 서지. 보통 한번 경매에 나온 소가 3백마리가 넘어. 전국에서 와. 많을 때는 5백마리까지도 나와. 경매장이 커. 소 들어갈 자리가 다 있어. 1, 6일 장은 송아지만 경매하고, 그리고 나머지는 큰소들만 경매하고. 그렇게 나눠서 해. 송아지만 매달 1, 6 장에 하고, 나머지 11,16일, 21,26일은 애미소만 경매해. 어저께 경매문자로 백 열 네 마리 나왔다고 보내왔드만. 어제 비육우 암소가 키로에 1만2천8백원이었어. 그날 그날 경매가가 문자로 오거든. 평균 단가가 떨어졌네. 비육우는 키로로 단가가 나와. 비육 수소 보다 암소가 더 나가지.

　여기 선도에 소키우는 집이 여섯 집이여. 전에는 소 낼 때 소금물 맥여 나가고 그랬지. 소팔러 갈 때 무게 많이 나가게 한다고. 그런 말이 있었지. 물먹은 만큼 더 나오겄지. 나는 지금은 스무마리, 20두. 명절 전에 다 냈고, 어제 송아지 한 마리 낳았어. 우리는 소 얼

수선화축제가 시작된 현복순할머니의 수선화정원

굴보면 다 구별하지. 이름표 따로 안봐도. 날마다 보니까.

30대 시절부터 이장직을 맡아 마을 일을 해나가던 박영식은 훌륭한 지도자와 영농인이 되기 위해 늘 다양한 배움에 목말랐고 교육이 있으면 찾아다녔다. 특히 2000년대 초반 목포대학교의 평생교육과정에서 1년 과정으로 이수한 채소원예과(7기 수료) 활동은 선도의 수선화축제를 준비하는데 있어 실질적인 도움이 되기도 했다. 단순히 수선화공원 조성을 통한 축제와 관광으로만 그칠 게 아니라 직접적인 농가소득으로 이어지기를 기대했다.

수선화할머니 집 옆이 바로 내 밭이거든. 나도 내 밭 두자리를 예쁜 밭을 만들어볼까 했었어. 여기다 만들어놓으면 우리 교회 사람들 뿐 아니라 외지사람들이 들어와서 보고, 그러면 여기 관광지가 되지 않을까하는 생각을 했제. 이쁜 꽃은 연중가거든. 봄에 심어서 가을까지 기거든.
나도 목대 채소과를 다녔거든. 그때 동기가 대양동 중등포 옆에서 화원을 하드라고. 큰 하우스에다 백합을 심어서 납품을 하드만. 그래서 나도 생각한거여. 과학영농 이런 것을 해야 살아남는다고. 나도 일찍부터 생각했어. 우리 선도가 과학영농했으면 좋겠다는 생각을 한거여, 제발 바꿔졌으면 쓰것다. 그동안 관행농만 했는데 우리는 인자 힘이 없으니까 바꿔야 한다고 생각했제. 우리 집사람만 호응해줬으면 내가 아마 수선화보다 먼저 백합을 심었을거여, 우리 성결교회 꽃이 백합이거든.
목포대에서 2002년도에 평생교육 1년을 이수했어. 원예작물부에 채소과가 있었거든. 그 당시에 채소과 다니면 해외 7개국을 탐방갔거든. 자부담 내고 선진지 견학하고 공부하고. 지금은 그 프로그램이 없어졌는데, 우리가 7기생이거든. 지금도 다들 잘살아. 동기 중에 현경에서 고구마농사 짓는데 유명하드만. 친환경 해수로 유기

제1회 수선화축제에 초대된 현복순할머니(사진제공 신안군)

농 고구마 농사를 지어. 암만해도 공부한 것이 도움이 되겠지. 다들 전국에서 모이잖아. 지역에서 추천해서 뽑혀서 오니까 다들 쟁쟁하지. 채소과에서 1년 동안 공부한게 많은 도움이 됐어. 신안군 슬로우시티 교육에서 나무, 분재 공부도 도움 됐고. 그 뒤로 한우학과를 공부할라고 지원했는데 안되불드라고. 응 축산학과 거기는 전대에만 있지. 광주. 거기를 다니고 싶은데 안됐어. 다니면서 다른 지역이나 다른 사람들 정보를 얻을라고 했지. 뭐든지 배우는데는 안빠져. 나는 지금도 유튜브에서 강의 같은 것 찾아서 보고 그래. 그런 것이 재미져.

인구감소는 물론 고령화된 선도를 위해서는 관행농을 탈피하여 과학영농이 이뤄져야 한다는 것을 막연하게나마 꿈꾸어왔는데, 다행히 운좋게 수선화로 연결된 것이다.

선도가 수선화 섬으로 이름을 알리게 된 배경에는 수선화 할머니가 있다.

'수선화의 집' 주인인 현복순 할머니는 목포 출신으로 혼인 후 남편과 서울에서 생활했지만 고향으로 돌아가고 싶어하던 남편의 뜻에 따라 1990년 대 초 이곳 선도로 들어오게 된다. 낯설고 외딴 섬에서의 생활이 무료하지 않도록 현복순은 평소 즐겨하던 꽃가꾸기에 재미를 붙여 집 주변의 정원을 돌보게 된다. 수선화 몇 그루에서 시작된 정원은 어느새 일대가 수선화 밭이 되었고 틈틈이 원예일기를 쓰며 섬에서의 생활에 적응해갔다.

그 구근이 번식하면서 해마다 늘어나 정원을 가득 메우고 되고, 주변 마을 사람들이 자연스럽게 구근을 얻어가 마당에 같이 심으면서 봄이면 섬 전체가 수선화 향기로 가득해졌다. 교회에 다니며 주변의 이웃에게도 수선화 구근을 나눠주며 조금씩 넓혀가던 정원은 우연찮게 선도를 방문한 박우량군수의 눈에 띄어 선도를 대표하는 축제와 특산물로 자리매김하는 계기가 되었다. 올해 92세로 고령인 현복순할머니는 자신이 심은 수선화 한 그루에서 섬 전체의 수선화축제로 발전하기까지의 성공을 지켜보며 누구보다 기뻐했다.

현복순할머니가 여기 들어온지가 나 젊었을 때인게 한 40년 전에 들어왔어. 80년대 말인가 90년 초반에 내외가 들어왔어. 원래 여기가 현복순 할머니 남편분 고향이여. 잘나갔어, 부자였어, 고려대 나왔어, 그분이 농림부차관도 했어. 본래 그분들 땅이여. 남편 먼저 돌아가시고 혼자 사셨죠, 교회 권사님이었고. 수선화를 심은 게 여기서 살다가 할머니 친구가 외국에서 좀 살았던 모양이야. 그래갖고 구근을 그 친구한테 얻어와서 심어갖고 많이 늘린거지. 그것이 번식되드만. 하나 심잖아. 그럼 그 이듬해에 다닥다닥 나부러.

박영식은 2018년 선도가 수선화 섬으로 특성화되던 초기에 마을 이장을 맡고 있었기에 수선화를 심고 가꾼 과정과 축제 개최과정을 누구보다 잘 알고 있다. 현복순 할머니에 의해 시작된 수선화 정원이 선도를 대표하는 축제와 브랜드가 되기까지 행정과 주민들이 함께 고생하여 성과를 낸 민관 합동 작업인 셈이다. 당시 마을 주민들은 큰 행사를 치뤄본 경험이나, 화훼 특화재배 경험 등이 전무했지만, 행정의 전폭적인 지원이 이루어지면서 사업은 일사천리로 진행되었다.

    2018년 선도 1구 주동마을을 중심으로 수선화 구근을 심고 가꾸어 나갔고, 그 이듬해인 2019년 제1회 수선화 축제를 개최하게 되었다. 작은 축제로 시작된 이 행사는 선도에 노란 수선화 꽃을 피우면서 전국적으로 알려지게 되는 계기가 된다. 당시 박영식 이장은 물론 선도 주민들 모두 수선화라는 꽃에 대한 정보와 지식이 없어 어려웠지만 오히려 무서울 것이 없었다. 선도에 대한 새로운 변화에 대한 기대와 함께 마을 주민들이 다 같이 '울력'과 같은 공동작업을 통해 오랜만에 공동체 의식을 느끼며 하나가 될 수 있었기 때문이다. 처음 접한 수선화에 대한 새로운 정보를 서로 공유하며 꽃을 심어나가기 시작했다. 그렇게 수선화 길을 따라 농토를 매입하고 임대하여 수선화를 심고 가꾸어 축제를 성공시키기까지 우여곡절이 많았다.

> 군수님이 그 수선화를 마당에 피어있는 것을 보고 마음에 들어했어. 내가 당선만되면 선도를 수선화섬으로 만들겠다. 그러시드만. 내가 그때 당시 이장이었는데, 당선되고 나니까 통보가 오기 시작한디, 일사천리로 밀어붙여불드만. 아 그런디 나는 농가들 설득해야될 것 아니요. 농가들을 한사람씩 면담하면서 돌아다님서 사정했어, 군에서 하니까 절대 손해 날일은 안할거니까 해보자 하고 설득해서 시작했지. 한사람씩 면담해서 사정하고, 사정하고, 어쩔 때는 참 눈물까지 흘릴 때도 있었어. 너무 힘들어서. 그 사람들 설득해서 다 해놓고. 18년도부터 시작했거든. 팔월부터 밀어붙이기 시작해서 네델란드에서 구근을 5억원치를 사왔어. 부족하니까 지리산 것, 제주도산을 뿌리 하나에 천원씩에 사왔어, 그것을 심고, 농가들 나눠주고, 내 기계 다갖다 심었지. 밭 전체를 골(고랑)타고 해서 다 심었지. 일이 많으니까 많이 아프기할라 했어. 체력이 안따라주

니까, 힘들었지. 그 12월까지 해서 전부 다 마무리를 지었어, 수선화를. 그런디 기후가 안맞으니까. 처음해보니까 모르니까, 이것이 언제 꽃이 피는줄을 몰라. 처음해보니까. 그래갖고 언제 축제 날짜를 잡아야할지. 그때 당시에. 그래갖고 인자 1회 축제를 3월 29일에 잡은다고 날짜는 잡아놨는데, 꽃이 안피는거야. 그래갖고 인자 전부 비닐루 씌워서 온도 맞추고 어쩌고 해서, 얼기설기 해서 축제를 치뤘다니까. 아주 고생많이 했어,

사실 이렇게 단시간에 선도가 수선화 섬으로 탈바꿈하게 된 것은 단순히 군의 정책의지와 실행력만으로는 부족하다. 더불어 실질적인 마을주민들의 단합과 협력이 뒷받침 되지 않았다면 불가능했을 것이다. 선도 주민들이 모두 한마음 한뜻이 되어 수선화 심기를 자청했고, 하루하루가 다르게 변해가는 선도를 바라보며 비로소 변화를 체감하게 된 것이다.

그때 당시에 선진지 견학을 일본으로 가서 나가사끼를 둘러 봤거든. 거기가 수선화가 되드만. 납매臘梅라고 노란색으로 피는 납매화가 있어. 그 매화꽃을 동산에다 심자. 그래서 땅을 확보해놨는데 그때 당시에 나무가 없었어, 그 뒤로 황금사철나무도 심자는 얘기도 있었는데. 건의만 했지 못 심었어. 지금은 금영화를 심고 있제. 금영화도 노란색이야. 금영화는 구근은 없는데 대신 씨가 1키로에 팔만원이야. 괜찮지. 그런디 1키로 털라면 힘들어. 씨가 담배씨 보다 더 잘아. 작년에 따서 뿌리고, 우리가 딴 것을 군에서 다시 매입을 해서 그것을 뿌렸어. 씨가 없어서 못판대, 그런디 그것이 씨를 받을려면 꼭 한 여름이드만. 뙤약볕에. 그래서 나이 드신 엄니들 데리고 따려는데 좀 무섭잖아, 아침 일찍 따든가 해야돼.

개인발도 있고, 임대도 있고. 여기 선도가 주민들이 땅을 다 팔아버려가지고 외지인들 땅이 많애, 수선화 심을라고 임대해서 쓰고

그러지. 군에서 사들이면 임대해서 써. 군과 5년 계약했거든. 내년에 끝나. 군에서는 인자 관여를 안한대. 농가 자체 축제로 하라 그거여. 그런디 예를 들어서 첫회하고 계속 했더라면 알아서 할텐데, 축제를 나머지 못해부렀는데 우리는 차고 나가기가 어렵다는 생각 이제. 병풍도는 사업소 생겼잖아. 여기도 사업소가 생기면 좋을텐데. 러더자가 있어야 돼.

    선도의 수선화는 대부분 네델란드 산이다. 식재 초기에는 지리산과 제주도 산도 구입하여 심어봤지만 토양 특성상 맞지 않았다. 단순히 관상용이 아닌, 구근을 번식시켜 판매해야 했기 때문에 토양에 적합한 구근을 선택해야 했다. 제주도 자생 향 수선화인 '금잔옥대'는 우리나라에서는 유일하게 제주도에서만 자생하며 향이 진한 것이 특징인데, 노지 월동이 쉽지 않다. 대부분의 수선화는 노지 월동이 가능하지만, 한줄기에 꽃이 여러 송이가 피거나 향이 진한 수선화는 월동이 어렵다. 대신 물 빠짐이 좋은 땅에서는 한자리에 심어 놓으면 매년 피고 지고를 반복하며 알아서 번식한다. 선도에서는 초창기에 네델란드를 통해서 수선화 구근을 수입해 식재하였고, 해마다 구근이 스스로 쪼개져 수를 늘리기 때문에 이를 갈라서 옮겨 심어서 번식이 가능하다. 구근을 판매하기 위해서는 꽃이 시들면 꽃대를 자르고 6월쯤 뿌리를 캐내어 그물망에 보관하였다가 판매하거나 다른 곳에 이식하여 식재한다.

    우리 국내산 수선화는 제주산이라고 있는데, 그것은 못써, 안되겠드만. 월동이. 여기 수선화는 네델란드에서 가져왔어. 처음에 네델란드에서 가져와서 그러지. 우리가 심어서 1년 넘게 키워서 판 거니 우리꺼지. 네델란드산 구근을 키워서 늘렸지. 번식은 품종마다 달라. 품종은 리플리트. 한구에 열 개 정도 이상 번식해.
    2018년도에 시작해서 꽃피우게 나뒀지. 그런디 인자 두둑의 포장을 잘못했다고 해서 전부 다시 캤어, 밀식을 좀 많이 한거여. 그때 당시 초창기에는 두둑을 좁게 했거든. 그래서 다시 캐서 두둑을 넓게 했지. 인자 연구를 하다 보니까 여름에 캐불면 구근이 썩어부러. 이른 가을, 9월에 캐서 보관해놨다가 11월 초부터 심기 시작해야 좋은거야. 이것이 지금 2년간 밭에다 나뒀거든. 그러고 2년 되면 캐. 그 당시에 심은 것은 올해 안캐고 그 다음해에 캐. 그니까 작년 9월에 캤잖아. 2021년 9월에 캐서 6천만원 어치나 팔았을까. 피나클랜드에 팔았어. 2년 길러 키운 구근을 팔았어. 군기술센터에서 선정해서 계약자를 선정해서 계약은 우리 법인하고 해서 납품했지. 첫해에 심었던 것을 작년에 팔았어. 내꺼 8천주 포함해서 전체 총 11만2천주를 법인에서 판매했어, 10만주 계약하고 나머지는 서비스로 줬지. 우리가 서산에도 수선화하는 데가 있어서 가봤는데 야산에다 심었는데 규모가 좀 적드만. 그런디 입장료를 9천원이나 받어.

　　관건은 내년이여, 내년에 구근이 얼마만큼 판매가 되느냐, 농가들이 얼마나 만족을 하느냐 하는거지. 조합은 열여덟농가거든. 지금은 여기 주동이 중심이지. 4구도 포함은 돼 있어. 구근 관리를 잘해서 판매할 수 있도록 해야지.

현재 박영식은 선도 수선화영농조합을 맡고 있으며, 작년에 처음으로 수선화 구근을 판매해 수익을 올렸다. 수선화 축제는 행사로만 끝낸 것이 아니라, 수선화 구근을 판매하기에 이른다. 수선화를 구근으로 심고 가꾼지 2년 만의 일이다. 신안군농업기술센터에서 주관하여 업체를 선정하였고 최종 ㈜피나클랜드농업회사법인과 계약을 맺어 총 10만주를 판매하였다. 피나클랜드농업회사법인은 충남 아산만방조제 인근에 위치한 수목원을 동시에 운영하기 때문에 봄꽃 축제를 기획하여 식물원에 식재하고 판매하기 위해 선도에서 난 수선화 구근을 구입해 간 것이다. 수선화영농조합을 설립하여 처음으로 구근을 판매해 수익을 올렸기 때문에 의미가 남다르다. 현재 선도 수선화영농조합에는 18가구가 가입되어 있다. 내년에는 구근 식재 면적을 확대와 더불어 구

선도수선화영농조합에서 2021년 첫 출하한 수선화 구근

근 관리를 철저히 하여 다른 조합도 판매수익을 올리기를 기대한다.

물론 군에서도 지역 주민소득 창출을 위한 일환으로 신안군농업기술센터가 주도가 되어 관광농업과 함께 새로운 대체작물로의 전환도 함께 고민하여 추진했고, 영농법인설립을 통한 구근 판매사업을 추진해 나가 좋은 결과로 이어졌다.

더불어 꽃차와 허브를 이용한 치유농업 프로그램의 일환으로 꽃차 소믈리에 교육을 실시했고, 이를 통해 꽃차 전문가를 양성하여 '선도꽃차연구회'를 결성하기도 했다.

꽃차협회에서 교육했어. 나는 꽃차자격증 3급 땄어. 그래서 메리골드를 백평 심었나. 꽃이 엄청 잘 되드만. 하루에 한번씩 따야 해, 그러니까 누가 사기만 하믄 되겠드만. 꽃차 만들고 하면. 인제 실질적으로 우리하고 마을기업을 만들어야지. 구근 판매 뿐만 아니라 꽃차도 활용하면 소득이 될 수 있으니까. 그런 것을 연구해야지. 그런데 젊은 사람들이 교육을 받아야 하는데 시간이 없어서 바쁘다고. 오히려 올해 팔십다섯인 할머니도 김양복할머니라고 자격증을 땄어. 자격증 취득하고 교육받고 하지.

신안군의 역점 시책 가운데 하나인 '플로피아'는 꽃Flower과 유토피아Utopia가 합쳐진 말이다. 우수한 자연경관을 극대화하고 섬별 테마·경관수종의 식재와 가꾸기로 사계절 꽃 피는 섬을 만들겠다는 계획은 선도의 수선화를 시작으로 확대되어 나갔다. 이와 함께 한국꽃차협회와 MOU를 통해 꽃차 산업화를 위한 전문인력 양성과정, 지역특산물 꽃차 제조기술 공동 개발, 꽃 가공 관련 기술, 꽃차 블랜딩, 압화공예 등과 꽃차 소믈리에 자격증반을 운영한다. 이는 신안군 꽃축제와 연계한 상품개발, 체험교육장 운영, 일자리 창출, 관광객 유치 등 농촌의 부가가치 증대에 기여할 것으로 보고 있다.

외부에 거의 알려지지 않았던 평범한 일개 섬이 하루아침에 명소가 되고 나아가 전라남도의 브랜드시책인 '가고싶은 섬'으로까지 지정되게 된 것이다. 마을 리더들이 앞장서 움직여 직접 축제를 준비하면서 주민들의 자발적인 참여를 이끌어냈고, 1회 축제가 어느 정도 성공하면서 자신감이 생겼다. 당시 '수선화축제' 기간에 선도를 방문한 관광객이 무려 1만2천여 명에 달할 정도로 성공적이었다.

그러나 박영식 이장은 축제가 성공하고 동시에 공모사업 등이 연달아 선정되면서 기쁘기도 했지만 한편으로 막중한 책임감으로 인한 부담감을 떨쳐내기 쉽지 않았다고 한다. 마을 공동체의 리더를 오래 맡게 되면 생길 수 있는 오해들을 사전에 차단하기 위해 박영식은 모든 직책을 내려놓게 된다.

> 주민역량교육 하면서 마을이 하나되게 만드는 것. 불신하지 않고 서로 소통하는 것. 이런 것들을 교육해줬으면 좋겠어. 그래야 단합이 잘돼요. 그런 교육을 자주 받아야지. 주민들이 바뀌어요.
> 오래하다보면 오해를 받을 수 있는데, 인자 책임을 다 내려놓으니까 오히려 말하기 더 좋아. 지금은 내 마음을 조금씩 알아주고 하니까 좋지. 말하기 더 편해. 지금은 고문 역할만 하지, 내 생각, 내 경험 얘기해줄려고 하지. 내가 먼저 해봤으니까. 다 겪어봤으니까.

박영식은 리더자의 경험을 통해 주민주도형 혹은 자발적인 마을공동체사업이 성공하기 위해서는 무엇보다 주민역량강화가 필요하다고 생각한다. 교육을 통한 변화, 생각의 전환 등이 되어야 사업추진과 실천에 있어서 공동체적 목표를 향해 나아갈 수 있기 때문이다. 그리고 마을 후배들에게 긍정적인 사고를 갖도록 조언하고 있다. 우물 안 개구리처럼 섬에 갖혀 있는게 아니라 열린 시각과 관점으로 외부의 사례를 벤치마킹하고 주민간의 갈등과 반목이 아닌 화합과 통합이 이루어지길 기대한다. 그리고 수선화가 선도를 넘어서, 전국을 넘어, 세계적인 특작물로 성공할 수 있도록 하는 또 다른 목표를 세우고 있다.

교육받고 그러면 암만해도 도움이 되지. 교육 받은 것하고 안 받은 것 차이는 크지. 교육을 받으면 시야, 눈이 보는 관점이 틀려지지, 주민들은 견학가면 그냥 놀려왔다, 아 좋다, 그러고 마는데. 책임자들은 보는 관점이 다르지. 이렇게 만들었고 이렇게도 했구나, 요런 것은 이렇게 시정해야 되겠다, 하나를 보고도 이런저런 생각을 하지. 다 생각이 틀리지. 책임자들은 좀더 유심히 관찰해지지.

사업도 중요하지만, 인성교육, 그런 것을 좀 해줬으면 좋겠다는 생각이죠. 상대방을 배려하고 화합하는 그런 인성교육을 해주면 좋겠다. 암만해도 그런 교육을 받으면 낫지. 주민들이 그런 교육을 많이 받아야지. 요즘은 주로 유튜브하고 티브에서 강의많이 하잖아요. 나는 강의한 것을 들으면 진짜 도움이 되드만. 나는 어디 도에서나 군에서나 교육 가라고 하면 벼락치기로 가. 가급적 안빠지고 다 들으러 다니는 편이지.

내가 수선화 판로를 개척했고, 올해는 두 농가만 팔았는데 인자 늘려가야지. 농가들 조금 지원해주고 말았는데, 올해 캐서 구근 판매하고 나면 새끼들은 다시 심고 그러제. 수선화 부지를 더 넓혀 갈 것이여. 주동뿐만 아니라 타 부락 마을도 구근 줘서 심게 해야지. 내 꿈은 그래, 선도가 전체적으로 수선화, 더 나아가서는 구근이 활성화된다면 세계로 진출해볼까 그런 생각이 있어.

박영식은 누구보다 선도 전체가 수선화 섬으로 거듭나기를 희망하고 있다. 나아가 꽃으로만 보는 관상용으로 끝나는게 아니라, 구근 재배를 통한 6차 산업으로 거듭나기를 꿈꾸고 있다.

III

평생을
살아온
내고향 선도

박상민·류동진

1. "선도에 들어온 사람들은 우리집을 한번씩은 거쳐간다고 봐야제" : 박홍(남, 1941년생 / 진변)

'선창슈퍼'(현 선도마트)는 선도의 유일한 가게이다. 선창 바로 앞에 위치한 이 가게는 선도 주민들에게는 기본적인 식료품을, 관광객들에게는 간단한 요깃거리와 간식을 제공하는 곳으로 없어서는 안 될 곳이다. 선도 주민들은 물론 선도를 방문하는 이들은 대부분 '선창슈퍼'를 한 번쯤은 거쳐간다고 할 수 있다. 선도를 찾는 관광객들은 선도의 간단한 정보와 배 시간을 물어보기 위해 '선창슈퍼'를 방문하기도 한다. 한마디로, 선창슈퍼는 선도에 대한 정보 교환의 장소로도 활용된다고 볼 수 있다.

현재 '선창슈퍼'는 박홍(1941년생)과 김연배 부부가 운영하고 있다. 박홍은 주동에서 태어나 농사를 짓다가 1969년도에 현재의 선창 앞으로 이주하였다. 선창 앞 가게 건물은 1980년경에 구입하였으나, 20여 년 넘도록 다른사람에게

'선창슈퍼'를 운영하는 박홍

임대를 내주었다. 구입 당시 기와집이었던 이 건물은 10여 년 전에 다시 슬라브 형태로 새로 지었고, 그때부터 박홍이 직접 가게를 맡아 운영하게 되었다.

이전의 주인들이 운영할 때, 가게 내의 물건들은 대개 목포의 대형마트에서 가져왔지만, 박홍이 가게를 운영하면서 물건들은 가까운 지도농협에서 가져왔다. 선도의 거주인구가 많을 때 가게는 문전성시를 이루었지만, 주민 대부분이 육지와 도시로 이주하면서 현재는 '선창슈퍼'를 찾는 사람들이 많이 줄었다. 게다가 고령화 비율이 높아지면서 선도에 남은 주민들 대다수가 노인층만 남게 되면서 실제 가게를 찾는 사람은 현저하게 감소했다.

다행히 선도가 수선화로 알려지고, 가고싶은 섬으로 지정되면서 전성기만큼은 아니지만 다시 가게를 찾는 손님들이 증가하고 있다. 제1회 수선화축제가 성공적으로 개최되면서 당시 선도에 약 만 명 이상의 관광객이 들어오게 되었고, 자연스럽게 가게를 찾는 사람들이 늘어나면서 가게는 다시 활기를 띠기 시작했다. 선도를 찾은 많은 인파 가운데 최소 30% 이상 규모의 관광객이 가게를 거쳐 간 걸로 예상된다.

> 내가 69년도에 여기(선창)로 나와가지고. 1구 주동에서 농사를 짓고 살다가 69년도에 여기로 나왔어. 그때는 기와집이었어. 이렇게 지은 지는 한 10년 아마 됐네. 한 11년이나 됐겠네. (중략) 여기 섬에 들어온 사람이 한 만 명 들어왔으면은 우리집으로 거쳐가는 사람들은 모르겠어요. 최소한 사분의 일이나, 많으면 삼분의 일이나 되었는가.
>
> 주동서 나와서 여기 선창 앞 건물을 샀어. 80년도에 처음에 사서 십 년 임대 내주고, 또 다른 사람이 임대주라 해서 한 십 년 또 내주고, 총 이십 년을 임대 내주다가 내가 2000년도부터는 인자 이 가게를 내가 했지.
>
> 물건은 목포에서 해옵니다. 아니 내가 장사 안 할 때지. 그 전 사람들은 목포 마트에서 대형마트에서 구입해 옵디다. 내가 인수해 갖고 장사하면서 부터는 거의 저 지도농협에서 가져왔어. 전에는

과거 '선창슈퍼'의 외관 | 선도 수선화의 빛깔로 새롭게 탈바꿈한 '선도마트'

물건가격에 차이가 있으니까 목포에서 해왔지만, 지금은 지도농협 가격이나 대형마트 가격이나 비슷하더만요. 큰 차이 없어요. 그래서 나는 가까운데서 그냥 물건 해오고 있지.

　　가게는 특별한 점이 없죠. 오래전에는 여기 사람들이 많이 살았거든. 이 섬에 사는 사람들이 상당히 많았었어요. 그때만 해도 장사가 잘됐지. 지금은 여기 거주하는 인구가 130명도 채 안되요. 게다가 지금은 다 팔십 넘은 사람들이야. 그러니깐 여 부두에 물건사러 나오지도 않아요. 보다시피 왕래하는 사람들이 드물잖아요. 뭐 사러 온 사람도 거의 없고.

선도 선착장에 자리했다 하여 '선창'이라는 이름을 따서 가게를 운영 중인 박홍은 과거 가게를 임대 내주다가 지금은 직접 운영하고 있다. 과거 거주 인구가 많고, 장사가 제법 잘 될 때는 서로 가게를 운영하려고 달려들었다. 현재는 인구감소와 고령화로 인해 가게 이용자들이 많이 줄어들면서 가게를 운영하려는 적임자가 없어 박홍 부부가 직접 맡게 되었다.

　　최근들어, 교통·통신의 발달로 온라인을 이용한 주문과 택배가 증가하면서 소규모로 운영되는 현지의 마을 가게들의 존립이 여의치 않은 것이 현실이다. 그래도 박흥은 선도를 찾는 사람들에게 길동무가 되어주고, 배를 기다리는 이들에게 말동무가 되어주는 책임감이 있어 가게 문을 닫지 못하고 있다. 선도를 방문한 외지인들이 반갑게 찾아주고 있어 이들을 맞이해주는 이가 누군가 있어야 한다는 생각으로 쉽게 내려놓지 못하고 있다.

최근 선도의 새로운 변화로 인해 관광객이 꾸준히 증가하고 있어 박흥·김연배 부부에게는 위안이 되고 있다. 물론 코로나-19로 인해 사회적 거리두기와 축제 취소 결정 등으로 선도를 찾는 방문객의 발길이 줄어들었지만, 선도 주민들은 선도에 찾아오는 방문객들을 위해 여전히 수선화를 가꾸거나 전통 방식으로 빚은 고구마 막걸리를 제조하고 있다. 그동안 박흥은 선도를 방문하는 관광객들에게 마을주민들이 틈틈이 가꾸어온 수선화를 알리고, 막걸리 잔을 기울이게 될 날을 기다리며 그 자리를 묵묵히 지키고 있다. 예전처럼, 마을주민들의 사랑방 역할과 더불어 선도를 방문하는 관광객들에게 물건을 파는 것이 아닌 친절한 이미지를 심어주는 곳으로서 '선창슈퍼'가 자리하기를 기대한다.

2. "우리가 선도에서 징그럽게도 오래 살았지라"
: 주이선·양옥실 부부(1932년생 / 북촌)

마을이 맨 북쪽에 위치한다고 하여 붙여진 지명인 북촌마을은 선도 선착장에서 가장 멀리 떨어진 약 15가구가 사는 작은 마을이다. 마을 입구에 있는 회관과 우물을 지나 약 30보 정도 걷다 보면 주이선·양옥실 부부가 성실히 가꾼 텃밭이 보인다. 소박하고 정겨운 이 텃밭에는 선도를 대표하는 수선화를 밭 가장자리에 심어두고 사계절에 따른 각양각색의 농작물을 길러 철 따라 나오는 부식 재료를 이웃과 나누는 삶을 실천하는 두 부부의 삶을 만나볼 수 있었다.

선도에서 가장 고령에 속하는 주이선·양옥실 부부는 1932년생 동갑내기이다. 주이선은 선도 북촌에서 나고 자란 토박이로서 선도의 옛 모습을 대부분 잘 기억하고 있었다. 선도에 선치국민학교가 설립되기 이전에는 별다른 교육기관이 없어서 선도의 학생들은 대부분 지도에 있는 학교로 다녀야 했다고 한다. 섬에 사는 학생들이 배를 타고 육지에 있는 학교로 통학하기란 여간 쉽지 않았다. 시간과 물리적인 거리도 문제였지만, 무엇보다 섬 출신이라는 이유로 받은 설움이 많았다고 회고한다. 주이선은 지도읍에 있는 중앙국민학교와 중앙중학교를 졸업했으며 학업 생활을 하면서 틈틈이 부모님의 농사일을 도와드리고, 이후 학도병으로 군에 입대하게 된다.

> 초등학교 여기서 다 못 나왔어요. 저는 지도 국민학교, 중학교 나왔어요. 배 타고 왔다 갔다 했죠. 나룻배 타고, 다시 걸어서 다니고. 이십리를 걸어 다녔어. 나룻배 타고 여 뒤에 부사도라고 그러니까 지도 중앙교라고 옛날 중앙 국민학교까지. 노두로 이십리를 걸어 다녔어. 나중에는 지도서 하숙을 했지. 읍내에서.
>
> 그때는 바닷게를 잡아서 먹었지. 집에서 김치도 담아서 어머니께서 가져오시고 어머니는 인자.. 길쌈하시고 베 짜고 그런 일 하고 그랬어요. 쌀도 가져오시고. 농사만 했죠. 아버지는 벼농사랑 보리

선도의 동갑내기 주이선·양옥실 부부

농사 하시고 내가 많이 도와드렸죠.

주이선은 군 제대 후 선도에서 청년회장직을 맡아 마을 일을 도왔다. 지금은 인구감소로 인해 마을 규모가 작지만, 과거 북촌에는 가구 수가 30호가 넘었고, 청년인구가 20여 명에 달할 정도로 꽤 큰 마을이었다.

그때는 청년이 많았어. 한 20명씩 되고. 마을도 배가 컸어. 마을(북촌)도 한 30호 이상이 됐어. 대개 다 논농사와 밭농사를 했었고 그때가 몇 년도인가? 암튼 나 젊었을 때 군 제대하고.

북촌마을의 당산제는 정월대보름에 진행되는 큰 행사이다. 당산제는 남성만 지낼 수 있었으며 제주祭主는 목욕을 하여 몸을 정갈히 하고 마음을 가다듬어 부정을 피하는 목욕재계를 하고 3일간 바깥출입을 금지한다. 제를 준비하는 동안 마을주민은 우물 근처에도 가지 못했으며 여성들은 정성스럽게 떡, 고구마전, 돼지고기, 녹두나물, 콩나물, 무나물, 고사리나물 등 다양한 음식을 집집마다 차려 제에 같이 올렸다고 한다. 마을 사람들은 1열로 줄을 지어 북과 꽹과리, 장구를 연주하며 당산제를 통해 마을의 안녕과 기원을 빌었다.

당산이라고 당산. 범덕산에서 기우제도 지내고 그렇죠. 이 당산 1년에 한 번씩 제사를 지내는데 그 당산제를 지내려면 제 지낸 사람이 여 돌아가면서 한단 말이에요. 동네 호를 돌아가면서 제를 모시게 돼요. 그러면 그 집은 한 3일간 밖에도 안 나가고 누구 만나도 안되고 항상 몸을 깨끗이 하고 목욕정성을 하고 가서 제사를 모시고 그랬어. 또 물도 샘물은 인자 한 잔 먹으니까 하나 놓고 먹으니까 온 사람이 동네 사람이 그때는 그 샘에도 못 들어가게 하고 여자는 안 되고 남자만 들어가고 또 새미(샘)에다가 여 황토를 뿌려서 사람도 못 가게하고는 금줄 딱 띠어가지고 그 샘 가세에다가 못 들어가게 해.

　　음식은 부락에서 굿을 쳐가꼬 막 돌아가면서 호당 집마다 다니면서 집마다 굿도 치고 정월대보름에 당산 굿을 치는 샘에도 치고 또 호당 집마다 굿치고 그랬어요. 당산에서 시작해서 굿을 치고 샘에서 굿을 치고 호당 돌아다니면서. 굿은 동네 사람들이 했지. 꽹과리, 장구, 북. 한 열 명 정도 되지.

　　음식은 저 떡하고, 나물 많이 올렸지 녹두나물, 콩나물, 고구마 순, 고사리, 무나물을 많이 했지. 떡은 다 여기서 했지. 디딜방아로 쪄서 떡도 올리고 고구마 전도 부치고 고기도 사서 삶고, 돼지는 여기서 키워가지고 잡고 새끼 내고 그랬어요. 과일만 육지에서 사 왔어요.

　　제주祭主를 중심으로 남자만 지낼 수 있었던 당산제와는 달리 북촌마을의 기우제는 남녀노소 모두가 범덕산에 올라 간단한 음식을 올리며 볏짚을 태워 기우제를 지냈다. 예로부터 마을에서 진행되는 기우의식은 여성이 주관을 했다. 비를 내리는 하늘은 남성이고, 그 하늘을 움직이는 땅은 여성이라는 우주관이 깔려있기 때문이다. 가뭄이 길어지면 여성들이 주축이 되어 마을 산에 올라 기우제를 지낼 준비를 한다. 이때 나무와 장작 등을 가지고 올라가 불을 피움으로써 진노한 하늘의 신령이 비를 뿌린다는 이야기가 전해진다.

　　힘들었던 것은 그때는 흉년이어서 못 먹고 나무뿌리 같은 것 캐서 먹고 특히 쑥을 많이 캐 먹었었지. 흉년이 여러 번 들었어. 농사도 모 숨궈 놓으면 다 말라 죽어버리고 그랬어요. 비가 안 오니까. 기우제 지내면 마을 사람들 싹 다 나가지. 기우제는 막 여 보릿대 같은 걸 갖고 올라가요. 나무로 올라가. 불을 땔 것을. 나무를 태울 것을 갖고 가서 인제 불을 질러.

　　기우제 하면서 음식도 많이 했지. 동네에서 이장이라고 하기 전에는 구장이라고 했어요. 그 구장이 막 굿을 치고 종을 치고 인자 사람들을 동원해서 1구, 2구, 3구 구장이 맡아서 했고. 기우제는 간단히 제사 모셨었고 당제는 3일 전부터 공을 들여 모시고 그런께 당산이 더 엄중하게 했지.

기우제 지내고 진짜 비가 올 때도 있었어요. 기우제는 여자들도 다 갔어요. 가서 인자 간단히 모시고 예를 들어서 술 따라서 인사드리고 같이 인사드리고는 인자 거기다 불을 질러요. 보릿대를 많이 가져가. 옛날에는 보릿대라고 그걸로 불을 지피죠. 제를 지낼 날은 어떻게 정하냐면 그 마을 구장이 인자 며칟날 하자 하고 그렇게 정했죠. 당산은 일 년에 한 번 정월대보름 때. 기우제는 구장이 날을 정해서 하고.

주이선에 의하면, 1960년대에 선도는 1구(주동), 2구(매계), 3구(북촌,대촌,석산=북산부) 세 마을로 나뉘었음을 알 수 있다. 당시 1구, 2구, 3구의 주된 경제활동은 농업이었다. 농작물을 수확해 수매를 하던 당시의 거래장부를 통해 당시 거래했던 작물들과 비료거래 내역 등을 파악할 수 있었다. 얇게 썰어서 볕에 말린 절간고구마와 쌀을 가장 많이 거래했으며, 특히 과거 선도에서는 목화재배가 많이 이루어졌음을 확인할 수 있었다.

여기 이장이 북촌뿐이 아니고 대촌, 석산 3개 부락을 같이 했어요. 한마디로 통합이장이지. 북산부라고 해서. 여기 북촌, 대촌, 석산을 합쳐서 3구. 주동은 1구, 매계는 2구라 불렀어. 그 뒤로 부락마다 이장이 생겼어요. 그때는 그랬어요. 3구로 했어요. 이장이 셋이었어. 그때가 아마 1960년대였을 거야.

농사기술과 재배법이 발달하지 않던 시절에는 육지도 그러했지만, 특히 도서지역은 농지의 부족으로 식량생산에 어려움이 많았다. 주이선의 기록문서에서도 확인되지만, 당시 절간고구마는 섬 지역의 중요한 식량자원이었다.

구황작물로 알려진 고구마는 식량 대용으로 사용됐을 뿐만 아니라, 공판을 통해 판매되는 환금작물이 되기도 했다. 얇게 썰어서 볕에 말린 고구마를 절간切干고구마라 하는데, 이 절간고구마는 전분 원료와 주정酒精 원료 등 공업원료로서 중요한 위치를 차지하여 농가의 주요 소득원을 차지하는 경제작물이다. 지역에 따라 '빼대기', '빼깽이' 혹은 '빼떼기'라고도 한다. 고구마 수확이 끝나면 겨울 동안 먹을거리와 종자 일부를 남기고 모두 '빼깽이'로 만드는 절간작업을 거친다. 말리는 동안 비를 안 맞게 잘 덮어주어야 한다. 자칫 습기가 차서 곰팡이가 피면 수매가격이 떨어지기 때문이다. 과거 농촌에서는 나락(벼) 공판과 더불어 빼깽이 공판이 열렸다. 겨우내 집집마다 수십 가마니씩 절간고구마를 만들어 가용으로 사용하곤 했지만, 그나마 섬에서는 고구마의 생산도 많지 않아 절간고구마로 내기 위해서 먹는 소비량을 줄여야 했다고 한다.

절간. 쌀이랑 고구마 절간. 고구마를 썰어서 말려서 팔았었지. 유채도 많이 팔았어요. 씨를 받아서 판매도 했죠. 예전에는 그러고 저 판매가 그러니까 공판. 농협에서 수매를 했어요. 고구마 절간을 많이했지.

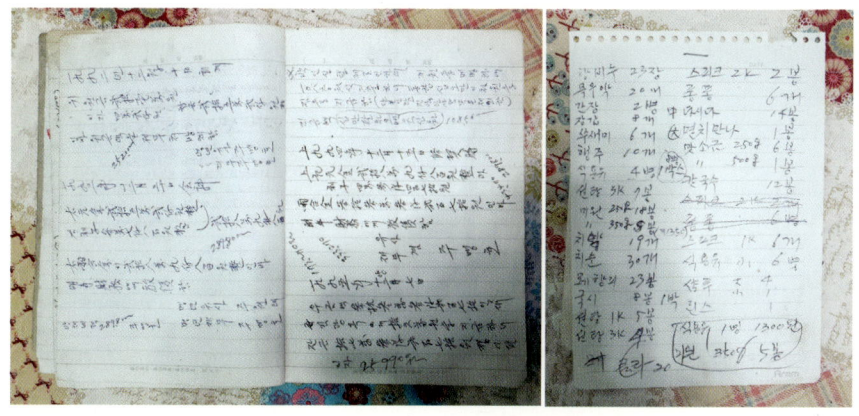

주이선이 작성한 잔금 및 거래장부(생필품 구매 목록)

지명은 산이나 골짜기와 같은 땅의 모양 또는 인물과 관련된 경우가 많다. 때로는 지리적 특성을 반영하기보다는 어떠한 의미를 상징성 있게 전달하기 위해 지명을 정하기도 하며 지명을 통해 그 마을의 생활 모습을 살펴볼 수도 있다. 선도는 다양하게 이름 붙여진 지명들이 지금까지 쓰이고 있다. 주이선은 이러한 지명에 대한 유래를 잘 알고 있었다. 과거 북촌마을은 호랑이가 살고 있었다는 범덕산과 개를 닮은 바위인 개바우를 합쳐 '범개'라고도 불리었다. 그리고 현재의 주동마을은 과거 '준나리'(준나루)라고 불리었으며 버드나무 다섯 그루가 있었던 '오류동'과 선도 서쪽에 고기가 잘 잡힌다고 하여 이름 붙여진 '어망등'에 대한 유래에 대해 설명했다.

범덕산을 예전에는 호덕산 그니까 범이라고 그랬어. 여기가 범개였어. 그리고 개가 있었어요. 개바우라고. 그래서 옛날에는 여기를 범개라고 그랬어. 개바위는 저 서쪽 바닷가에 있어요. 큰개바위랑, 작은개바위. 제가 어렸을 때 여기 사람들은 북촌을 범개라고 했어요. 그러니까 저 주동서 어디 갔냐? 그러면 범개간다 그랬어. 그전에는 북촌을 간다고 하지 않고 범개에 간다고 했어요.

범덕산에 호랑이가 있었는데 나무를 하러가서 호랑이를 건드

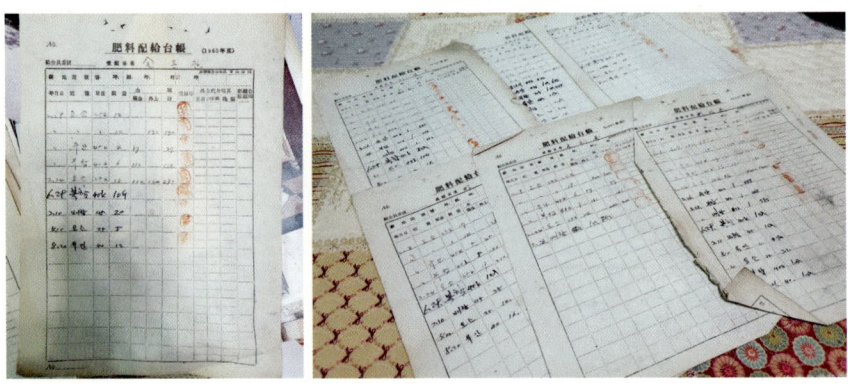

주이선이 보관하고 있는 1960년대 비료거래 문서

려서 사람을 물어 죽여부렀어. 옛날 대촌 천지인에 그 누구였소.. 천지인이라고 사람 이름인디 산으로 나무하러 갔는데 저 호랑이 같은 게 누워있으니까 갈퀴로 건드렸다 해. 그릉께 그 호랑이가 물어 죽였다고 인자 그런 이야기를 전해 들었었지. 박씨였던가? 하여튼 여자인지 남자인지 모르겠는데 그런 전설이 있었어.

그러고 주동 같은데도 준나리라 그랬어요. 준나리. 거기서 나루질을 한다고 해서 준나리라고 했어. 준나루라고도 하고 앞에 선창에서 바로 그 건너 나루터가 있고 선창이 기어.

오류동이 왜 오류동이냐면 거가 그랬던 모양이여. 버드나무가 있었어라. 버드나무가 옛날에. 그 버들 류자柳, 다섯 오자五. 오류골이라 했어. 오류동. 버드나무가 다섯이라 해가꼬 오류동이라 했어.

그 어망등이라고. 선도 끌터리 저쪽 서쪽 끌터리 여기겄소. 여기 어망등. 거기 고기 잡는 데 거가. 고기 어자漁 그물 망자網. 어망. 고기도 많이 잡혀 주로 인자 부서, 민어 같은 거 놓어, 민어.

주막이 오류골에 있었지 여러 개가. 준나리에도 있었지. 거기도 주막이 예전에는 많이 있었어요. 오류동에 하나 있었고 그 옆에 가 또 선바우라 한데가 저 쪽에가 그 옆에가 또 따로 있었어. 선바우 거가 옛날에 물이 좋았었어요. 그니까 외지에서 뱃사람들이 물을 실으려고 했지. 거가 자연히 주막이 되어가지고 술도 사먹고 그러고 고기도 팔고 바꿔먹고 그랬어.

주이선의 부인 양옥실은 선도의 북쪽에 위치한 지도에서 시집왔다. 시집오기 전까지는 선도라는 섬의 존재를 전혀 알지 못했다고 한다. 양옥실은 스물두 살 때 이모를 통한 중매로 주이선과 혼인을 했다. 선도로 시집오게 된 양옥실은 선도에 처음 입도하던 날의 기억이 아직도 눈앞에 생생하다. 지도의 섬 규모에 비하면 작은 섬에 불과하던 선도는 마을도 작고, 길도 좁고 그야말로 첩첩산중이라는 느낌이었다고 한다.

저 지도 읍내. 그때만 해도 선도는 난 알도 못 했어. 큰 섬에서 작은 섬으로 오니까 아따 암만해도 틀리지. 거기에 비하면 째깐한 섬이제. 아 저 사는 것도 틀리고. 길가만 봐도 틀리고. 아 저 길도 우리 거기는 길이 넓고 훤한데 여기는 어물어물혀. 도망가고 잡아도 섬이라 못 도망가지. 섬 아니면 도망갔을 텐데.

시집와서 일 많이 했지. 나락도 하고 밭일도 하고. 또 감태 매서 씻어서 말리고 망운장으로 팔러 갔었지. 여 나루 건너서 배 타고. 뱃삯을 주고 감태 팔고 나서 돈으로 주고 그랬어. 그때는 다른 어매들도 많이 갔지. 그 당시 감태 가격이 한 다발에 삼백 원도 팔고 사백 원도 받고 그랬어.

감태는 녹조식물 갈파래과 해조류로 '가시파래'라고 불린다. 갯벌이 발달하고 조치기 큰 서남해안 갯벌에 많이 자라며 특히 오염되지 않은 민물이 들어오는 내만이나 강어귀에서 잘 자란다. 길이는 10~30cm, 긴 것은 수 미터에 이른다. 감태는 주로 생으로 무치거나 김처럼 말려서 밑반찬으로 많이 먹는다. 12월에서 3월 사이의 겨울이 제철이다. 민물과 바닷물이 섞이는 선도 앞의 바다와 갯벌 덕분에 향이 진하고 부드러운 감태는 대표 특산물로도 알려져 있다. 선도 인근 바다는 감태와 낙지로 유명한 탄도만이다. 탄도만은 무안군 운남면, 망운면, 현경면, 해제면과 신안군 지도읍에 둘러싸인 넓은 만灣으로 2008년 람사르 습지로 등록된 데 이어 전국 최초의 갯벌도립공원으로 지정된 생물다양성의 보고이다. 양옥실은 어렸을 적부터 감태를 곧잘 채취했고 시집와서도 감태를 메서 장에 내다 팔아 교육비와 생활비로 사용했다. 지도에서 나고 자랐고, 선도로 시집왔기에 생애 대부분을 탄도만에서 보냈고 생업활동을 영위해왔다고 할 수 있다.

감태 채취하는 게 뭐 방법이 있나? 오러구 갈쿠있어. 갈쿠로 긁어서 다라에다 담아. 갖고 와서 씻쳐. 씻쳐갔고 몰래(말려). 그래가꼬 요만썩 해가꼬 묶어 한 다발씩, 나는 감태밖에 안 했어. 또 게도 잡고 아름바우에서 게도 잡고 낙지 잡는 사람은 낙지 잡고. 나는 낙지 못 잡아서 감태하고 게하고 밖에 못 했어.

그때 지도장으로 많이 갔지. 여기서 운바구라고 여 너매에서 배에다 싣고 가서 판매도 하고 가서 비료도 가져오고 옛날에는 생활필수품하고 바꿔서 오는 거지. 남자는 지게를 지고 여자는 이고 저 고개 넘어서 장을 갔지라.

장날은 3, 8일. 그렇제. 장날은 안 변하지. 여기서 저 여자들은 감태를 매가꼬 저 망운장까지 댕기고 그랬어요. 감태 같은 것은 인자 먹는 음식 반찬으로도 하고 매서 팔기로도 하고 내가 고기는 많이 못 잡어도 감태는 매다가 지고 했어.

선도의 토박이 주이선, 시집와서야 선도의 존재를 알았던 양옥실. 두 동갑내기 부부는 이렇게 선도와 인연을 맺고 한평생을 살아왔다. 선도에서 살면서 힘들었던 적은 없었으나 굳이 꼽자면 자식들의 얼굴을 자주 볼 수 없었다는 점. 섬은 기상 여건으로 인해 육지를 자유롭게 왕래하지 못할 때 고립감과 외로움을 느낀다. 지금은 연륙된 지도와 달리, 아직 연륙되지 않은 선도에서는 풍랑주의보라도 내리면 여전히 배 운항이 전면 중단된다. 선도는 육지에서 채 10분도 걸리지 않은 지척에 자리하고 있지만, 배가 운항하지 않으면 한 발자국도 나갈 수 없는 섬임은 분명하다. 부부는 자녀들이 명절에 들어오지 못하거나, 반대로 발이 묶여 나가지 못해 속상했던 경험이 부지기수였다. 그런 마음 아픈 경우를 제외하고는 섬이라서 좋았던 적도 많다고 했다. 노란 수선화의 꽃향기가 넘실대는 지금의 선도를 볼 수 있었던 것도 아름다운 선도에서 살아왔기에 지금까지 건강하게 지낼 수 있었다. 선도에서 가장 고령인 두 부부는 오늘도 같이 텃밭을 일구고 수선화를 심는다.

IV
선도의 갯벌과 함께하다

박상민 · 이경아

1. "고기 잘 먹어서는 절대 건강 안하요. 마음을 잘 먹어야 건강하요"
: 박종삼(남, 1936년생 / 매계)

박종삼은 1936년생으로 선도 매계마을에서 태어났다. 손재주가 뛰어나고 영특한 박종삼은 일찍 부모를 여의는 바람에 이른 나이에 생활전선에 뛰어들어야 했다. 위로 형님이 한분 계셨지만 이미 혼인을 했던 터라 형수 밑에서 눈칫밥 먹기도 쉽지 않았다. 초등학교를 졸업하자마자 그는 목포에서 객지생활을 시작해야 했다. 다행히 유년기에 한문과 수판^{數板}셈을 익혀둔 덕에 곡물상에서 일할 기회를 얻었다. 그렇게 군 입대 전까지 박종삼은 목포에서 '선치곡물상'을 운영하던 작은아버지로부터 장사하는 법을 배웠다.

> 나는 36년생, 지금 여든여섯. 지금 인자 설 샜으니껜 여든일곱이지. 우리 부모가 일찍 돌아가셔서 혼자 됐어. 형님은 있었지만 결

한학공부를 늦추지 않고 있는 박종삼과 부인 이길심

혼해서 사니까 나 혼자나 마찬가지. ⁽중략⁾ 음 그때는 뭐 먹을 것도 없고 그러니깐 우선 걸어서 나간거지. 일거리 찾으러. 요리 인자 고이도로 해서 압해도로 해서 도선타고 걸어서 목포로 가가꼬 목포에서 인자 무작정 얻어라도 먹고 살려고 나가는 거지. 그때는 버스라는 것이 없지. 버스가 어딨어.

차라는 것은 없고. 일절 배밖에 없을 때니까. 그렇게 돌아다니면서 일하고 또 여비 떨어지면 돌아와가꼬 또 형수 밑에 좀 살다가. 또 나가서 일하고. 그렇게 어쩌다 보니 열댓 살 먹었어.

그라고 인자 6.25 닥쳐서. 그래 6.25 거치면서 어렵게 어쨌든 형수 밑에 사는거여. 그 당시에 인자 촌수로 오촌 당숙 되는 분이 있었어. 우리 아버지의 사촌. 그분이 나를 어떻게 잘 봤어. 이 야 너 그렇게 맥없이 놀고 그렇게 허송세월하니. 당신한테 배우라고 하면서 수판을 가르쳐줘. 수판 셈 놓는 것. 지금은 주판이라고 그러지. 그러면서 한문도 조금씩 가르쳐 준거여. 그때는 종이가 없으니깐. 종이를 주서가지고 천자문 몇 줄씩 써주는거여. 써봐라. 또, 수판 이것도 같이. 수판을 이렇게 몇 더하기 몇, 이런 것을 하는 것이 아니라 이것은 기본으로 하는 것이고. 나누기, 구구법을 가르친거여. 주판으로 나누기 구구법을 같이 하는 것을 또 배웠어.

그런디 우리 친작은 아버지가 계셔. 친작은 아버지가 목포서 쌀장사를 하셔. 쌀장사. 지금도 수강동이라 하는지 모르겠네. 수강동. 목숨수자 편안 편안할 강자. 그거 저 목포대 밑에여. 용해동 옆에지. 용해동이 아니라 영해동. 거기서 인자 선치곡물상. 여기를 선치면이라. 선도를 전에는 선치면이라고 했잖아. 그래서 여기 출신이라 거기서 곡물상 이름을 선치곡물상이라고 했어. 그런디 그 양반이 내가 그것을 머리가 좀 영특하고 주산을 잘논다고 하는 것을 알았어. 그때는 지금같이 뭐 전자, 콤퓨타로 하는 것이 없으니깐. 그 때는 농경사회고. 수판을 거 빨리빨리 놔야 돼. 내가 잘하는지 알아가꼬. 나보고 장사를 도와달라고 해서 가서 장사를 좀 했지. 그때는 곡물상회가 잘됐거든. 쌀을 조금씩 다 팔아다 먹고, 바꿔다 먹고 그랬으니까. 정신없었지. 사람들이 몰리니까 금방 막 빨리빨리 계산해서 줘야해. 그러다 인자 나이도 먹고 그러니깐 장사를 하다가 군대를 갔지.

이제 군대 갔다 제대해가꼬 오자마자 여기 선도로 다시 들어왔어. (중략) 나 제대하면 나 여서 집지어서 내가 살란다고 그랬제. 잘살아도 여기서 살고, 못살아도 여기서 살란다고. 그래서 여기서 살게 됐지. 그래가꼬 쭈욱 여기서 오늘까지 살고 있지.

곡물상회 일을 그만두고 군대에 입대한 박종삼은 전역 후에 선도로 돌아와 정착할 결심을 하였다. 아버지의 마지막 유산으로 남은 땅에 작은 집을 지을 계획을 세웠다. 1964년에 중매로 이길심과 혼인하고 같은 해 집을 지었다. 가진 것이 없었던 박종삼은 장사부터 안해본 일이 없었기에 누구보다 열심히 일했고, 농사를 지어 돈이 생기는 대로 전답을 사서 넓혀 갔다. 그리고 절간切干고구마를 가공하여 판매하고, 농한기인 겨울에는 짚으로 가마니를 짜서 내다 팔았다. 1970년대 이전에만 해도 새끼꼬기와 덕석과 가마니짜기로 부수입을 올리는 농가가 많았다. 당시 선도는 농업이 주된 사회였고, 지붕 이엉에서부터 시작하여 대부분의 집안 생활도구들이 짚으로 제작된 것들이 많았다. 지금은 나일론과 플라스틱 등이 개발되었지만, 당시는 포대와 바구니 등을 모두 짚으로 엮어 써야 했기에 농한기라고 하지만 쉴 틈이 없었다. 특히 박종삼은 손재주가 좋아 남들보다 잘 짜고 많이 짰다. 그렇게 박종삼은 농사와 부업활동을 통해 전답을 늘려나갔다. 일찍이 경험한 곡물상에서의 장사수완이 도움이 컸다.

이 집을 육십 사년도에 짓었던가? 군대갔다와서 들어왔어. 막 바로 들어와서 막바로 결혼하고 막바로 집 지엇지.

과거 선도에서는 계절에 따라 유채, 벼, 고구마 등 농사를 지었

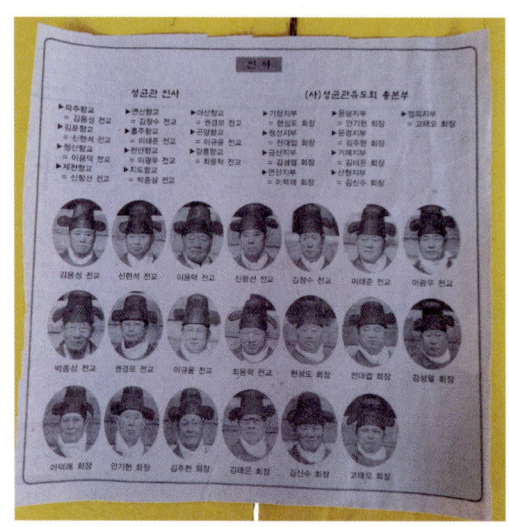

성균관 전교 인사가 난 신문 기사(가운데줄 맨 왼쪽이 박종삼 전교)

어. 대표적으로 겨울에서 봄까지는 유채를 키웠고. 그 후 벼농사를 했어. 겨울에는 짚을 가지고, 덕석, 방석, 골망태 등 짚을 엮어 물품을 만드는 일을 했어. 수확한 농산물은 직접 지게를 지고 부두로 나가 장사꾼에게 팔고.

그 다음부터 인자 그때는 죽어라고 일만했지 .농사일. 손 농사일. 어 그러고. 에 그때는 리어카도 없었어. 손수레도 없었어. 지게. 지게로 저 혼자 마을에서 짚가마니로 담아가꼬 이거 저 장사꾼들이 사면은 지게를 지고 저 부두로 나가는거여. 그걸 주로 많이 했어. 어 부두까지 지고 가는거야. 장사는 저 장사꾼은 거기서 싣고 나가서 나가지. 그러면 농사짓고 하면서 인제 토지를 한마지기사고 또 한마지기 사고 하는거지. 주로 인자 벼 논에는 벼. 딱 한가지고. 벼밭에서는 인자 그때는 에 유채라고 있어. 지금은 유채꽃인디 그때는 유채 종자를 해가지고 기름을 냈든가 뭐했든가. 우리는 인자 수매로 냈어. 그때는 수매를 봤어. 그리고 고구마. 고구마 해가꼬 절간한다고 그러지. 절간 썬다 이말이여. 썰어가지고 말려서 그렇게. 그것이 그때 주정빼대 들어갔다하데. 주정 알콜빼다고 그랬다고 한다 하더만. 우리는 거까지는 모르지. 우리는 그것만 해서 파는거지. 그라고 겨울철에는 또 짚가마를 짜. 이렇게 새끼꼬아서 짚가마에 저 담지 곡식을. 그 지붕도 하고. 소도 맥이고. 또 그라믄 그니껜 좀 부족한 편이지. 전답이 적으니깐. 또 그것도 인제 어메 이러고 좀 얻어오고 그랬지. 지붕도 해야되지. 또 이 지붕만 있는 것이 아니라 화장실 재래화장실이 있었어. 그 두 개를 이어야 되잖에. 또 소도 맥여야하지. 소 그러니깐 놈한테 좀 얻어도 오고. 뭐 이래저 하기도 하고. 어 그래가꼬 새끼꼬아서 인자 또 가마짜가고. 내가 그런걸 잘 했어. 저쪽에 다른 사람들 보다 잘했어야. 아모 그런것도 잘했지. 그런께 인자 그런 것 해서 만들어썼지.

박종삼은 농사를 지으면서도 지도향교를 다니면서 한학漢學 공부를 계속 이어갔고, 지도향교에서 장의掌議, 유도회장儒道會長을 거쳐 전교典校까지 역임하게 된다. 현재는 지도향교의 원로회원으로서 매월 삭망분향제朔望焚香祭에 참석하고 있으며, 틈틈이 무안의 서예학원에서 서예도 계속 하고 있다. 또한, 박종삼은 여름방학과 겨울방학이 되면, 전라남도 조례(전라남도 조례 제 3998호, '전라남도 향교 활성화 사업 지원에 관한 조례')를 통한 지원으로, 지도향교에서 지도군의 학생들을 대상으로 충효교실과 예절교실을 열어 가르치기도 하였다.

지도향교(지도읍 서촌길 54-11)는 조선 후기 행정 개편으로 1896년 지도군을 새로 설치하면서 1군 1향교 원칙에 따라 지은 향교이다. 향교가 지어진 이후 1947~1948년 명륜당을 다시 지었고, 1966년 대성전 수리, 1968년 명륜당을 수리하여 지금과 같은 규모를 갖추었다(전라남도 문화재자료 제111호 지정). 향교에서는 봄·가을에 한 번씩 석전제를 지내며, 매월 음력 초하루와 보름의 삭망에도 약식 전을 올린다.

그 살면서도 계속 공부를 한거여 자습을 해요. 자습을 해가꼬 인자 선도에서 그래도 좀 그런대로 어리숙하게 살아가고 그러지만. 전교도 하고 그랬어. 지도향교에서도 대성전이라고 있고. 여가 인자 거시기가 있지. 명륜당이 있고. (중략) 우리는 그래도 아침에 모여가지고 열두시까지 있으니깐. 뭔말이라도 한마디 하고 그러지. 어디서

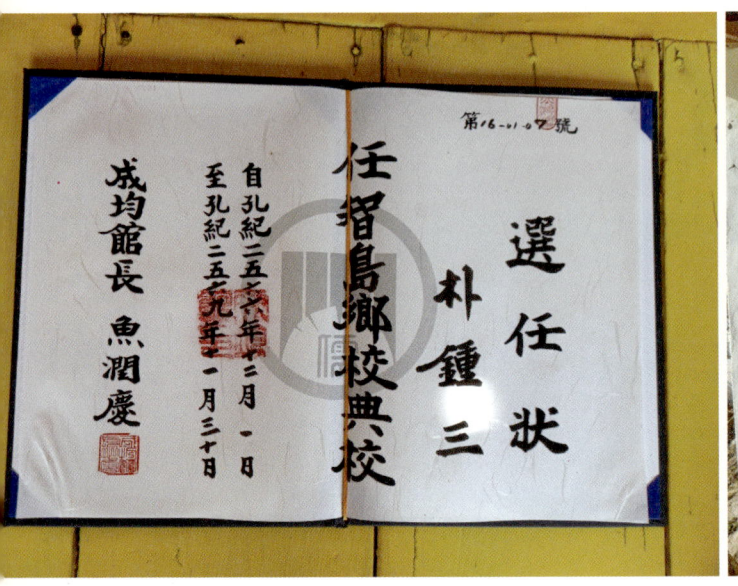 

지도향교 전교 임명장 | 박종삼이 쓴 붓 글씨

인제 좋은말 들으면 그런말도 하고. 예를 들어서 내가 내일모레가 계인데 내일모레가 향교 가는날이여. 음력으로 십이월 십오일 보름. 그 삭망이라고 하는데 삭망 초하루 삭朔자 보름 망望. 초하루, 보름 저 분향을 하는거여. 그러지. 그런거 분향하고 공부를 하는거지.

그전에는 공부를 했어. 정식으로 지금은 공부할 사람도 없고. 안다니까. 그런데 예를 들어서 내가 어디서 무슨말을 들었다. 그럼 그런 말을 전하고 그러지. 예를 들어서 나 요전날 거기 가서 그런 말을 들었어. 사람이 제일 중요한 것이 뭣이냐? 건강이라고 그랬거든. 그럼 어떻게 해야 건강하냐 그러니깐. 잘먹어야 건강하다 했어. 아 그 말이 맞다고 먹기는 잘 먹어야 되는데 소고기 돼지고기 잘 먹어서는 절대 건강 않다. 마음을 잘먹어야 된다했어. 그런말 들어봤어? 마음을 잘 먹어야 한다. 그래서 이런말을 하는거여.

마흔 다섯 살부터 다녔으니깐. 지금 한 삼십 몇 년을 갔구만. 아

지금 여든 일곱인께. 한 삼십이년 되었구만. 지금도 공부는 하긴 하지. 그전 같이는 안한께. 겨울방학 여름방학 때는 학생들을 데려다가 갈쳐. 그때 인자 그전에는 충효교실한다 그랬거든. 충효교실이라고 그랬어. 지금은 인성교육이라고. 지도에 그 초등학교부터 고등학교까지 있잖애. 그리 통보를 해. 방학 때. 그러면 학교에서 추천해서 몇 사람씩 보내. 그러면 그거는 우리 향교에서 물론 추진해서 가르치지만은 그 예산은 군에서 다 나와고. 그것은 도에서부터 조례가 있어가꼬. 나오게 되어있드만. 이렇게 신안군에서 이렇게 나오지.

주의보 내려서 배가 안뜰 때 못나갈 때 빼고. 내가 일 있다고 안 간 적은 없어. 공부하는 데는 하루도 안빠지고 다녔어.

지도향교는 향교가 지니는 교육기관으로서 기능이 거의 쇠퇴해 가는 19세기 말에 건립었다. 지도군 초대군수를 지냈던 오횡묵(19세기 말 지도군 시절)은 지도향교를 중심으로 섬사람들의 교육과 학문 교류가 활성화되도록 많은 힘을 기울였다. 그 문화적 전통은 지금까지도 지속되어 향교를 중심으로 한 지역의 유림들의 활동이 이어지고 있다. 지도향교는 지도를 비롯해 신안군 전체의 상당한 문화적 자부심을 갖게 하였지만, 현재는 가르칠 사람도 없고 배울 사람도 없어 아쉽기만 하다. 박종삼은 학문증진과 더불어 후진양성의 맥이 끊기지 않기를 바라고 있다. 또한, 그는 30여 년간 향교를 다니며 한문 공부만 하는 것이 아니라, 좋은 말이 있으면 남의 말에도 귀 기울여 새겨듣는다. 최근에 "어떤 음식보다도 마음을 잘 먹어야 진짜 건강하다." 라는 말이 가슴에 와닿았다고 한다.

부모를 일찍 여읜 박종삼의 유년시절은 고생스러웠지만, 가난과 못 배운 설움을 책망하는 것이 아니라 타고난 손재주와 영특함을 살려 가정을 일구고, 틈틈이 학식을 쌓고 덕망을 갖추어 향교의 전교典校직까지 수행해냈다는 점에서 실로 대단하다. 지도향교의 책임자로서 봉직했던 것과 더불어 후학들에게 선도의 역사와 문화를 일깨워주고 길라잡이 되어주는 여건이 마련되기를 기대한다.

2. "그냥 구녕에 손을 쏙 느면 낙지가 딱 나와!"
  : 이길심(여, 1943년생 / 매계)

이길심은 지도읍에서 네 남매중 셋째로 태어났다. 어릴 적 친정아버지를 일찍 여의면서 어머니가 홀로 가정을 꾸려나가는 것을 지켜보아야 했다. 효성이 지극했던 이길심은 홀몸이 되어버린 친정어머니가 눈에 밟혀 혼인할 생각이 없었다. 어머니를 도우려는 마음에 둘째 언니가 낙지를 잡는 모습을 보고 어깨너머로 배웠던 이길심은 어느덧 선도에서 손에 꼽는 낙지잡이 실력을 갖추게 되었다.

우리 어매만 계시고. 아버지는 일찍 돌아가시고. 내가 열 살 때인가 돌아가셨어. 일찍 혼자되셨지. 그래서 내가 도와드려야 됐지.
처음에 낙지 잡는 방법은 나는 둘째 언니한테 배웠어. 인자 보리 갈 때. 봄에는 보리밭 매고. 또 여름에는 수수밭도 매고. 조밭 매고 또 콩밭 매고 팥밭 매고. 항시 그런 것 하고 그랬지. 주로 밭 매다가 인자 낙지 잡으러 가지. 낙지는 물 때 나면 인자 한 번씩 댕기고.
지금은 팽 밭일하고. 그러고 논매면 논도 매고, 밭도 매고. 거기서도 큰애기 때는 낙지도 잡으러 다니고. 아 인자 거 우리 마을 앞에는 뻘이 좋은께. 저 태천리라고. 거기는 뻘이 더 너른께(넓어서). 인자 친구들하고 낙지 많이 잡았지.

그러나 스물두 살 되던 해에 중매를 통해 매계마을 박종삼에게 시집을 오면서 처음 선도 땅을 밟게 되었다. 남편 박종삼의 부모님은 모두 작고한

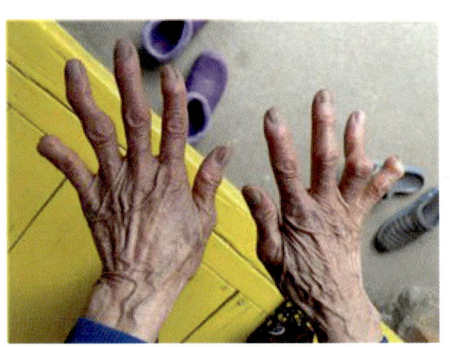
한평생 낙지잡이를 해온 이길심의 손

선도의 낙지장인 이길심

후였다. 남편은 일찍 고아가 된 셈이었고, 학교에서의 배움은 짧았으나 오랫동안 한학을 공부해서 그런지 성품이 곧았다.

과거에는 '처가집과 화장실은 멀수록 좋다.'는 인식과 '죽어도 시집 울타리 밑에서 죽어야 한다.'는 속담이 있을 정도로 친정 나들이가 쉽지 않았지만, 친정어머니를 내내 염려하던 이길심의 마음이 통했는지 시부모의 부재로 친정 식구들과 교류할 수 있었다. 그 덕분에 다행히 홀로 계신 친정어머니를 돌볼 수 있게 되었고 관계를 돈독히 유지할 수 있었다.

아무래도 시부모가 안계시니까 친정하고 가까이 지냈지. 우리 그럴 때는 삼칠이라고 있었거든. 애기낳고. 그 삼칠일을 셌지. 세이레. 이레를 세 번 쇠는거여. 옛날에는 애기 낳고 3일 쇠주고, 그러고 일주일은 한번씩 세 번 쇠주고. 그래서 세 이래. 고추도 엮어 금줄 치고 다 했었어요.

첫이 들은 시월 스무이렛날 낳았어. 지금 내 나이로 스물 세 살에 낳았응께. 육십육 년도에 낳았겠네. 그때도 산후조리는 친정 어매가 와서 다 했어. 우리 어매가. 그른께 내 밑에 우리 동생이 같이 왔더라고. 미역사고 또 애기 저고리 사고 그래가꼬 왔더라고라. 미역도 사고 쌀 가지고 내 산후조리 해주러 왔어. 애기 낳고는 미역국을 많이 먹지라. 그때 어매가 끓여

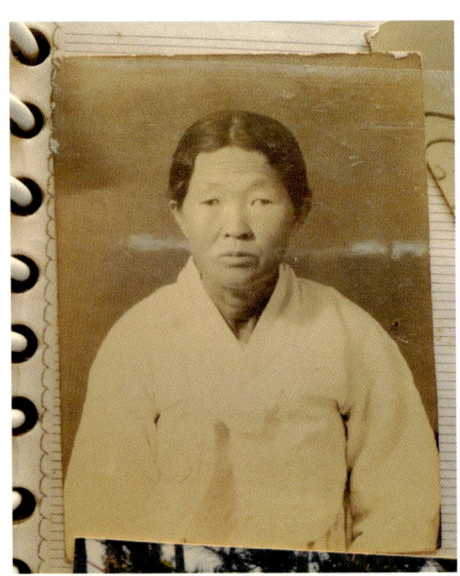

이길심의 자녀들을 살뜰이 챙겨주시던 친정어머니

이길심의 자녀들이 받은 상장들

준 미역국이 아직도 눈에 선해. 그때가 그립제.

친정어머니는 이길심의 육남매의 출산에서부터 산후조리까지, 그리고 매일 학교 도시락 싸는 일에 이르기까지 그야말로 외손자들이 장성할 때까지 애정을 듬뿍 주었다. 친정어머니가 계시지 않았더라면 육 남매를 돌보는 게 쉽지 않았을 터이다. 그런 외할머니의 고마움을 아는지 이길심의 육 남매는 학교 다니면서부터 지금까지 말썽 한번 안 부리고 성실했다고 한다.

섬으로 시집온 이길심과 외손자들을 돌보아 주시던 친정어머니는 101살까지 장수의 복을 누리셨다. 특별한 병치레 한번 없이 가시는 날까지 자식들과 손자들 고생스럽지 않도록 한 강직한 분이셨다. 친정어머니 덕에 박종삼·이길심 부부는 육남매를 모두 가르치고 뭍으로 독립시켰다.

이길심의 막내아들 | 선치국민학교 개교식

도시락도 전부 할머니가 싸줬지라. 여기는 반이 한반이였거든. 1반, 2반이 없었고. 섬이라 그냥 한반만 있어논께. 별 거시기 안 했어. 인자 오후 수업 하면 싸 가고 그라 안 하며 그냥 오전만 하면 그냥 오고 그랬지라. 도시락이라고 해봤자 김치에다가 계란말이 조금 해주고. 그런거바께 안 해줬지라.

그러고 어매는 인자 오래 살으시다가 백한 살 잡수셔서 돌아가셨고. 그때도 그러고 아프시도 안했는디. 우리 올케언니가 인자 지금 저 아흔 한살 잡쉈어. 근디 같이 고부간에 살면서 '어머니 밥 차렸어. 밥 잡수셔' 하니까 '오냐 나 소변 보고 밥 먹을란다…' 그러시더니 물레(마루)에 나가가꼬 소변보러 가신다고 가가꼬 넘어져가꼬 삼일인가 사일 만에 돌아가셨어. 하필 그때 나는 또 우리 막내딸이 애기 낳아서 저 평택 가서 있는디 그래부렀어. 그때 돌아가셨다 그러기에 그말 듣고 그냥 바로 내려왔어. 갑자기 가셔서 아쉽지. 우리들 편해지라고 병치레 안 하고 사흘 만에 돌아가셨어.

섬은 교통은 불편하지만, 그래도 물건을 팔고 사야하기 때문에 장이 서는 날에는 육지나들이를 해야 한다. 지금은 사람이 많이 모이고 현대화된 시설과 다양한 물건을 갖춘 무안장을 이용하지만, 과거 선도 매계마을의 아낙네들은 망운장을 주로 많이 갔다고 한다. 장날이 가까워지면, 집에서 내다 팔 물건들을 채비한다. 재배한 곡식이나 채취한 해산물 등을 채비해 장으로 팔러가고 집에서 필요한 생필품 등을 사온다. 아낙네들이 육지의 장에서 구매한 품목들은 대부분 섬에서는 살 수 없었던 식료품이나 생활용품 들이다. 장날이면 같은 마을 부녀자들끼리 삼삼오오 모여 나룻배로 건너가거나, 한 번씩 수매가 열리는 날에는 수매선을 타고 망운장을 다녀왔다고 한다. 나룻배 삯은 봄과 가을걷이할 때 한번씩 보리와 나락을 추렴하여 갚았다.

    선도는 압해읍의 가룡항과 무안군 운남면의 신월항을 통해 들어올 수 있다. 하지만 선도의 행정관할지역인 신안보다는 오히려 섬 주민의 생활권은 무안에 해당한다. 항로도 역시 무안 쪽으로 발달돼 있다. 가룡항의 경우 지난 2020년 초부터 차도선의 운항이 시작되었지만, 상대적으로 기항지가 많아 시간 소요가 커서 섬 주민들에게는 불편하다. 선도 주민들은 신월항과 직항하는 도선을 선호한다. 현재 가룡항에서는 고이도~신월~선도 등의 인근 섬과 항구를 순회하는 차도선이 하루 4회 운항되며, 신월항에서는 고이도 선착장과 선도 선차장 간을 운항하는 도선이 각각 9회(하절기 11회)와 4회 운항된다. 무안 쪽으로는 버스 노선도 많고 재래시장도 있어 육지에 볼일이 있으면 무안으로 나가는 편이며, 말 그대로 선도는 무안군 생활권이다.

> 계란도 장터 가서 사오지라. 저 여기는 망운장도 댕기고. 지금 망운장 잘 안 댕기고 무안장 많이 다니지라. 무안 읍내. 진변에서 배타고 그때는 며칠이었던가 모르겠네. 지금은 일로는 1·6장. 무안장은 4·9장. 무안장이 훨씬 크지라. 망운장은 쬐금하지.
>   그런 뭐 생선 조금썩 사고. 어저께도 가서 생선 사만 원어치 사갖고 왔어. 인자 돈이 없은께 많이씩은 못 사고 조금썩 사지라. 인자 한번 썩 가면 인자 애기들이 거시기 한께. 많은께. 애기들 옷도

한번 썩 사고. 그러고 뭐 별것도 안 사지. 인자 돈이 얼마나 있어야 많이 사지.

　옛날에는 망운까지 걸어서 많이 갔어라. 여 배타고 가가꼬 신월리 가가꼬. 그때는 사람들 많았어. 그런디 그때는 노 저어서 가고 그랬지. 저런 똑똑배 아니고. 거시기 그럴 때는 저 가을 오면 보릿가을 오면 보리 쏠어주고 나락까면 나락 쏠어주고 그랬어. 옛날에 수매선 타고 지금처럼 여 신월 여기 선창에서 저 신월리까지 바로 가는 것이 아니고. 그 건너 고이도로 건너가꼬 고이도에서 또 저리 건너가고 그랬었어.

　매계마을은 농업과 어업을 겸하는데, 밭작물은 다양한 반면 어업은 낙지잡이가 주를 이룬다. 일반적으로 낙지잡이는 통발과 연승(주낙), 그리고 맨손어업으로 이루어진다. 어선을 보유한 어민들이 통발과 연승을 이용하여 낙지를 잡는 반면, 여성들은 주로 맨손 혹은 간단한 도구로 낙지를 잡는다. 선도에서 맨손으로 낙지를 잡는 방법은 크게 3가지 방법으로 구분할 수 있는데, 일반 삽보다 작고 끝이 뾰족한 '가래'로 잡는 가래낙지, 도구 없이 맨손으로 잡는 팔낙지, 횃불이나 손전등을 활용한 홰낙지 방식이 있다. 맨손어업 외에 수심 깊은 곳에 칠게같은 미끼를 넣은 통발을 넣어 유인해서 잡는 통발낙지, 그리고 주낙을 이용하는 낙지주낙이 있다.

　시집오기 전 어려서부터 낙지를 잡아 왔던 이길심은 선도에서 모르는 사람이 없을 정도로 낙지 잘 잡는 사람으로 통한다. 지도와 선도 사이에 위치한 탄도만 갯벌에서 낙지를 잡아온 다년간의 경험이 축적된 것이다. 낙지구멍에 물이 들어오거나 빠지는 것을 보면 낙지가 어디만큼 들어있는지 직감적으로 알 수 있다. 깊이에 따라 구멍을 파고 손을 넣고 잡기도 하고 반대로 구멍을 덮어 산소가 부족해 낙지가 뻘로 나오게 만들기도 하는데 그 구멍을 일반인들이 찾기란 쉽지 않다. 오랜 경험과 노하우로 가능하다. 이는 전통지식, 즉 몸소 터득한 다년간의 지혜가 쌓여야 가능한 것이다.

선도 다른 어매들도 낙지 많이 잡았지라. 많이 잡을 때는 솔찬히 많이 잡았어라. 한 60마리 70마리썩. 여기는 낙지 구멍이 이렇게 있다고 하면은 인자 조금때 그러면 그놈을 인자 구녕을 살살 파가지라. 그럼 물이 이렇게 보여 파가면은 낮에도 잡고 밤에도 잡고 그랬어.

인자 그럴 정도로 잡을 줄 몰랐었는데. 한번은 낙지 잡으러 가가꼬 해 저물어서 나옴시러 한두 마리 잡은 것이 한 접을 더 잡았더라고. 해가 다 저버려서 인자 나가야 쓰겄다 했는디 오다가 본께 낙지 구멍 있길래 그냥 이렇게 잡았어. 아니 그런디 자꾸 나오다 하나 잡고 하다본께 한 접을 더 잡았어. 그런께 스무마리를 더 잡았어. 저물게 캄캄한디. 낙지 구멍을 잘 알면 보이니까. 나올라다보니까 낙지 구멍이 있어가꼬 잡고 잡고 한 것이 한 접 더 잡았어. 그때는 그날 저녁은 불도 없이 그랬어. 그래가꼬 그다음 날 저녁에는 전기 후라시 갖고 가서 들고 인자 한 손으로 잡았지.

조금때 낮에 가면 뻘에 구녕(구멍)이 인자 다 보이지. 그럼 구녕이 이러고 있으면 파 가면 물이 있으면 좋게 이렇게 파가꼬 뻘 떠가꼬 여기 좋게 해가꼬 인자 물 안 닿게 딱 덮어 놔. 구녕을 보면 이러고 살살 파가지라. 막 대개 푹푹 파면 물이 올려불면 사나운께. 그러면 살살 파가면 물이 나오면 이러고 요것이 낙지구멍 물이 있다면은 이렇고 해서 좋게 해가꼬 뻘 위로 딱 좋게 해가꼬 물 안 닿게 요렇게 딱 덮어나둬. 공기 안 들어가게 딱 막아놔. 그래가 구멍이 저기 있겄다 싶으면 이렇게 패대기 해놔. 그래가꼬 그리 가면 못써. 인자 낙지가 들어가 버려.

낙지구멍은 보면 알지라. 인자 우리는 보면 잘 알지. 모르는 사람들은 몰라. 여기서 딱 갈쳐줘도 저 우(위)에서 사는 사람들은 봐도 몰라. 갈쳐줘도 금방 잘 모르겄다 합디다.

낙지는 계절에 따라 크기가 다르다. '봄 주꾸미, 가을 낙지'란 말이 있듯이 여름 낙지보다는 충분한 먹이를 먹어 몸속에 맛과 영양분을 듬뿍 담은 가을 낙지를 최고로 친다. 낙지는 병든 소도 일으킨다는 말이 있듯이 『자산어보玆山魚譜』에서는 "살이 희고 맛은 달콤하고 좋으며, 회와 국 및 포를 만들기에 좋다. 이것을 먹으면 사람의 원기를 돋운다."고 하였고, 『동의보감東醫寶鑑』에서는 "성性이 평平하고 맛이 달며 독이 없다."고 기록되어 있다. 쟁기질이나 힘든 일로 지친 소에게 낙지 서너 마리를 먹이면 생생하게 살아난다는 것이다.

> 여름에 잔낙지 일 때는 잘고 봄, 가을경에는 좀 더 굵고 그런건 있지. 날것으로 먹으려면 잔낙지가 좋고. 삶아 먹거나 기름장에 데쳐서 먹을 때 그럴 때는 굵은 낙지가 좋고. 힘없을 때 먹으면 몸에 좋지.

선도에서 맨손으로 낙지를 채취할 수 있는 곳은 매계마을 서쪽 해안과 진변마을에 인근 해안이다. 그중 '정굴'은 수심이 얕고 맨손어업을 하기 좋은 갯벌을 가지고 있어 많은 사람들이 맨손으로 낙지를 채취하는 장소이다. 이 밖에 '살턱', '젓굴'이라 불리는 곳에서도 낙지를 잡는다. 그리고 낙지 이외에 감태도 맨손으로 채취하는데 그 채취량은 예전만큼 많지는 않다. 선도 갯벌을 포함한 탄도만 일대는 청정갯벌로 인해 감태가 자라는데 일반감태에 비해 찰지고 색이 검다. 선도주민들은 감태에 기름기가 흐른다고 하여 이를 일명 '기름감태'라고 부른다.

> 여 너매 쪽으로 갔어. 많이 잡지라. 일정도 있는데도 가고. 그 전에는 많이 갔었지라. 뒤에 산이 없고 여기서 여 잔등이라고 여기 넘어가면 뻘이 다 보여. 올해는 추석 무렵에 가까꼬는 두접하고 마흔두 마리.
>
> 여기서 낙지잡는 곳은 정굴이라 그래. 정굴 뻘땅. 저기는 일정

섬이라 그러고. 여기는 정굴. 몰라 여기 사람이 부른께 그대로 부르지라. 이제 올해는 저 제이도. 일정섬 저 산 너매가 제이도. 정굴이라 하는데 더 저쪽으로 가면 젓굴이라고 있어. 정굴 넘어서 젓굴이 있어. 거기도 뻘이여. 젓굴보다는 정굴을 많이 가요. (젓굴은) 더 멀기도 하고 뻘이 깡깡해서 잘 안가지라. 뻘속이 깡깡해가꼬 낙지 잡을라면 잡기 사나운께 잘 안가지라.

감태도 했지라. 해조류중에 여기는 뭣이 없어. 감태 있고. 농게도 있어. 올해는 아직 우리들은 감태 조금씩 좋은 것만 매지. 기름감태라고. 더 꺼매가꼬 조금씩 있어가꼬 반짝반짝해. 거시기 손으로 이러고 뜯다가. 많이씩 지러놓으면 감태 갈쿠로 조금썩 긁다가 그러지라. 감태갈쿠로.

선도에서 갯벌은 없어서는 안 될 삶의 터전이자 보존해야 하는 중요한 유산이다. '신안-무안 갯벌낙지 맨손어업'은 국가중요어업유산(제6호)으로 지정된 바 있으며, 선도 갯벌을 포함해 '한국의 갯벌'이 유네스코 세계유산에 등재되었다(2021년). 2007년 '제주 화산섬과 용암동굴'에 이어 14년 만에 등재되는 국내 두 번째 세계자연유산으로써 전남 신안과 보성·순천, 전북 고창, 충남 서천의

갯벌세계자연유산 지정 당시 선도를 방문한 심사단과 선도 갯벌(사진제공 박기남)

4곳의 갯벌이 유네스코 세계유산에 등재됐으며 모두 습지보호지역으로 지정돼있다.

　선도의 갯벌에서 맨손어업으로 살아가는 주민들은 오늘도 낙지를 채취하러 물때를 본다. 낙지뿐만 아니라, 김, 감태, 굴, 매생이 등 맨손어업 종목과 갯벌에서 살아가는 사람들의 모습은 매우 다양하다. 갯벌의 생태적 가치와 보전에 대한 생태적 고찰은 오래전부터 연구되어져 왔으나 그 터전을 일구는 어민들은 그동안 주목받지 못했다. 섬 주민들이 고령화되어 가는 과정에서 그들이 쌓아온 삶의 편린과 흔적들, 문화적 특징들을 놓치기 전에 기록해야 할 필요가 있다.

V
제2의 고향, 선도의 귀촌라이프

박상민·이경아

1. "저는 서른아홉, 84년생 청년어부입니다"
  : 김영민(남, 39세 / 석촌)

　　김영민은 1984년생으로 경기도 성남이 고향으로 10여 년 전 선도 석촌마을로 귀어했다. 도시에서만 생활했던 김영민은 스물여섯에 결혼하여 슬하에 두 자녀를 두고 있다. 김영민은 대기업 물류센터에서 일하며 약 8년간 도시에서 안정적인 직장생활을 했었다. 하지만 과도한 업무로 인해 허리 건강이 좋지 않게 되었고 결국 허리디스크로 인해 직장을 그만둘 수밖에 없었다. 선도는 김영민의 외숙모의 고향으로 김영민이 초등학교 시절 여름방학이 되면 선도초등학교에서 야영도 하고 바닷가에서 물장구도 쳤던 추억을 간직한 섬이었다. 김영민의 부모님이 먼저 선도의 아름다운 자연환경에 반해 도시를 떠나 귀어했고 직장생활을 그만두게 된 김영민에게도 귀어를 권유하여, 2012년 선도에 이주하게 된 계기가 되었다. 그때 나이 스물여덟이었다.

　　　　직장생활 계속하고 있다가 허리를 다쳤는데, 허리가 남들보다 신경 지나가는 통로가 남들보다 네 배가 작다고 하더라고요. 그래서 조금만 무리를 해도 금방 피로하더라고요. 삼성전자에서 물류센터 설치 기사일하고 다녔었어요. 거진(거의) 한 7~8년 그 정도 일을 했는데…. 근데 한 번도 그런 적 없다가 한번 냉장고 들다가 다쳐서 이제 좀 많이 아프니까…. 남들보다 신경 지나가는 통로가 좁다고 이야기를 듣고 나니까 다른 거를 생각을 해야 하니까 진로에 관한 생각이 많아졌죠. 직장 다녔을 때는 주기적으로 급여가 들어오다가 갑자기 안 들어오게 되서 불안했어요. 한 6개월 정도 수입이 없어 부담감이 엄청났죠.

　그때 부모님이 올라오셔서 이제 여러 가지 이야기를 나누다가 그냥 같이 내려가자고 해서 우선 저만 내려왔죠. 어머니는 광주분이시고, 아버지는 영광분이시고 그러다가 어머니 남동생, 그러니까 저한테는 작은외삼촌인데 외숙모의 고향이 선도에요. 그래서 제가 어렸을 때 초등학교 때인가? 그때 한번 선도에 놀러 왔었는데 이미 니하고 아버지가 여기가 맘에 드신다고 하셔서 땅을 좀 알아보시더니 땅을 사셨죠.

　초등학교 때 기억으로는 선도는 아스팔트로 된 도로가 없었어요. 큰 넓은 길에 흙길이었죠. 그때도 길은 잘 되어있었어요. 선창 보면 앞에 조그만 섬이 하나 있잖아요. 선창에 보면 앞이 고이도인데 요 사이에 섬 하나가 있었어요. 근데 그 조그만 섬 사이에 그때 당시 조그만 게가 많았어요. 낚싯대를 던지면 물고 올라왔었거든요. 게도 잡아다 먹고 그랬었어요. 그리고 선도초등학교 운동장에서 텐트 치고 야영하고 그랬죠.

　다행히 선도에 대한 유년 시절의 좋은 기억이 있어서인지 김영민은 귀어를 결심하는 데에 있어서 큰 거부감이 없었다. 부모님의 귀어와 권유가 귀어의 결심을 굳히게 했고, 그동안의 직장생활에 대한 스트레스도 귀어를 결심하

선도의 젊은 어촌계장 김영민

게 된 중요한 요인 중 하나였다. 무엇보다 구속받지 않는 자유로움이 큰 매력으로 다가왔다.

농사일이라고는 아무것도 할 줄 몰랐던 김영민은 부모님을 따라 양파 농사부터 배우기 시작하였다. 결혼 후 아이들이 어렸기 때문에 처음 선도에 내려올 때는 본인 혼자였다. 먼저 귀어한 김영민은 떨어져 있는 가족을 생각하며 양파 농사를 통해 나온 수익을 아내에게 보내주면서 묵묵히 일만 했었다고 한다. 오랜 도시 생활에서 갑자기 배를 타는 어부가 된 김영민에게 처음에 모든 것이 서툴렀지만, 점차 안정을 되찾았고 아내에게 선도로의 이주를 권유하게 되었다. 현재 김영민의 가족은 안정적으로 선도에 귀어하였다.

> 한 2년 양파하고 그다음부터 1년 차부터 낙지를 잡기 시작하고. 양파하고 낙지하고…. 양파 1년 차 때 하면서 그다음에 낙지를 하면서 양파를 같이 했죠. 그러다가 이제 양파도 그렇고 시기가 있으니까 그때 되면 돈 보내주고 이런 식으로 생활하다가 이제 낙지로 기반을 잡아서 이제 하루하루 위판을 하면 수입이 들어오니까 그걸로 이제 계속 와이프하고 얘기를 하다가 너무 멀리 있으니까 일로 들어올래? 하니까 처음에 망설이더라고. 그렇잖아요. 도시 여자인데…. 그러다가 자기도 이제 좀 머니까 이제 광주로 먼저 내려왔어요. 광주에다가 아파트를 구하고 들어와 있다가 그렇게 지낸 지 한 1년 됐나? 1년 되니까 어느 정도 기반이 다져지고 하니까 아예 들어왔죠. 이제 배를 구입해서 어업에 종사해야겠다. 마음잡고 허가도 받고…. 그래서 아파트를 처분하고 들어와서 그 돈으로 배를 사고 나머지는 가지고 있고. 이런 식으로 꾸려나갔죠.

청년귀어가 정착하지 못하는 이유는 어촌계 진입 장벽이 높거나 실질적인 어업노동의 어려움, 경제소득 창출이 미약한 점 등이 있다. 그러나 대부분 도시의 생활을 청산하지 못하고, 문화혜택의 소외 등으로 정착을 포기하는 경우도 있다. 김영민은 부모님과의 귀어로 든든한 지원군을 확보했고, 가장인 김영민이 먼저 귀어하여 자리를 잡음으로써 소득기반을 마련하여 시행착오를 줄였다. 그리고 남은 가족을 단계적으로 귀어할 수 있도록 권유한 것이 성공적인 정착을 이끌어내는데 주효했다. 아내와 두 딸과 함께 선도에 살게 되면서 훨씬 더 안정적으로 생활할 수 있게 되었다.

김영민은 주로 낙지어업을 기반으로 생활하고 있다. 선도가 낙지로 유명하기도 했지만, 어촌계에 진입하는 게 쉬운 일은 아니다. 누군가의 도움 없이 초보 어부가 낙지를 잡고, 판매하는 일은 만만치 않다. 다행히 김영민은 마을 주민의 도움으로 낙지 잡는 법을 직접 따라다니며 배울 수 있었다. 배를 이용한 주낙 방식인데, 긴 낚싯줄에 여러 개의 낚시를 달아 긴 줄(모릿줄)에 일정한 간격으로 여러 가짓줄(아릿줄)을 달고, 가짓줄 끝에 낚시와 미끼를 달아 낙지를 포획한다. 물론 처음에는 실패도 많이 경험했다. 배의 규모, 엔진의 크기와 무게, 낚싯줄의 길이, 조업자의 위치, 미끼의 종류, 물살과 물때의 차이 등 변수가 많았다. 다양한 규모의 배를 타보고 눈으로 보고 몸으로 익혀나갔다. 처음으로 혼자 낙지 배를 타고 처음 포획한 양은 네 접이었다. 80마리인 셈이다. 처음 조업치고는 대단한 성과라 할 수 있다. 자신감이 붙어 계속해서 주낙을 공부하고 끊임없이 시도한 결과 지금은 많이 잡을 때는 스무 접 이상을 잡는다.

선도의 동쪽 해안은 물이 깊어 주로 배를 타고 주낙으로 낙지를 잡아 올린다. 이에 반해 선도의 서쪽과 남쪽의 해안은 수심이 얕고 뻘이 많아 맨손으로 낙지를 잡는다. 특히 정굴(매계마을 근처 해안가)이라 불리는 곳에서 낙지가 많이 잡힌다고 한다. 선도에서 잡힌 낙지는 대부분 신안군 압해도 송공항에 있는 수협 위판장에 판매한다.

> 처음에 성공은 못 하고. 옆에 삼촌하고 같이 배를 타고 옆집 삼촌이랑 낙지 조업을 나갔었죠. 그분이 맨 처음에 배를 몇 척 가지고 계셔서 한번 타고 조업해보라 하셔서 아버지하고 같이 나가면서 연습을 했죠. 많이. 그러고 다른 사람 거 타본 거는 그 삼촌 거하고 한

세 집 정도 배를 번갈아 가면서 타본 것 같아요. 그렇게 했는데 배마다 이게 사람마다 하는 방식이 아니라 배 모양, 크기마다 하는 방식이 달라요. 그니까 배 무게에 따라서 물 흐름이 다를 수도 있고 물살로 이제 조업하는 거니까 그리고 달린 기계 장치나 엔진 크기에 따라서 다르고 주낙이 항상 똑같은 크기로 있는 것도 아니고 배의 높이가 얼마 정도 있느냐에 따라서 매달리는 높이나 길이 그리고 몇 칸씩 들어가는 사이사이 칸도 배마다 달라요. 자기만의 루틴이 있으니까. 그런 점들을 찾는 거죠.

처음에는 주낙을 1년에 한 3~4개 만들었나? 지금은 하나를 가지고 계속 쓰죠. 1년. 처음에는 네 접 잡았었어요. 그때 당시에는 다른 분들은 열몇 접 정도 잡으셨어요. 네 접을 잡아도 80마리잖아요. 가장 많이 잡았을 때는 스물세 접 정도 잡았죠.

현재 김영민은 선도의 어촌계장직을 맡고 있다. 선도어촌계원은 현재 총 31명으로 모두 어선을 가지고 선도에서 낙지어업을 하고 있다. 선도의 주요 어획물인 낙지는 선도 주민들의 중요한 수입원이다. 낙지는 금어기를 제외한 사계절 내내 포획하며 지속적인 낙지 포획을 위해 금어기를 운영하고 순찰을 통해 선도에서 외부인이 낙지를 포획하는 일이 없도록 당번을 정해 감시한다. 선도의 어장을 외지인들이 들어와 조업해 가는 양이 증가하면서 어쩔 수 없이 낙지자원을 관리하기 시작했다. 특히 탄도만 일대는 낙지보호수면으로 지정됨은 물론, 낙지목장사업을 통해 교접낙지 매입 방류·산란 서식장 조성 등을 추진하고 있어 외지인들이 남획하는 것을 감시하고 있다.

많이 나오든 안 나오든 그런데 작년 같은 경우에는 전체가 거진(거의) 안 나왔는데 선도에만 낙지가 나왔어요. 선도는 어장 관리를 하고 있으니까. 뭐냐면은 저기에 낙지 목장을 만들어 놓고 거기에 일 년에 한 번씩 낙지를 방류해요. 꾸준히 교배를 시켜서 낙지 개체수를 유지하고 있어요. 여기말고 다른 데도 있는데 그렇게 체계적으로 관리를 안 하니까. 우리는 이렇게 한번 뿌려놓으면 그러니까 금어기 시기에 거의 두 달 정도 금어기를 운영해요. 다른 곳은 금어기 한달밖에 안 하는데. 그래서 우리는 그 사업을 하면서 낙지를 뿌려주면 우리는 조금 더 보태서 뿌리는 식으로 하고 있죠.

선도 인근은 우리만 다녀요. 그런데 압해도 사람들은 압해도에 관리를 안 하고 다른 지역으로 다녀요. 그런데 여기에 신안군 사람들만 조업을 하는게 아니라 목포 사람들도 신안에서 잡아서 가져가요. 그런데 여기는 못 들어와요. 유일하게 선도만. 우리는 누가 들어오면 막고 다 신고해요. 그러니까 어느 압해도나 목포 사람들이나 낙지 뱃사람들이 선도하면 들어가 보셨냐고 얘기하면 거기는 못 들어간다고 해요. 유일하게 여기 선도만 못 들어갔다 해요. 다른 데는 다 들어가요. 저희 어촌계에서 체계적으로 운영해요. 순찰도 돌고요.

김영민의 두 자녀인 하은(13세)과 시은(11세)은 압해동초등학교를 다닌다. 도시에서 생활하다가 작은 섬마을로 들어오면서 자녀의 교육에 대해서 고민이 많았던 것도 사실이다. 아내와 많은 대화를 통해 고민과 문제들을 해결해 나갔다. 두 자녀가 지역사회에서 건강하고 행복하게 성장할 수 있도록 마을교육공동체(동트리 마을학교)와 방과후 교실, 오후 돌봄과 같은 다양한 교육프로그램에 참여하고 있다. 학부모이지만, 아이들의 교육에 적극 동참하고 있다.

특이한 점은 김영민의 두 자녀가 '맨손어업' 면허를 취득했다는 사실이다. 지역의 젊은 주민들이 함께하는 공동체 활동에서 압해동초등학교 전교생 48명이 맨손어업 면허를 취득한 것이다. 동교학생들 대부분이 맨손어업 면허를 취득해 이색적인 체험활동을 하고 있다. 1004 동트리 마을학교 공동체는 2021년 7월 세계자연유산에 등재된 '신안 갯벌'을 적극적으로 활용하는 갯벌체험 프로그램(철새탐조, 낙지잡기 체험, 염전체험, 새우양식장 체험, 바위 굴따기 체험 등)을 진행한다. 김영민은 현재 전라남도신안교육참여위원회 위원으로 활동 중이며 맨손어업을 학생들에게 적극적으로 장려하고 추진하고 있다.

애들 교육 때문에 이제 저희 압해동초등학교. 저번에 저기 뉴스에 나왔었는데 그 마을 학교, 공동체 마을하고 학교에서 지정하고 사업자를 내서 선생님이 내서 이렇게 공동으로 아이들 육아를 하는 거예요. 방과 후 수업 원래 교육청에서 해서 내려서 이렇게 해주는데 그게 선생님들이 체계적이지 않아요. 그리고 선생님들이 단체를 또 만들어놔도 아이들에 대한 교육의 질이 높질 않아요. 그래서 그거에 대한 불만이 쌓여서 학부모들이 나서서 공동체 마을 3개를 결성을 하고 이 학부모들이 나오는 사업자를 만들고 사업을 받아요. 그래서 직접 방과 후 프로그램이나 이런 것을 만들고 참여를 하는 거죠.

우리 애가 작년에 애기엄마하고 맨손으로 낙지잡이를 가다가 애가 낙지를 잡아 왔어요. 세 마리인가를 잡아 왔어요. 이거를 내가 위판 보자니 보면 보는데 잡아 왔으니 돈을 주긴 해야 하잖아요. 그런데 이러지 말고 애한테 허가를 한번 만들어줘 볼까? 하고 이제 알아봤죠. 맨손어업 허가를 그런데 맨손어업 허가는 연령제한이 없어요. 연령제한이 없는데 물어보니까 이런 경우가 처음이라고 그러더라고요. 신안군에서 이런 건 노동착취 아닌가요? 그래서 아니 애가 해달라는데요? 라고 내가 그랬어요. 그랬는데 또 해양수산부에 또 알아봐야 한다고 하더라고요. 그래서 해양수산부에 알아본다고 하고 우리는 우리대로 또 해양수산부에 전화해서 물어보니까 연령제한이나 이런 거는 없는데 저희가 법적인 절차를 한번 따져서 연락을 드릴게요. 하고 한 3개월 뒤에 허가가 나와서 우리 애가 맨손어업 허가가 나왔어요. 그래서 맨손어업 그 나이에 맨손어업 허가를 갖고 나왔으니까. 어 나왔네? 어! 그래 그래서 수협에 가서 수협 위판을 볼 수 있게 해놨죠.

작년 가을서부터 애가 낙지를 잡으면 위판되면 통장에 돈이 들어가는 거죠. 아이 통장에. 그렇게 만들어주니까 애가 이제 어떻게 하겠어요? 친구들한테 얘기하겠죠. 이제 얘기가 딱 퍼지고 나서 엄마들이 이 아이디어 좋다고 해주셔서 아이들 전체 맨손어업을 올해 초에 신청했어요.

그렇게 해서 김영민의 두 자녀는 맨손으로 낙지를 잡을 수 있는 맨손어업 신고 증명서를 보유하고 있다. 두 자녀는 각각 2021년, 2022년에 맨손어업신고증을 취득했으며 직접 낙지를 잡아 위판장에 판매도 하고 있다. 자녀들의 교육을 목적으로 알려준 낙지어업은 아이들에게 있어 취미이면서 부업이 될 수 있게 되었다. 아이들에게 철새 탐조 활동, 갯벌체험을 자유롭게 할 수 있도록 하여 자연의 신비로움을 경험시켜줌과 동시에 올바른 경제관념을 일깨워 주고 있다. 아이들에게 낙지의 생태, 채취에서 판매, 유통에 이르기까지 낙지를 통해 어촌의 경제구조를 알려준 특별한 경험인 것이다.

우리 아이들은 뭐 특히 하은이가 좀 빨리 파악하더라고요. 위판을 같이 보러 다녔을 때는 그거를 물어보더라고요. 사회에 나가면 월급 대부분 얼마 정도 받냐고. 뭐 아빠 어렸을 때 애가 지금 얘기하면은 지금은 얼마 정도 받죠? 일반 사회생활 하면 뭐 이 정도 받지 않을까? 그러니까 하은이가 옆에서 같이 보고 직접 낙지도 잡고 위판하고 하니까 하루에 20~30만 원 정도만 돼도 그런데 그 마릿수가 얼마 되냐? 한 접? 20마리…. 그 정도만 잡아도 생활할 수 있다는 것을 자기는 아니까. 그래서 아빠가 하고 싶은 말은 아이하고 얘기를 많이 해요. 그래서 내가 이렇게 일을 시키는 이유는 뭐냐면은 이런 것도 느껴보고 아이가 사회생활을 하고 싶은 것을 하다가도 뭐 좀 안 되겠다 싶으면은 그냥 돌아서 낙지 잡고 이렇게 하니까 아이가 하고 싶은 것에 대한 부담감을 덜 느끼는 것 같아요. 그런 이야기도 많이 하고.

    2022년 현재 선도의 인구는 234명이며 평균연령은 60.8세이다. 김영민은 39세로 선도에서 매우 젊은 어민이자 주민이다. 전국적으로 어촌은 지속적인 고령화 추세와 젊은이들의 이촌향도 현상으로 많은 사회적 문제점을 안고 있다. 전국의 어촌에서는 젊은 어업인 신규 유입을 촉진하기 위해 다양한 노력을 하고 있으나, 정작 청년농과 젊은 후계 어업인 들은 어촌 진입장벽을 넘지 못하고 있다. 여전히 고령화로 인한 노동력 부족으로 경제활동이 위축되고 있는 게 어촌의 현실이다.

    현재 전라남도에서 추진하고 있는 가장 대표적인 섬 정책인 '가고 싶은 섬' 가꾸기 사업에 2020년 선정된 선도는 현재 수선화의 섬으로 변모중이다. 이 사업의 핵심 키워드는 주민주도형 섬 가꾸기다. 그런 의미에서 진정한 주민주도형 섬 가꾸기가 되려면 김영민을 비롯한 귀어 및 청년 인구들이 또 다른 한 축이 되어 수요자 중심의 사업들을 자발적으로 발굴하고 추진하는 모델이 되었으면 한다.

2. "우리는 아름다운 선도를 가꾸는 부부입니다."
: 조철종·주현주 부부

1) "선도를 개발하지 않고 있는 그대로 가꾸고 싶어요"
: 조철종(남, 1965년생 / 매계)

조철종은 전남 화순에서 태어나 유년시절과 학창 시절을 보냈다. 이후 고등학교 진학을 위해 화순을 떠나 광주에 정착하고 대학까지 마친다. 서른한 살 되던 해에 대형 건설 회사에 입사하게 된다. 조철종은 직장생활을 열심히 하며 승승장구했지만, 과도한 업무와 스트레스는 쌓여만 갔다. 어느덧 직장의 고단함으로 가정까지 소홀해지면서 회의감이 들기 시작했다. 이에 조철종은 다니던 회사에 과감히 사표를 던지게 된다. 퇴사 후 아내와 함께 캠핑과 등산으로 묵은 스트레스를 해소하고 자신을 돌아보는 시간을 갖게 되었다.

> 평지풍파를 내가 많이 겪었지. 그 내가 건설 회사 다니면서 잘나갔어. 좀 뭐랄까? 열심히 직장 생활해서 승승장구했는데 건설 회사 다니면 술을 많이 먹게 돼. 술도 많이 먹고 열심히 하지 않으면 가정이 등한시돼. 그러면서 쉽게 말하면 나무는 잘 크는데 내가 딱 회사 그만두는 시점에 나무는 딱 잘 커 있어. 나무는 잘 커 있는데 이파리가 하나도 없더라고 나를 딱 보니까. 그래서 사표를 딱 던졌지. 내가 이것보다 나가면 더 할 일들을 내가 못 먹고 살 거냐? 하고 과감히 하자. 그래서 일을 그만두고 이제 직장생활을 정리했지. 여기 오게 된 것은 한 2년 있다가 내가 들어왔지.

캠핑과 등산을 좋아하던 조철종은 퇴직 후 경치가 좋은 무안에 펜션을 운영하고자 땅을 매입하고 소나무를 심었다. 그렇게 기른 소나무가 점점 많아지자 소나무를 옮겨 심을 땅을 찾게 되었고 부동산을 통해 선도 매계마을 남쪽

선도로 귀농해 정착한 조철종

에 자리한 일정도를 소개 받았다. 소나무를 옮겨심기로 하고 둘러본 일정도의 자연 풍광에 반해 선도에 정착하기로 마음먹는다. 곧바로 땅을 매입해 기르던 소나무들을 모두 일정섬으로 옮겨심고 2006년 조철종·주현주 부부는 그렇게 선도에 정착하게 된다.

> 선도는 무연고. 어떻게 왔냐면 여기 이제 내가 저 무안에다가 그 펜션을 해볼라고 땅을 사놨다가 거기다 소나무를 심었어요. 소나무를 심어가꼬 그게 컸어. 그래가지고 그놈을 또 옮길 땅을 찾으면서 부동산을 방문해서 "어디에 좋은 땅이 있냐?"고 물어보니까 여기를 가르쳐줬어. 그래서 집사람이랑 같이 가서 봤는데 너무 좋은 거야. 여기다! 그래서 정착했지.

그러나 섬에서의 생활은 처음부터 순탄치 않았다. 그 때 당시만 해도 일정도로 가는 길은 비포장도로였으며 비가 오면 흙탕물로 인해 이동하기가 힘들었다. 뿐만 아니라 길가 주변에 관리되지 않은 나무들이 무성해 차가 지나가기 힘들 정도여서 막막하고 포기하고 싶었다. 처음 선도로 이주했을 때는 집을 짓지 않고, 컨테이너를 일정섬으로 가져와 집으로 개조해 생활했다. 2006년 당시에는 도시와 달리 선도에서 의식주를 해결하는게 쉬운 일이 아니었다. 돈이 있어도 살 수 없는 상황이었다. 마을 주민의 도움을 받아 겨우 식수를 구하고 목욕도 할 수가 있었고, 배를 타고 나가 장을 봐야 끼니를 해결할 수 있어서 여간 힘든 일이 아니었다. 조철종 부부는 그때의 기억은 잊을 수 없는 추억이라 했다.

> 전혀 선도에 대한 뭐 섬에 대한 정보가 없어서요. 나는 아주 도시 사람이어서 선도에 대해 아무것도 모르고, 부동산 통해서 일정섬을 소개받은 거라서. 경치가 너무 좋아. 이 땅이 좋아서. 고놈을 샀죠. 그때는 거가 완전히 밀림이야. 밀림. 사람도 못가. 요 동네 사

손수 꾸민 앞마당에서 반려견과 함께 하는 조철종

람도 거기 못가. 무서워서 귀신 나온다고. 그렇게 옛날에는 그런 말들이 있어서 쭉 사람들이 못들어갔는데. 우리는 좋은 거야. 우리는 모르니까. 나는 이제 신앙생활하고 그러니까 상관없이. 너무 좋아서 고놈을 샀죠.

그렇게 정착 초기에 갖은 고생을 하며 겨우 자리를 잡았다. 조철종은 선도에 입도하고서 3년 동안은 경제활동 없이 생활했다. 기본 식수와 전기, 의식주가 안정되는 데에는 시간이 꽤 걸렸다. 어느 정도 안정을 찾게 되면서, 일거리가 눈에 들어왔다. 선도 주민의 수입원은 낙지잡이와 농사였다. 조철종도 낙지잡이와 농사를 인터넷에서 검색하고 동영상을 찾아보기도 하고 마을 주민에게 직접 물어보았다. 처음에는 비료나 농약 치는 법을 잘 몰라서 번번이 농사를 지어도 실패했다. 시행착오 끝에 조철종은 노하우가 쌓여갔다.

선도 처음 와서는 3년 동안 놀았어. 있는 돈 다 까먹으면서 놀고 있으니까 저 주민들이 낙지 한번 잡아보라고 그때 동네 주민들은 낙지가 주 수입원이었지. 낙지 잡고 벼농사하고 고추 농사하고 똑같이 살아. 주민들하고 다 여기 와서 배웠지. 유튜브, 인터넷 검색하고 배웠지. 시행착오를 많이 겪었어.

올해로 선도 생활 17년 차를 맞은 조철종·주현주 부부는 일정도에 아름다운 마당과 듬직한 반려견이 살고있는 집에서 행복한 삶을 살고 있다. 조철종은 주낙을 이용해 낙지를 잡는 것은 물론 그밖에 고추와 고사리, 절임배추 등 다양한 농사를 짓고 있으며 2021년에는 매계마을 이장과, 선도 가고 싶은 섬 사무국장직을 맡게 되어 바쁜 나날을 보내고 있다. 일정도가 속해있는 선도 남서쪽의 매계마을은 약 30여 명이 거주하는 작은 마을이다. 조철종은 이장 일을 하면서 매계마을 어르신들을 직접 찾아 뵙고 인사드리고 안부를 묻는 일이 재밌고 보람차다고 했다.

매계마을은 대략 삼십여 명이 거주하고 있어요. 대부분 한 명씩 살아요. 대략 스물다섯 가구. 할 게 뭐가 있어요. 나는 일일이 찾아가. 다 찾아가서 말해주고 개인적으로 통화해요. 방송하라고 해도 방송 안 해. 우린 25~30명 정도라서 뭔 일 있으면 다 전화로 해요. 나는 직접 찾아가 어르신들이니까 안녕하셨느냐고, 밤새 잘 있었는가 확인도 해보고. 나는 다 찾아가. 가서 어떻게 사는 것도 좀 보고. 마을 방송으로 할 때도 있지만 앵간하면 다 찾아가서 직접 말로 해요. 노인들은 같이 이야기 해주면 좋아하잖아. 이야기도 좀 하고 들어주고. 그게 사는 재미지 뭐.

어촌계 총무는 2년 했으니까. 올해 2년 되어서 내려놨어. 어촌계장 그만두면서 같이 내려놨지. 지금은 가고 싶은 섬 사무국장이고. 이걸 맨 마지막에 맡았잖아. 이게 제일 큰 거잖아. 사실 마을 일 보는 게 그니까 이걸 내려놨고. 이장 일이 상당히 많아 내가 해보니까. 이장 일 상당히 많아.

일정도는 인생 2막이여. 그런께 지금 이제 한 십 년 되고. 묵묵

히 주민들하고 동화되고. 같이하고 하니까 사무국장도 시켜주고 이
장도 시켜주고. 이것도 하라고 하고, 저것도 하라고 하고. 지금 2구
이장. 어촌계 총무도 이제 내려놓고. 도선 관리 위원장 조그만 배.
지금 하고 있고.

외지인으로서 마을에 정착하여 적응하며 사는게 쉽지는 않다. 섬은 폐쇄적일 수도 있고, 반대로 개방적일 수도 있다. 공공히 자리잡은 공동체문화에 비집고 들어갈 틈이 없어보이기도 하고 융화되기 어렵지만, 한번 동화되면 더욱 끈끈해지는 것 또한 사실이다. 선도 내에서도 따로 떨어진 일정도에 살고 있고, 도시에서의 생활했던 배경들이 이방인 또는 경계인으로 취급될 수 있지만 그럼에도 불구하고 장기간 거주하면서 마을 구성원으로 자리를 지킨다면 서로 소통하고 화합될 수 있다. 이주민들이 마을 일에 적극 동참하면서 지속적으로 관계를 맺고 마음을 연다면, 원주민들이 손을 내밀게 되는 것은 한순간이다.

조철종은 '선도에 작은 공원을 만드는 게 꿈'이다. 본인이 가꾸고 일군 공원을 방문하는 모든 사람들이 행복해졌으면 하는 작은 소망을 가지고 있다. 개인만이 아닌 마을 전체가 즐기고 누리는 공유의 숲을 만드는 것. 그 꿈을 이루기 위한 조철종의 발걸음은 지금도 계속해서 앞으로 나아가고 있다.

2) '선도의 꽃차 한잔이면 누구나 행복해질 수 있어요.'
: 주현주(1959년생 / 매계)

주현주는 남편 조철종과 함께 2006년 선도로 귀농하였다. 남편이 회사를 퇴사한 후 같이 소나무 식재를 하며 땅을 알아보던 와중에 선도를 알게 되었고 선도의 아름다움에 반해 귀농을 결심한 것이다. 귀농은 도시를 떠나 하던 일을 그만두고 농촌으로 돌아감을 뜻한다. 이는 곧 한 사람의 가치관과 생활양식은 물론이고 일상이 통째로 바뀌는 모험이기도 하며, 전혀 새로운 문화를 접

2006년 선도로 귀농한 주현주

선도꽃차연구회 회원들(좌)과 꽃차소믈리에 수료식(2020년)

해야 하는 일이기도 하다. 주현주는 선도에 정착할 결심을 했을 때 도시에서의 생활이 그리워질까 봐 많은 걱정을 했다고 한다. 걱정하던 와중에 마침 신안군에서 진행하는 꽃차소믈리에 교육이 진행된다는 정보를 듣게 되면서 한시름을 놓게 된다. 작은 섬에서도 교육프로그램이 진행된다는 사실에 놀라면서도 감사했다. 이듬해 꽃차소믈리에 교육에 참여하게 되면서 점차 꽃차에 대한 매력에 빠지게 되었다.

> 근데 이제 그다음 해에 또 이제 꽃차 교육이 들어왔다고 저희 남편이 당신 그거 한번 해보라고. 당신 그런 거 하고 싶어 했잖아. 그러길래 그래 한번 가볼까 해서 갔어요. 꽃차를 처음 배웠는데 너무 재밌는 거예요.
> 이때는 제가 이제 반장을 맡아서 그 어르신들을 다 같이 이제 막 재미있게 만들었죠. 꽃차 공부할 때 재미있게 이야기도 나누고 이렇게 해서 11명 전원이 다 2급 자격증을 땄어요. 88세 뭐 85세 막 연세가 이런 분들도 다 같이 그래서 2급 자격증 다 땄어요.

꽃차 교육 | 꽃잎을 덖어서 차로 만드는 과정

　　꽃차소믈리에는 꽃차의 특성과 제다법을 익히고 꽃의 맛과 색을 분별하는 전문가를 말한다. 꽃차소믈리에 교육은 주현주에게 있어 단순한 교육 그 이상이었다. 외지인으로서 선도 마을 주민들과도 돈독히 지낼 수 있는 유대관계를 형성시켜 주는 하나의 매개체가 된 것이다. 또한 코로나-19로 지친 마음을 달래준 것은 물론 꽃차 향기로 인해 정서적 안정감과 자존감을 높일 수 있었던 좋은 기회가 되었다. 꽃차소믈리에 자격증 취득은 물론이거니와 세대를 아우르는 교육프로그램이 섬에 활력을 불어 넣고 있다.

　　　　그래서 다 우리 회원들인데 지금 너무 재밌었어요. 하면서도 그리고 이제 여기에도 이제 잠깐 소개돼서 나오는데 어르신들을 대할 때 그때는 어려우니까 여기는 다 집성촌이라 숙모님 막 이렇게 막 존칭이 다 있어요.
　　　　근데 저는 딱히 외부에서 들어왔기 때문에 뭐라고 존칭을 할 만한 어르신 내지는 뭐 할머니 아니면 뭐 이런 어머니 뭐 이런 식으로밖에 할 수가 없었는데 이 꽃차를 하면서 제가 과감하게 언니라고 부르기 시작한 거예요. 88세 연세 많으신 분들한테도 어~ 언니!

마리골드 수확 | 마리골드밭

막 이러면서 이러니까 너무 좋아하시는 거예요.
　언니라는 그 단어 하나가 그렇게 친밀하게 만들어주더라고요. 분위기를 그래서 그전에는 나름대로 저도 이 도시에서는 그래도 좀 잘 나갔다고 하고 나도 조금 도도하게 좀 살았는지는 모르겠는데 막 언니라고 하기가 좀 쑥스러웠거든요. 못하겠고 근데 지금은 만나면 저보다 나이가 많든 적든 뭐 다 언니라고 해요.

　주현주는 꽃차에 대한 열정으로 현재 선도꽃차연구회장을 맡고 있다. 선도에서는 지난 2020년 20회(80시간)에 걸쳐 선도 주민들을 대상으로 꽃차소믈리에 교육이 진행되었다. 교육과정은 크게 2급, 1급, 특급 과정으로 나뉘며 커리큘럼 및 교육시간이 각각 다르다. 현재 꽃차소믈리에 1급을 소유하고 있는 주현주는 곧 꽃차소믈리에 특급에도 도전할 계획이다.

맨드라미 | 말린 맨드라미의 모습

　그래서 저는 이제 더 다른 사람들은 2급에서 멈췄는데 저는 이제 1급까지 교육을 받아서 땄죠. 저하고 김영순 언니는 내가 같이하자고 그래서 그 언니하고 둘이 지금 1급까지는 땄어요. 저는 이제 특급까지 갈 거라서 계속 끝까지 갈 거예요. 특급은 교육 이수를 시간이 240시간을 채워야 하고 특급을 취득하려면 수강료도 돈이 많이 들어요.

　규모 작은 농사만 지어서 팔면은 남는 것도 없고 그래서 꽃차를 가공해서 팔아야만 이윤이 남는데 그러기에는 마을주민들 연세들이 다 너무 많고, 근데 이 꽃차는 앞으로 이 마리골드가 이게 눈에 너무 좋잖아요. 다양한 효능으로 일반인들에게 많이 지금 알려졌어요. 그래서 이걸로 이 언니들이 꽃 따서 가져다주면 다듬어서 트레이에 넣어 말리는 작업, 그리고 덖는 작업 이런 것들은 가만히 앉아서 할 수 있는 일이기 때문에 얼마든지 나이든 사람도 가능한 일이거든요.

주현주는 꽃차 상품화를 위해 마리골드와 맨드라미를 기르고 있다. 교육 받는 것에서 그치는게 아니라 실제 현장에서 활용하기 위한 것이다. 꽃을 심고 거두어 말려서 직접 꽃차를 말려 지인과 이웃들에게 나누고 있다. 교육생들과 함께 꽃을 심고 가꾸어 선도의 6차산업으로 활용할 예정이다.

뿐만 아니라 남편과 함께 고사리 재배를 시작으로, 두릅과 절임배추 등을 인터넷을 통해 판매하고 있다. 이중 절임배추는 직접 재배한 속이 꽉 찬 배추를 씻어 신안 천일염을 사용해 딱 맞는 염도에 절여 씻은 후 포장하여 판매하고 있는데, 뛰어난 맛 덕분에 점차 입소문이 나고 있다고 한다.

3월 중순부터 이제 저 뒤에 있는 밭이 고사리밭이에요. 고사리가 나오기 시작하면 두릅이 나오기 시작해요. 고사리부터 시작해서 이때는 밭도 가고 꽃차도 말리고 너무 바쁜 하루가 시작되는 거예요. 1월에서 3월 정도 돼야 꽃차 공부를 할 수 있는 여유가 조금 생겨요.

말린 마리골드의 모습(사진제공: 주현주 선도꽃차연구회장)

그리고 이제 2, 3월부터 이제 2월 지나가고 3월 초부터 이제 꽃 파종을 해야 하죠. 마리골드부터 시작해서 맨드라미 또 지금 이제 그 두 가지를 중점적으로 해요. 너무 여러 가지 하면 관리를 다 못해, 전문적이지도 않고 또 혼자서 관리를 못 하게 돼요. 씨를 그래서 이제 3월

말쯤 4월 초쯤에는 이제 밭에다 옮겨 심죠, 옮겨 심는 작업을 하고 그러면 아마 5월 초쯤이면 이제 꽃이 거의 피게 돼요. 마리골드가 성장이 굉장히 빨라요. 맨드라미는 좀 늦어요. 가을이고. 마리골드는 거의 5월 중순 늦어도 6월 초까지는 꽃이 피어요.

6월에는 고사리를 많이 채취하죠. 4월 중순부터 6월 말에는 고사리가 완전 많아요. 그리고 이제 지인들에게 고사리를 팔죠. 주문이 어마어마하게 많이 오는 데 없어서 못 팔아요. 보니까 이제 좋은 고사리를 사려고 막 주문을 막 20kg씩 막 이렇게 시키시는 분도 있고 막 10kg씩 그러니까 이만한 포대로 두 포대를 끊어서 말려야 1kg 나와요. 어마어마하게 진짜 힘들어요. 굉장히 바쁜 시기가 4월에서 6월이 꽃도 심어야 하고 고사리 매일 말리고 하죠. 이때는 고추도 같이 심어요.

7월~8월 그때는 계속 마리골드 수확이에요. 매일 아침에 이제 물 쫙 주고 이제 물기가 쫙 말랐을 때 오후에 이제 따죠. 매일! 따줘야 해요 거의 그래야 또 피어요. 또 새 꽃이 나와요. 자꾸 따줘야만 새로 나와요. 맨드라미 수확은 본격적으로 9월부터 10월 말까지 하고 11월에서 12월은 절임 배추를 하죠. 1년 내내 저는 쉬는 시간이 별로 없어요.

자연에 아름답게 피어있는 꽃은 보기만 해도 마음을 진정시키는 효과가 있다. 색색의 꽃은 그 겉의 아름다움만큼이나 내면의 아름다움을 가지고 있어 숨겨진 효능을 가지고 있다. 자칫 모르고 그냥 지나칠 수 있는 각양각색의 꽃들의 효능을 보다 많은 사람들에게 전파하고 활용하는데 앞장서는 주현주는 고령화로 인해 생계 활동에 제약이 많은 어르신들에게도 꽃차 산업이 도움이 될 거라고 확신하고 있다. 그리고 자신이 디딤돌이 되어 선도 주민들에게 작으나마 도움을 주는 사람이 되기를 희망한다. 마음의 상처를 치유할 수 있는 꽃차 소믈리에로 당당히 출발하는 첫걸음이기도 하다.

선도의
옛 기록과
이야기

6부

Ⅰ. 기록 속의 선도

Ⅱ. 선도의 지명 이야기

Ⅲ. 선도의 설화

Ⅳ. 선도의 옛 사진

I
기록 속의 선도

최성환

선도와 관련하여 주목할 만한 옛 기록들을 정리해 본 내용이다. 향후에 이러한 자료들의 내용들이 지역문화자원 개발이나 옛 이야기자원의 스토리텔링 등에 활용된다면 섬 문화 발전에도 도움이 될 것이다.

1. 『지도군총쇄록智島郡叢瑣錄』 속의 선도

『지도군총쇄록智島郡叢瑣錄』은 초대 지도군수인 오횡묵吳宖默(1834~1906)이 군수 시절의 경험을 토대로 담긴 일종의 정무일기이다. 1896년 오늘날 신안군의 모태가 된 지도군이 창설되면서 오횡묵이 부임하기 전부터 떠날 때까지 2년 4개월간 쓴 기록이다. 오횡묵(1834~1906)은 조선 말기의 문신이자 학자이다. 본관은 해주海州, 자는 성규聖圭, 호는 채원茝園이다. 정선군수, 자인현감, 함안군수, 고성부사, 지도군수, 여수군수 등을 두루 지냈다. 그는 부임한 지방의 수령으로서 요직에 있을 당시 자신의 많은 시문詩文은 물론 관청에서 중요하게 집행되었던 일과 내외에서 일어났던 중대한 일 등을 일기체로 엮어 놓았다. 관련 내용 중에 선도가 언급된 내용을 소개하면 다음과 같다. 국역문은 『신안향토사료지 국역 지도군총쇄록』(신안문화원, 2008)에서 인용하였다.

○ 1896년 5월 18일 기록(지도군 형편)
왼쪽에 회산나루가 있어 정남쪽으로 탄도炭島와 선도蟬島에 통한다.

○ 1896년 6월 6일 기록(지도 효행 및 문학 관련 인물 명단)
선도 박병환朴炳煥, 선도 박성거朴成巨

○ 1896년 8월 28일 기록(행정편제)
선도蟬島 호 162, 관호 45호. 고이古耳 호 44, 관호 12호.
당사唐沙 호 22, 관호 8호. 매화梅花 호 71, 관호 18호.
병풍屛風 호 46, 관호 15호. 탄도炭島 호 16, 관호 5호.

○ 1896년 8월 28일 기록(토지)
선도 37결 77부 7속

○ 1896년 8월 29일 기록(향장이하 관속 차출)
선도 최봉진崔奉桭

○ 1897년 4월 28일 선도 회영재 관련
바람은 빠르고 돛은 가벼워 숨 한번 쉬는 사이에 선도에 이르니, 15리 길이요, 주진蛛津이다. 본도 사인 및 훈장 학도들이 내가 올 줄 미리 알고 나룻가에 기다리고 있었다. 이어 주점에 이르러 잠시 쉬고 있으니 훈장 김제金濟, 박정재, 향원 김양金瀁 및 학도 김인우金仁祐 등 7~8인이 와서 뵈었다. 잠시 이야기를 나누고, 걸어서 주동蛛洞으로 들어가 회영재會英齋에 여장을 풀었다. 재의 모양은 제법 좋아 대나무가 사방을 둘러서 있고 지대는 높고 밝다. 이런 곳은 이번 행차에 처음 보는 곳이다.

사인 양상연, 김형래, 박병고 박문재, 이홍재, 박홍규, 박병균, 박현래, 박기래 및 학도 김기봉, 박종술 등 수십 인이 차례로 와서 뵈었다. 밝게 깨우쳐 고시하는 것은 예에 의하여 하였다. 뒤에 들으니 박용화는 사이에 부친상을 당했다고 한다.

오후에는 비가 올 것 같았는데 여러 사람과 짝하여 재의 뒤를 올랐다. 형편을 보니, 주산은 북산으로 지도에서 건너오고, 또 호덕산虎德山 대계치大鷄峙가 있어 본 동네에 이르러 남쪽을 향하여 국을 열고 있다. 그곳에 사는 사람이 말하기를 늙은 거미가 망網을 펴고 있다고 하는데, 그러나 그 격으로 보면 박쥐격이다. 호는 40여호 남짓이고 김·박 두성이 주로 산다.

북촌에는 주朱씨 성, 호덕산 아래는 박씨 성, 석산촌石山村에는 이·박·양·임씨 성, 매계동梅溪洞 남악리南嶽里는 함께 박씨 성이 사는데, 모두 6리에 150여 호이다.

서로는 병풍도에 접하고, 동은 탄도, 북은 본 군에 있는 청석포青石浦, 오리포梧里浦와 접한다. 제생들의 시가 이루어져 비점을 하여, 박정술, 김효익, 이은종, 박종술, 신동조 등 및 학도 몇을 아울러 백지로 시상하였다. 대개 신진新進으로 자못 나날이 진보할 희망이 있다.

○ 1897년 4월 29일 기록

식사 후에 주진蛛津으로 돌아오니, 어제 안면을 익힌 여러 사인士人 및 학도들이 아울러 나와 전송하였다. 박정재朴鼎載, 박홍재朴洪載는 이장移葬하는 일 때문에 아직 작별하지 못하였다.

○ 1897년 4월 25일 기록(압해도 복룡동)

이곳 복룡동伏龍洞엔 두 마을이 있는데, 서북西北을 향하여 국局을 열어 선인이 홀笏을 짚고 있다는 선인주홀격仙人拄笏格이다. 정丁 김金 두 성姓이 주로 살로, 남쪽에 홀산笏山이 있고, 동쪽에 후령後嶺이 있고, 서쪽으로 오리五里에 금성산錦城

山 아래 압해현押海縣 옛터가 있다. 옛터에서 북쪽으로 삼리三里 쯤에 응봉산성鷹峰山城이 있고, 서쪽으로 삼십 리 되는 곳이 송공산宋孔山으로 위에 산성山城이 있으며, 동남쪽으로 삽진鍤津, 동쪽으로 목진牧津, 서쪽으로 송공포宋孔浦가 있다. 대개 이 섬이 함평咸平 태백산太白山에서 떨어져 나와 선도蟬島가 되고 바다를 건너서 흘산笏山이 된 것이다. 또 학동鶴洞에는 강姜씨와 박朴씨, 조천鳥川에 김金 고高, 대벌리大伐里에 문文 김金 박朴, 수락동水落洞에 강姜 김金, 송공리宋孔里에 이李 김金 박朴, 불매리佛梅里에 강姜 이李, 고사동古寺洞에 강姜 최崔, 신기新基에 조曺 장張, 태도苔島에 박朴 조趙, 장감리長甘里에 이李·천千, 신장촌新庄村에 이李, 용정리龍井里에 김金씨 성姓이 주로 어울려 산다고 한다. 또 이 섬에는 24개 마을이 있고 인가人家는 400여 호이다.

○ 1897년 5월 4일 기록(지도군으로 방문)
선도蟬島 훈장 김제金濟가 학도 등 3인을 거느리고 찾아왔다가 갔다.

○ 1897년 5월 17일 기록(장의 교체)
장의掌議(향교 임원) 김득규金得圭, 김홍진金洪珍을 압해도 김영복金永複, 선도 김제인으로 교체하여 대신케 하고자 향교에서 가려 뽑아 추천하였다.

2. 『심진록尋真錄』 속의 선도

『심진록尋真錄』은 초대 지도군수인 오횡묵이 1897년에 관할지 섬을 순행한 후 지은 것이다. 오횡묵 군수는 1897년에 지도 인근 섬들의 현황을 살피기 위해 순행에 나섰다. 순행과정에서 지역민들과 만나고 교류하였으며, 교육의 중요성을 강조하는 '흥학興學' 활동도 병행하였다. 『심진록』에는 지역에 대한 세세한 현장 정보와 다양한 인물들의 면모, 섬사람들이 직접 지은 시문 등이 담겨 있다. 국역문은 『신안향토사료지 국역 심진록』(신안문화원, 2015)의 내용을 인용하였다.

○ 1897년 4월 28일 선도 탐방기

바람은 빠르고 돛은 가벼워 선도蟬島 주진蛛津까지 십오리 길을 단숨에 내달았다. 이곳 섬의 사인士人과 훈장訓長 학도學徒들이 내가 올 줄 미리 알고 나룻가에 와서 기다리고 있었다.

이에 주점에 들려 잠시 쉬고 있으니, 훈장訓長 김제金濟 박애정재朴哀鼎載 향원鄕員 김양金瀁 및 학도學徒 김인우金仁祐 등 칠팔 인이 와서 뵈었다. 잠시 만나 이야기를 나누고, 걸어서 주동蛛洞으로 들어가 회영재會英齋에 여장을 풀었다. 재齋의 모양이 제법 좋다. 대나무 숲이 사방을 두르고 지대는 높고 밝아 이번 행차에 이런 곳은 처음으로 본다.

사인士人 양상익梁相翊 김형래金馨來 박병교朴炳敎 박문재朴文載 박홍재朴洪載 박홍규朴洪奎 박병균朴炳均 박현래朴絢來 박기래朴基來와 학도學徒 김기봉金基奉 박종술朴鍾述 등 수십 인이 차례로 와서 뵈었다. 앞의 예에 따라서 효유曉喩하고 고시문告示文을 주었다.

날이 저문 뒤에 들으니 박애용화朴哀容化가 요사이 부친상을 당하여 그제 장례를 치렀다고 한다. 그래서 사람을 시켜 명함名卿 보내어 문안하였다. 잠시 후에 또 술과 안주를 보내왔다. 이에 운을 내어 제생諸生과 함께 시詩를 지어 읊었다. (이하 시문은 생략, 부록 내용 참조)

오후에는 비가 올 것 같았는데 여러 사람이 함께 회영재會英齋 뒤 언덕에 올랐다. 형편形便을 보니 주산主山은 북산北山으로 지도智島에서 건너오고, 또 호덕산虎德山 대계치大鷄峙가 있어 본동本洞에 이르러 남쪽을 향하여 국局을 열었다. 그 곳에 사는 사람들은 늙은 거미가 거미줄을 펴고 있는 노주장망老蛛張網형국이라고 한다. 그러나 그 격格으로 보면 박쥐 즉 편복격蝙蝠格이다.

인가는 사십여 호에 김金 박朴 두 성姓이 주로 산다. 북촌北村은 주朱씨, 호덕산虎德山 아래는 박朴씨, 석산촌石山村엔 이李 박朴 양梁 임林씨가, 매계동梅溪洞과 남악리南嶽里에는 모두 박朴씨가 산다. 모두 여섯 개 마을에 일백오십여 호이다. 서쪽으로 병풍도屛風島에 접하고 동쪽으로 탄도炭島 북쪽으로 본군本郡과 접하고 청석포青石浦 오리포梧里浦가 있다.

제생諸生들의 시詩가 이루어져 시문詩文의 우열을 고사考查하여 비평하고 박정술朴正述, 김효익金晶翼, 이은종李恩宗, 박종술朴琮述, 신동조申同祚, 등과 학도學徒 몇을 골라 뽑아 백지白紙를 시상하였다. 대개 신진新進으로 자못 앞으로 성취할 희망이 있는 자들이다. 저녁에 운을 내어 시詩를 지어 읊었다. (이하 시문 생략, 부록 참조)

○ 1897년 4월 29일 선도 탐방기

식사 후에 주진蛛津으로 돌아 나오니 어제 안면을 익힌 여러 사인士人과 학도學徒들이 아울러 나와 전송하였다. 박정재朴鼎載, 박홍재朴洪載 두 사람은 면례緬禮의 일 때문에 미처 작별을 고하지 못하였다. 곧 배를 타러 나섰다.

당초 생각으로는 오늘 매화梅花 병풍屛風, 두 섬에 가서 살펴보려 하였다. 비록 하룻밤을 더 묵을지라도 이렇게 하고 싶었다. 나룻가에 이르니 두 섬으로 가는 길에 바람과 물때가 모두 이롭지 못하고 뱃사공이나 사인士人 모두가 난색을 표하여 곧장 돌아가기로 정하였다. 또 효자孝子 박병환朴炳煥과 김추탁金樞濯의 둘째 며느리 열행烈行 박씨朴氏 두 곳을 친히 방문할 틈을 내지 못하여 마음이 매우 서운하였다.

3.『지도군지智島郡誌』속 선도

『지도군지智島郡誌』는 1908년에 작성된 지방 읍지邑誌이다. 당시 지도군수 채수강의 이름으로 발간되었다. 내지에는 '지도군읍지서智島郡誌序'라고 기록되어 있다. 지도군의 건치연혁부터 고적, 관원, 성지, 관청, 부세, 산천, 역원, 관방 등 주요 현황에 대한 기초 정보가 망라되어있다.

○ 건치연혁建置沿革

읍邑의 이름은 지도智島라 한다. 임술壬戌(1682년) 지도에 진鎭을 설치하고 수군

만호水軍萬戶를 두었다. 나주진관羅州鎭管의 해남우수영海南右水營에 부속되었다. 진을 설치하기 이전의 일은 아주 오래되어서 알 수 없다. 1895년(고종 32) 갑오경장이 일어나 진을 폐지했다. 다음 해인 건양원년建陽元年(1896년) 병신丙申년에 나주 땅의 지도智島·송도松島·자은慈恩·암태巖泰·자라者羅·장산長山·압해狎海·가란佳蘭·달리達里·흑산黑山·우이牛耳 등의 섬과 영광 땅의 안마安馬·송이松耳·석만石蔓·락월落月·어의於義·수도水島·임자荏子·재원在遠·사옥沙玉·후증後甑·전증前甑·우전羽田·선도蟬島·매화梅花·병풍屛風·고이古耳 등의 섬, 만경萬頃 땅의 고군산古箬山·야미夜味·왕산旺山등의 섬, 부안扶安 땅의 위도蝟島·비안飛雁등의 섬, 광주光州땅의 하의荷衣·상태上台·하태下台 등의 섬과 진도 땅의 비금飛禽·수치睡雉 등의 섬, 진도珍島 땅의 기좌箕佐·안창安昌 등의 섬, 무안務安 땅의 탄도炭島를 합하여 하나의 군으로 하여 광주관찰부光州觀察府에 소속되었다.

○ **방리**坊里

선치면蟬峙面은 동남으로 30리이다.

○ **산천**山川

호덕산虎德山은 동남으로 30리 되는 선치蟬峙에 있다.

○ **제언**堤堰

주동언蛛洞堰은 선치蟬峙에 있다.

4. 근대 신문기록 속 선도

일제강점기에 발간된 근대 신문기록 가운데 선도와 관련이 있는 보도 내용을 추출하여 소개하였다. 당시 신문기사의 원문을 토대로 인용하였다.

○ **사립학원신설**私立學院新設

- **동아일보 1925년 10월 19일**

유지 삼씨 열성으로

무안 지도에서

전남全南 무안군務安郡 지도면智島面 선도리蟬島里는 본면本面 보통학교普通學校와 원격遠隔한 낙도落島로 통학通學이 불편不便하야 사립학원私立學院을 설립設立하고 도중아동島中兒童을 교수敎授하여 오던바 유지곤난維持困難으로 부득기폐원不得己廢院 됨에 도민島民들은 교육기관敎育機關의 시설施設이 업슴을 통탄痛嘆할 뿐이더니 유지有志 김성재金性在 박채규朴彩奎 김정봉金正奉 삼씨三氏의 발의發議로 도민島民의 찬조를 득得하야 금월초기今月初期부터 경更히 사립학원私立學院을 설립設立하고 강사講師 박용일씨朴鎔逸氏를 청빙聘하야 목하사십여명目下四十餘名의 아동兒童을 교수중敎授中이라는데 전기삼씨前記三氏의 칭찬稱이 면내面內에 자자藉藉하다고

○ **지도면 선도에도 두화**痘禍 **31명 중 3명 사망**

- **동아일보 1940년 01월 30일**

지도면智島面 선도蟬島에도 두화痘禍 삼십일명 중 삼명卅一名中三名 사망死亡 목포서 교통차단木浦署交通遮斷코 종두시행種痘施行

지난 십十일 전남全南 무안군務安郡 안좌면安佐面에서 천연두天然痘가 발생하기 시작하야 삽시간 불똥이 튀듯 퍼지는 두화痘禍는 어느듯 장산長山 비금飛禽 암태岩泰 지도智島 압해押海 각면에 만연하야 일반주민 보건에 일대 위협을 끼처 전전긍긍 하는차제 또다시 지난 이십삼二十三일에 지도면 선도智島面蟬島에서 환자 삼십일三十一 명이 발생하야 그 중 삼三명은 사망하고 대부분은 위험상태에 빠저잇서 방역에 부심하는 목포서木浦署에서는 위생계 주임이 계원을 대동하고 각면발생지에 십十여일간을 순회하야 불면불휘 검병하는 일방 지도와 선도간, 목초와 선도간 교동을 차단하고 종두를 실시할 중이라는데 목포서 에서는 두묘痘苗 二(이)만인분을 주문하엿스나 아즉도착 되지안코 연일 발생하야 대량적으로 환자를 내게됨으로 매우 불안 중에 잇다고한다.

○ 무안군 내 두마 점차 만연務安郡內痘魔漸次蔓延 선도蟬島에 또 칠명발생

- 동아일보 1940년 02월 03일

환자은닉患者隱匿하는 가정家庭에 극 경고警告

전남全南 무안군務安郡 지도면智島面 선도蟬島에 천연두가 발생하기 시작하야 삼십일三十一 명의 환자가 발생 되엇다함은 기보한 바 어니와 선도에서 퍼저나아가는 두화는 목포서木浦署 위생게의 방역 철벽진도 아모런 호과를 보지 못하고 휩쓸여 날로 발생하여 사십四十명의 대량적으로 환자를 내이고 지난 이십구二十九일 또다시 칠七명의 진성환자眞性患者가 발생되어 전도가 두회에 수난을 당하는 형편이어서 목포서에서는 불면 불휴검병과 방역에 부심하고 잇는 차제이나 촌락민들은 교동차단으로 피할 길이 없어 두창 공포로 전전긍긍 한다는데 그중에도 웃우운 일 한가지가 잇으니 환자의 집에서 병자를 극비 밀히 골방 속에 다감추워코 검병하는 경관과 경방단에게는 병자가 없는 것같이 구미고서 무녀巫女를 가만이 불러들여 굿을 하엿으나 낫키는 커영 도리 혀굿을 하던 무당이 진성환자로 전염 된 후 생명이 위독하게 되고 그로 인하야 전염 환자만 드러나게 되엇다는 것인데 일반은 환자 발견시는 곧 당국에 신고하기를 바란다고 한다.

○ 홍도 등 10개 섬에 9월까지 무선전화 가설

- 광주일보 1970년 8월 8일

가구수 2백호 이상 및 인구 1,500명 이상인 도서에 연차사업으로 초단파 무선전화분실을 신설하고 있는 목포 무선전신국은 관내 홍도紅島 등 10개 도서 지구에 무선전화시설을 오는 9월 말까지 준공하게 된다. 또한 동국에서는 현재까지 소흑산도 등 38개 도서와 초단파무선 전화를 통화하고 있다. 그리고 9월 말까지 무선전화분실이 신설할 도서는 다음과 같다.

▲신안군 지도면 선도 ▲신안군 흑산면 대둔도 ▲신안군 흑산면 홍도

▲영광군 낙월면 안마도 ▲진도군 조도면 상조도 ▲진도면 관매도

▲여천군 돌산면 경호도 ▲진도군 조도면 가사도 ▲고흥군 풍남면 시산도

▲ 완도군 고금면 농상도

○ **4개 간척지**干拓地 **중단 3년 외원**外援 **끊겨 36%서 신안군 기성**既成 **공사도 조류**潮流**에 씻겨**

- 광주일보 1971년 9월 17일

　신안군이 관내 6개소에서 벌인 간척사업은 외원이 끊겨 공사가 중단된지 3년이 지나도록 36%의 공정에서 방치되고 있어 그동안 공사한 기성 부분마저 바닷물에 씻겨 유실되고 있다. 15일 군에 의하면 이 공사는 지난 65년도에 3억 4천5백86만6천원의 예산을 세워 착공 이중 7천7백58만4천원을 들여 안좌면 구대리 544정보와 산두리 96정보, 압해면 상동서리 160정보와 하동서리 103정보 그리고 지도면 방축리 26정보와 선도리 21정보등 6개지구와 950정보의 간척공사를 실시했는데 지도면의 2개소만 겨우 준공했고 나머지 4개소는 69년초부터 공사가 중단 기성부분이 바닷물에 씻겨 제방이 유실되어 공사를 다시해야 할 형편이라는 것이다. 이 때문에 군당국은 당초 간척사업목적으로 세운 영세민 구호문제의 효과를 보지못하고 있으며 완공이 된다 하더라도 10년 후에 수익을 보게되는 나쁜조건 때문에 민간투자 희망마저 없어 예산만 낭비한 결과를 빚어내고 있다.

○ **지도면 선도리 청년회 불우**不遇 **어린이 백 명에 중학교육**

- 광주일보, 1974년 3월 11일

　신안군 지도면 선도리 청년회에서는 청년회의 기금으로 가정형편이 어려워 중학교에 진학하지 못한 학생들을 모아놓고 중학과정의 교육을 시키고 있어 어린학생들에게 희망을 안겨주고 있다. 이 마을 박朴용길 청년회장은 전회원들과 뜻을 모아 73년1월부터 선도리 주동부락 등 6개 부락에서 국민학교만을 졸업하고 중학교에 진학할 수 없는 딱한 처지의 남자70과 여자30명을 청년회의 기금으로 중학교 교과서를 구입해다가 학생들에게 나누어 주면서 선치 국민학교 교실을 빌려 밤마다 공부를 가르치고 있다. 청년회에서 이와같이 좋은 일을 하자 지방출신국학교 교사인 박경호 선생 등 5명의 교직원도 학생들의 교육을 맡겠다고 나서 이제는 활발한 움직임을 보이고 있다. 6개 초·중·고이며 학교마다 브리핑을 생략하고 학교의 당면한 문제점과 애로사항 건의 등을 받아들이는데 많은 시간을 보낸 설薛 교육감은 교원들이 헛눈팔지 않고 학생지도에 전념할 수 있도록 학교장은 현장교원의 사생활까지도 세심한 관심을 갖고 보살필 것과 모든 행정력을 학생의 알찬교육을 할 수 있는 일과 직결되도록 집중시킬 것을 당부했다.

○ 선치교蟬峙校 박朴 교사 가정방문을 통해 어린이에 효행심 일깨워
- 전남매일신문, 1979년 03월 21일

일선교사로 근무한지 8년동안 박영희朴英姬 교사(28, 신안군, 지도면 선치국민교)는 부모 모시는 마음가짐을 꾸준히 어린이들에게 가르쳐 온 것이 개구쟁이 몸가짐에서 그 효과를 보게되자 학구민의 칭송이 높다. 박朴교사는 효도의 본질을 터득 효를 몸소 실천하여 친정 부모와 시부모를 똑같이 받들어 어린이들이 본받을 수 있도록 했으며 부모님께 걱정을 끼치지 않고 사회에 이바지하는 것이 오늘날의 부모 모시는 길임을 깨닫고 실천에 옮겼다. 또한 가정 방문을 통해 집단 생활소에서 개개인이 갖추어야 할 가족간의 윤리를 깨우쳐주어 불화없는 가정을 이끌어 가게했다. 어린이에게는 효행일기를 쓰게 하여 문집을 만들어 모든 학생이 실천한 효행을 비교해 본받게 했다.

○ 충무공忠武公 동상 피아노 기증寄贈 선치 국교國校에
- 전남매일신문 1979년 04월 10일

9일 신안군 지도면 선치초등학교 충무공동상 제막식이 있었다. 이동상은 성成대진씨(서울 충무로4가)가 사재를 들여 건립했는데 서울 충무로4가 새마을 지도자회는 이학교에도 피아노 1대와 볼펜 50개를 기증했다. 그리고 서울 영희 초등학교 육성회장 김金정대씨는 벽시계 1개, 충무로4,5가동 충효사상 추진위원장은 타올 120개를 기증했다.

○ 수석首席 최동식崔東植 군 1년 재수再修…거의 도서관 생활
- 동아일보 1979년 05월 24일

"합격 되기만 바랐을뿐 수석은 생각도 못했습니다"

서울 관악冠岳구 신림新林 1동 433의 36 박종인朴鍾仁 씨 집의 단칸 자취방에서 사법고시 수석합격의 소식을 전해들은 최동식崔東植군(22·서울대 법대 법학과4년)은 영광을 고향에 계신 부모님에게 돌리고 싶다며 기쁨을 감추지 못했다. 전남全南 신안新安군 지도智島면 선도蟬島리에서 농사를 짓는 최자운崔子云씨(49)의 3남 3녀중 장남인 최崔군은 목포중고를 거쳐 1년간의 재수 끝에 76년 서울대에 입학, 11년간 객지에서 하숙집과 자취방을 전전해 왔다는데 "아침 6시반에 등교, 밤9시반에 귀가할 때까지 수업시간 이외의 대부분의 시간동안 도서관에서 공부한 것이 큰 도움이 된 것 같다"고 말하고 "공부를 더한뒤 판사쪽을 택해 불우한 사람을 위해 일하고 싶다"고 장래 포부를 밝혔다.

II
선도의 지명 이야기

류동진

1. 마을

1) 주동(蛛洞)

현재 선도의 행정중심지이며, 현재 지도읍 선도출장소, 선도보건진료소, 선도치안센터가 있다. 과거 남악이라 불렸던 마을과 주동, 진변을 포함한다. '준나리'로 불리기도 한다. '주동'이라는 지명은 지형이 '거미혈' 형세라는 풍수에 따른 것이라 한다.

2) 매계(梅溪)

선도의 남쪽에 위치한 마을로, 주민들은 마을의 형세가 닭이 알을 품고 있는 모습이라고 한다. 『한국지명총람』[1]에는 박씨들이 이주했을 때 전에 살던 동네인 해남군 화원면 매계리의 이름을 따서 동명을 붙였다고 기록되어있다.

3) 석산(石山) / 독산(犢山)

선도의 동쪽에 위치한 마을로, 『한국지명총람』에는 부근에 독(돌)이 많았다고 한다. 주민들의 증언에 의하면 송아지 독犢자를 사용하는 독산이 올바른 명칭이라 한다.

4) 대촌(大村)

선도의 중앙에 위치한 마을로, 『한국지명총람』에는 큰몰로 기록되어 있다. 대촌마을에는 큰마을大村이라는 이름과 같게 큰 규모의 우물이 보존되어 있다.

5) 북촌(北村)

선도의 북쪽에 위치한 마을로, 『한국지명총람』에는 '큰몰 북쪽에 있는 마을'로 기록되어있고, 신안군홈페이지 마을유래에는 부락이 맨 북쪽에 위치한다 하여 붙여진 지명이라 한다.

6) 남악(南岳) / 남악이

선치초등학교가 있는 자리에 위치한 마을로서, 현재는 주동에 포함되어있다. 『한국지명총람』에는 큰몰 남쪽, 대덕산 밑에 위치한 마을로 기록되어있다.

---

[1] 『한국지명총람』은 한글학회에서 1964년 간행작업을 시작하여 1986년 완간된 지리서이다. 행정구역 및 강·포구·산·숲·여울·웅덩이 등의 자연지명과 고적을 비롯하여, 서낭당·빨래터·미륵터 등의 인공지명 등에 이르기까지 자세하게 기록되어 있다.

2. 여(바위)

1) 여끝, 삼형제바위

선도의 동남쪽, '작은 울둘목'이라고 불리는 선착장 인근에 위치해 있는 바위로 여끝 또는 삼형제바위로 불리기도한다 썰물로 물이 빠지면 갯벌 위로 3개의 바위가 드러나고, 밀물이 되면 바다로 잠긴다.

2) 김치바위

선도의 동남쪽에 위치한 바위이며, 과거 바위 위에서 김치를 담궜다고 하여 김치바위라 불린다. 미네바우로 불리기도한다.

3) 넉바위(넉바우)

선도의 동쪽에 위치하며, 배가 풍랑으로 아녀자들이 떼죽음을 당해, 무당굿을 하고 이들의 넋을 달랬다고 하여 넉바위(넋바위)라고 불린다.『한국지명총람』에는 넙바우, 석산 뒤에 있는 넓은 바위라고 기록되어있다.

4) 문바위(문바우)

선도의 북동쪽에 위치하며,『한국지명총람』에는 선바우 동쪽에 있는 바위로 문처럼 생겼다고 기록되어있다.

5) 선바위(선바우)

선도의 북쪽에 존재하며, 유래는 알 수 없다,『한국지명총람』에는 선바웃재 동쪽에 있는 바위로 우뚝 서있다고 기록되어있다. 선바위 주변에는 물이 좋아 주막이 있었다고 한다.

6) 개바위(개바우)

선도의 북서쪽에 존재하며, 『한국지명총람』에는 쇠낭나리에 위치한 바위로 기록되어있다.

7) 호랑이바위

범덕산 정상에 위치한 바위이며, 형상이 호랑이가 입을 벌리고 앉아있는 형상이라고 한다.

3. 섬

1) 청도(靑島)

선도의 남쪽에 위치하며, 현재 간척으로 선도와 이어져있다.

2) 지예이

선도의 서남쪽에 위치하는 섬으로, 사람이 살고있지 않은 무인도이다.

3) 일정도

선도의 서남쪽에 위치하는 섬으로 현재 간척으로 선도와 이어져있다. 일

정도라는 명칭은 솥고름같이 생겼다하여 붙여진 이름이다. 군부대가 위치하였다고 한다.

4. 산

1) 월미산

등산로 입구에 위치한 산으로 유래는 알 수 없다.

2) 대덕산

선도에 위치한 산으로 월미산 위에 위치하여있다. 『한국지명총람』에는 큰 몰 서남쪽에 있는 산으로 기록되어있다.

3) 호덕산(범덕산)

선도의 서쪽에 위치한 산으로, 『한국지명총람』에는 범이 깃들어 있다고 기록되어있다.

4) 북촌뒷산

선도 북쪽에 위치한 산으로, 북촌 뒷편에 있다고 하여 북촌뒷산이라고 불린다.

5. 골짜기

1) 조비동(세라골)

등산로 입구에 위치하였으며, 새가 날아가는 모양이라고 하여 조비동이라 불린다. 매계마을에서는 세라골이라고 불린다.

2) 뒷재

매계마을에서 학교로 이어지는 길로 서낙군재라고 불리기도한다. 『한국지명총람』에는 쇠낭골재라고 기록되어 있으며, 남악(남악이)에서 매계로 넘어가는 고개로 기록되어있다.

3) 앞재

산 입구 앞에 위치하였으며, 매계앞재, 앞재라고 불리기도 한다.

4) 소나리

범덕산 끝부분에 위치하였으며, 유례는 알 수 없다.

5) 절터(산당)

대덕산 중하부에 위치한 곳이다. 과거 아이 출산을 돕는 산파할머니가 거주하였던 곳으로, 이후 동자가 들어와 살았다하여 절터라고 불린다.

6. 묘지

1) 금계포

밀양박씨 박세태 묘역 일대를 '닭이 알을 품고 있는 형국'에서 해안가 박씨 묘역이 알에 해당하는 모습으로 금계포 또는 금계치라고 불린다.

2) 금등산

북촌마을 가는 길에 위치하고 있으며, 밀성박씨 추모공원을 지칭한다.

7. 갯벌

1) 정굴 (매계뻘)

선도의 서쪽에 위치한 뻘로, 정굴, 젓굴, 매계뻘로 불린다.

2) 방죽굴

선도의 서남쪽, 매계마을에서 남쪽에 위치하고 있으며 방죽골, 방죽굴이라고 불린다. 유례는 알 수 없다.

3) 새구먹(감투나리)

선도의 북동쪽에 위치한 뻘로 새구먹, 감투나리라고 불린다.

4) 뒷뻘

선도의 북쪽에 위치한 뻘로, 북촌 뒤에 위치한 뻘이라고 하여 뒷뻘이라고 불린다.

5) 어망(漁網)등(통)

선도의 북서쪽에 위치하였으며, 『한국지명총람』에는 밑에 어장이 있었다고 기록되어있다. 주로 민어, 농어 등이 잡혔다.

8. 바다

1) 앞강

선도의 선착장이 있는 남쪽 해안과 고이도 사이의 해협을 지칭한다.

2) 뒷강

선도의 북쪽에 위치하여 있으며, 북촌과 부사도 사이의 해협을 지칭한다.

3) 작은 울둘목

앞강 일대의 해협을 지칭한다. 바다 밑에 암초가 발달하여 작은 울둘목으로 지칭한다.

9. 항구

1) 선도선착장

진변에 위치한 선착장으로, 무안군 신월마을을 잇는 배와, 가룡항을 잇는 배 2개의 노선이 존재한다. 과거 고이도와 연결되었고, 진변나루라고도 불린다.

2) 북촌나루

선도의 북동쪽에 위치한 선착장으로, 과거 선도의 주요 선착장이었다. 과거 지도읍 회산지역 잇는 배가 존재하였고, 이는 주요 생활권이 지도와 밀접했다고 볼 수 있다.

10. 논경지

1) 새주덕들

대덕산 아래 위치한 큰 논으로, 선도에서 가장 큰 들이다. 주변에는 저수지 2곳이 조성되어 있다.

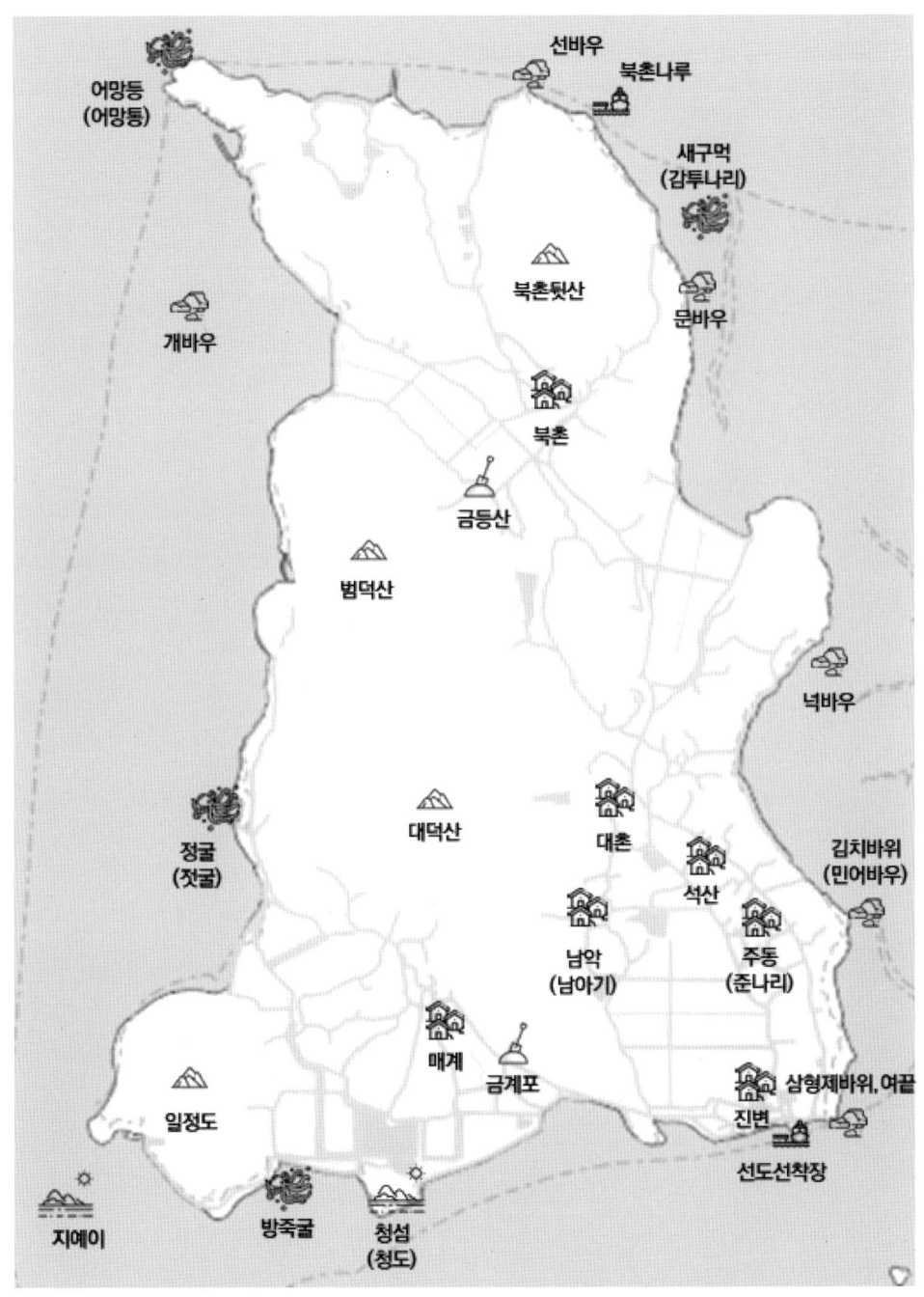

선도의 지명(현지 주민의 제보를 토대로 지도위에 재구성)

III
선도의 설화

송기태

1. 물 위에 뜬 섬, 선도

선도에 전하는 이야기 중에 '선도는 바다 위에 뜬 섬'이라는 말이 있다. 인근 섬들에 비해 식수 사정이 좋고, 해안가에서 민물이 솟아나기 때문이라고 한다. 과거 가뭄이 들었을 때에도 선도 사람들은 식수 걱정을 하지 않을 정도였고, 인근 병풍도, 마산도, 고이도 등지에서 식수를 구하기 위해 찾아오곤 했다. 특히 공동묘지가 있었던 넋바위들 아래 해안가는 '모래바탕'이라고 하여 모래사장이 발달해 있는데, 썰물로 해안이 드러나면 민물이 솟아난다. 그래서 인근 섬지역에서 식수가 부족할 때 모래바탕에 와서 쪽박으로 물을 떠가곤 했다.

2. 바다의 좁은 수로를 부르는 이름 '앞강'과 '뒷강'

선도를 비롯한 인근 섬사람들은 섬과 육지, 섬과 섬 사이로 흐르는 좁은 해협을 '강'이라고 부른다. 선도에서는 선착장이 있는 남쪽 해안과 고이도 사이의 해협을 '앞강'이라고 하고, 북쪽 북촌과 부사도 사이의 해협을 '뒷강'이라고 한다. 그리고 선착장이 있는 앞강 일대는 물살이 빠르게 흐르고, 바다 밑에 암초가 발달하여 '작은 울둘목'이라고 한다. 이와 유사하게 인근 암태도에서도 남쪽의 해협을 '남강'이라고 하고, 북쪽 해협을 '북강'이라고 한다.

3. 독사가 없는 섬

선도에는 독사가 없다고 한다. 인근 섬에는 여러 종류의 독사가 서식하는데, 선도는 일반 뱀은 있어서 독사는 없다는 것이다. 그 이유는 섬 가운데 있는 범덕산이 호랑이 형상이라서 독사가 들어와도 죽어버리기 때문이라고 한다.

4. 대덕산 절터

선도 대덕산 중하부에 절터가 있다. 지금은 흔적이 거의 사라졌지만, 과거에는 대덕산 중하부에 절터 자리도 있고 인근에 우물과 조그만 논도 있었다. 전설에 따르면 이 절에는 비구니들만 살았다고 한다. 근래에는 주민들이 운동 삼아 산에 올라서 절터 인근의 약수를 받아먹기도 한다.

5. 범덕산 호랑이 바위

범덕산 봉우리는 멀리서 보면 호랑이처럼 생겼다. 정상의 바위가 150m 정도 길게 뻗어 있는데, 율도 쪽에서 보면 호랑이가 입을 벌리고 앉아있는 형상이라고 한다. 그 옛날 나무로 불을 지펴서 밥을 하고 보온을 하던 시절 범덕산에 호랑이가 있었는데, 마을 사람이 땔나무를 하기 위해 소나무 밑을 갈퀴로 긁다가 호랑이를 긁어버렸다고 한다. 이에 깜짝 놀란 호랑이가 발로 할퀸 곳이 큰 봉우리가 돼 버렸다고 한다.

6. 범덕산 명당과 샘물

범덕산은 영험한 산으로 명당으로도 알려져 있다. 과거 자손발복을 위해 많은 사람들이 범덕산에 묘를 안장했는데, 아무에게나 복을 주는 명당이 아니었다. 그래서 대부분의 후손들이 묘를 이장해갔다고 한다. 1950년대 한 집안에서 명당이라고 하여 범덕산 정상 부근에 인근에 묘를 안장하기도 했으나 후손들에게 좋지 않은 일이 발생했다고 한다. 또 범덕산 정상 바위틈에서 자연스레 물이 고이는 샘이 있었는데, 한 여인이 생리한 속옷을 빨아서 샘의 물이 말라버렸다고 한다.

7. 매계마을 밀양박씨의 정착

매계마을에는 밀양박씨 숙민공의 5대손인 계한이 정착한 이야기가 전한다. 계한은 조선시대 인조반정으로 가문이 쇠락하자 해남군 후산리에 은신했다. 그곳에서 만난 지관이 '매미봉'이라는 명소를 찾아 부모를 안장하고 매미 선蟬 자와 매계라는 지명을 찾아 정착하면 부귀영화는 없어도 자손이 번창할 것이라고 했다. 이에 계한은 식솔을 거느리고 선도의 매계마을을 찾아 정착하였고, 지관의 말대로 자손이 번창했다고 한다.

8. 삼형제 바위

주동마을 해안가에 삼형제 바위가 있다. '작은 울둘목'이라고 불리는 선착장 인근에 위치해 있고, 썰물로 물이 빠지면 갯벌 위로 3개의 바위가 드러나고, 밀물이 되면 바다로 잠기는 곳이다. 옛날 아버지가 고기를 잡으러 갔다가 돌아오지 않자 삼형제가 여울에 나가서 아버지를 애타게 부르다가 실신하여 돌이 되었다는 전설이 전한다.

9. 넋바위

석산마을 해안가에 넋바위라는 바위가 있다. 옛날에 마을 아녀자들이 배를 타고 지금의 무안군 망운면 탄도리 방면으로 굴을 따러 갔다가 돌아오는 길에 풍랑으로 배가 침몰하면서 떼죽음을 당했다고 한다. 이에 마을에서는 해안가 바위 위에서 무당굿을 하여 이들의 넋을 달랬고, 그때부터 이곳을 넋바위라고 부른다.

10. 장사 이야기

옛날에 한 사람이 할아버지가 돌아가시자 관을 만들기 위해 선도에서 당산으로 모시는 나무를 구입했다고 한다. 당시에는 기계가 없어서 손수 톱으로 나무를 베고, 관을 만들 수 있도록 판자를 만들었다. 판자 7장을 만들어 놓았는데, 혼자서 한 번에 7장의 판자를 짊어지고 내려온 장사가 있었다고 한다.

11. 김치바위

섬사람들은 근래에까지 김치를 담글 때 바닷물로 배추를 절였다. 선도에서는 해안가 일대가 모래사장이나 갯벌로 되어 있어서 평평한 바위가 있는 곳을 찾아 채소를 절였다. 주동마을에서는 해안가에 평평한 바위가 있어서 이곳에 모여 채소를 절였다. 그래서 주민들은 김치를 담글 때 사용하는 바위라고 하여 '김치바위'라고 한다.

바닷물로 김치를 절이는 섬 사람들
사진은 반월도 주민이 해안가에서 무김치를 절이는 장면으로 선도 사람들도 이처럼 바닷물을 이용하여 김치를 절였다.

12. 도깨비와 씨름한 이야기

과거 선도에 초등학교가 있었을 때 박우천 교장 선생님이 있었다. 학교에서 집으로 가기 위해서는 작은 재를 넘어가야 했는데, 어느 날 술을 거나하게 마시고 재를 넘어가다가 정상 부근에서 키가 큰 사람이 갑자기 씨름을 하자고 했다. 술에 취한 중에도 '사람은 오른쪽이 강하고, 도깨비는 왼쪽이 약하다'는 말을 기억하고, 도깨비와 한참 씨름을 하여 결국에는 이겼다. 씨름에 이긴 후에 허리띠를 풀어서 도깨비를 나무에 묶어놓았는데, 다음날 가서 보니 빗자루 몽둥이가 묶여 있었다고 한다.

IV
선도의 옛 사진

신안군 선도출장소(가고 싶은 섬 추진위원회) 제공

선치공립공민학교 제1회졸업기념(1950.5.3)

선치교 제5회 졸업기념(1954.2.25.)

선치교 제5회 졸업기념(1954.2.25.)

선치교 직원 일동(1960.3.11.)

선치 국민학교 행사 사진

선치 국민학교 23회 졸업기념(1972.2)

선치 국민학교 28회 졸업기념(1977.2)

선치 국민학교 33회 졸업기념(1982.2.18)

선치 초등학교 학생들 소풍 장면

선치초등학교 운동회(1976.10.20)

선치 국민학교 제 34회 졸업기념(1983.2.18)

선치 국민학교 35회 졸업기념(1984.2.21)

선치교 28회 추기체육대회 기념사진
(1957.10.21.)

선치교 행사 웅변대회 학생 발표 모습
김일성을 고발한다 웅변

선도 전통돌담과 아이들 모습

선도 사람들 단체 기념사진

선치교 4-1 학급기념(1971.11.25.)
학생수가 가장 많았던 시기

1975년 벼다수확왕 기념사진

선도 전통결혼식 사진

결혼한 신혼부부 사진(추정)

전통복장을 한 선도 옛 여성 모습

선도 돌담길과 여성 모습 | 1999년 선도 전통민가

선도 옛 어르신들 모습

다양한 옷을 입고 있는 선도 사람들

선도의 전통가옥 풍경

부록
신안군 수선화섬 조성 및 지원 등에 관한 조례

(제정) 2018.10.05 조례 제2060호

제1조(목적) 이 조례는 신안군의 아름다운 자연경관과 늘푸른 생태환경을 조성하기 위한 테마가 있는 수선화섬 조성 및 지원 등에 필요한 사항을 규정함을 목적으로 한다.

제2조(정의) 이 조례에서 사용하는 용어의 뜻은 다음과 같다.
1. "수선화섬"이란 신안군 지도읍 선도 마을 전체를 말한다.
2. "수선화섬 조성"이란 선도의 자연경관을 이용하여 농촌관광자원화와 동시에 주민의 삶의 질을 향상시켜 누구나 찾고 싶은 섬을 조성하는 것을 말한다.

제3조(수선화섬 조성 지원) 신안군수(이하 "군수"라 한다)는 효율적이고 체계적인 섬관광자원 개발을 위한 수선화섬 조성을 위하여 다음 각 호의 사업에 대하여 행정적·재정적 지원을 할 수 있다.
1. 수선화 재배단지 조성 및 경관조성에 따른 소득보존 지원
2. 각종 축제 및 행사 개최 등 수선화 섬 홍보 및 주민 참여사업
3. 섬 방문객을 위한 숙박시설 신축·개축 및 편의시설 지원
4. 섬 방문객의 교통편의 증진을 위한 여객선 증편·신설·운임 지원
5. 수선화섬 조성과 관련된 인물과 연관된 시설에 대한 지원
6. 그 밖에 수선화섬 조성 및 활용을 위하여 군수가 필요하다고 인정하는 사업

제4조(위원회의 설치) 수선화섬 조성에 관한 다음 각 호의 사항에 관하여 심의하고 군수의 자문에 응하기 위하여 군수 소속으로 신안군 수선화섬 조성 추진위원회(이하 "위원회"라 한다)를 둔다.
1. 수선화섬 조성 및 지원 계획의 수립에 관한 사항
2. 수선화하우스 관리 및 조성에 관한 사항
3. 수선화섬 홍보 및 주민참여 사업에 관한 사항
4. 주민 및 전문가의 의견수렴과 민원에 대한 협조사항
5. 그 밖에 수선화섬 조성 및 지원에 관하여 위원장이 필요하다고 인정하는 사항

제5조(위원회의 구성) ① 위원회는 위원장 1명과 부위원장 2명(당연직과 위촉직 각 1명)을 포함하여 10명 이내의 위원으로 구성한다.
② 위원회의 위원장은 군수가 되고, 부위원장 중 당연직 부위원장은 수선화섬 조성 업무담당 부서장이 되며, 위촉직 부위원장은 위원 중에서 호선한다.
③ 위원회의 위원은 다음 각 호의 어느 하나에 해당하는 사람 중에서 군수가 임명

또는 위촉한다.
1. 신안군 지도읍 선도의 주민대표
2. 수선화섬 조성 업무를 담당하는 공무원
3. 농촌관광에 대한 학식과 경험이 풍부한 사람
4. 그 밖에 수선화섬 조성사업에 관심이 있는 축제 및 경관농업 분야에 관한 전문성을 갖춘 사람

제6조(위원의 임기) ① 위원의 임기는 2년으로 한다.
② 위원의 사임 등으로 인하여 새로 위촉된 위원의 임기는 전임위원 임기의 남은 기간으로 한다.

제7조(위원의 해촉) 군수는 위원이 다음 각 호의 어느 하나에 해당하는 경우에는 해당 위원을 해촉할 수 있다.
1. 심신장애로 직무를 수행할 수 없게 된 경우
2. 직무태만, 품위손상이나 그 밖의 사유로 위원으로 적합하지 아니하다고 인정되는 경우

제8조(위원장의 직무) ① 위원장은 위원회를 대표하고, 위원회의 업무를 총괄한다.
② 위원장이 부득이한 사유로 직무를 수행할 수 없을 때에는 당연직 부위원장이 그 직무를 대행한다.

제9조(위원회의 운영) ① 위원회의 회의는 재적위원 3분의 1이상의 요구가 있거나 위원장이 필요하다고 인정하는 경우에 위원장이 소집한다.
② 위원회의 회의는 재적위원 과반수의 출석으로 개의(開議)하고, 출석위원 과반수의 찬성으로 의결한다.
③ 위원회의 회의를 개최한 때에는 회의록을 작성하고 갖추어 두어야 한다.

제10조(의견의 청취) 위원회는 직무수행을 위하여 필요할 때에는 관계 공무원 및 전문가의 의견을 청취하거나 자료 및 의견 제출 등을 요구할 수 있다.

제11조(시행규칙) 이 조례의 시행에 필요한 사항은 규칙으로 정한다.

부 칙(2018. 10. 05. 조 2060)
이 조례는 공포한 날부터 시행한다.

참고문헌

1부 | 수선화의 섬 선도의 현재와 미래

국립목포대학교 도서문화연구원, 「섬을 읽는 15가지 열쇠말」, 전라남도, 2020.
신안군, 「가고 싶은 섬 선도 기본계획안」, 2020.
_____, 「가고 싶은 섬 가꾸기 사업계획서: 고이도, 매화도, 사치도, 장병도」, 2020.
_____, 「가고싶은섬 공모지원 연구용역: 가란도, 선도, 재원도, 당사도」, 2019.
신안군 통계연보(https://www.shinan.go.kr/)
대한민국 구석구석, '종교와 예술이 어우러진 순례자의 섬, 기점·소악도'(https://korean.visitkorea. or.kr/detail/rem_detail.do?cotid=56d7be9b-4de6-4e1a-965f-baf374acc1f1)

2부 | 역사 속 선도와 문화유산

『광주일보』
『전남매일신문』
『동아일보』
목포대 도서문화연구원, 『도서 문화유적 지표조사 및 자원화 연구』 6권 지도읍 편, 2006.
신안군, 『2020 신안군 통계연보 VOL.60』, 「III. 인구」, 2020.
신안군지편찬위원회, 『신안군지4:신안의 섬 이야기』, 2017.
오횡묵(저)·김정섭·김형만(역), 『(국역)지도군총쇄록』, 신안문화원, 2008.
오횡묵(저)·김형만(역), 『국역 심진록』, 신안문화원, 2015.
박기남 어르신(1958년생, 북촌출신) 면담 내용·(22.02.08)
박종삼 어르신(1936년생, 매계출신) 면담 내용·(22.01.15)

3부 | 선도 사람들의 민속과 생활문화

『문헌통고(文獻通考)』: 왕실용어
EBS, 《바닷가 사람들 - 갯벌이 품은 황금! 신안 낙지잡이》, 2021.
고광민, 「나룻배와 나루터 이삭줍기 기행」, 『도서문화』 28, 목포대 도서문화연구원, 2006.
국립민속박물관, 특별전 -막걸리 거친 일상의 벗(http://makgeolli.nfm.go.kr/index.php)
국립민속박물관, 『한국세시풍속사전』, 2006.
김지순, 「전통음식: 제주 먹거리 문화의 향후 과제와 그 개선점」, 제주도교육청, 2005
목포대 도서문화연구원, 『도서 문화유적 지표조사 및 자원화 연구』 6권 지도읍 편, 2006.

신안군지편찬위원회, 『신안군지』, 신안군, 2017.
신안문화원(www.shinanculture.net)
이광규, 『한국인의 일생』, 형설출판사, 1985.
이동필·최경은, 『향토음식산업의 육성 방안』, 한국농촌경제연구원, 2007.
임돈희, 『조상제례』, 대원사, 1990.
지안, 『역학백과사전』, 하이, 2013.
최덕원, 『다도해의 당제-신안군을 중심으로』, 학문사, 1983.
표인주, 『남도민속학』, 전남대학교출판부, 2010.
한국민속대백과사전(https://folkency.nfm.go.kr/kr/topic/detail/112)
한국민족문화대백과사전(http://encykorea.aks.ac.kr/Contents/Item/E0017613)
한국일생의례사전(folkency.nfm.go.kr)
한국학중앙연구원, 『향토문화전자대전』
허경희·박종오, 「압해도의 세시풍속과 의미」, 『도서문화』18, 목포대 도서문화연구원, 2000.

4부 | 선도의 자연환경

국토교통부 2022, 국토지리정보원, 국토정보플랫폼 (https://www.ngii.go.kr/kor/)
신안군, 2020. 『신안군 통계연보』, 신안군청(https://www.shinan.go.kr)
한국일보, 2020년 2월 12일자(https://www.hankookilbo.com/News/Read/202002121067062428)
환경부, 2022, 환경공간정보서비스(https://egis.me.go.kr/main.do)
환경부 국립생물자원관, 2020, 한반도의 생물다양성(https://species.nibr.go.kr/index.do)

5부 | 선도 사람들의 삶

시흥시사편찬위원회, 『시흥 농촌 사람들의 생활과 문화』(시흥시사 5권), 2007
최성환, 『천사섬 신안 섬 사람 이야기』, 크래편 2013
한국세시풍속사전, 『낙지잡이』
행정안전부 주민등록 인구통계, 「전라남도 신안군 지도읍 선도출장소」, 2022

이 저서는 2020년 대한민국 교육부와 한국연구재단의 지원을 받아 수행된 연구임 (NRF-2020S1A6A3A01109908)

도서해양교양문고 10

수선화의 섬,
선도

초판 1쇄 발행 2023년 5월 29일

지은이 최성환 · 송기태 · 박성현 · 이경아 · 김재은 · 이성운
연구책임자 최성환
펴낸이 홍종화

편집·디자인 오경희 · 조정화 · 오성현 · 신나래
　　　　　박선주 · 이효진 · 정성희
관리 박정대

펴낸곳 민속원
창업 홍기원
출판등록 제1990-000045호
주소 서울시 마포구 토정로 25길 41(대흥동 337-25)
전화 02) 804-3320, 805-3320, 806-3320(代)
팩스 02) 802-3346
이메일 minsok1@chollian.net, minsokwon@naver.com
홈페이지 www.minsokwon.com

ISBN 978-89-285-1836-4
SET　978-89-285-0266-0　94450

ⓒ 최성환 외, 2023
ⓒ 민속원, 2023, Printed in Seoul, Korea

저작권법에 의해 한국 내에서 보호를 받는 저작물이므로 무단전재와 복제를 금합니다.
이 책 내용의 전부 또는 일부를 이용하려면 반드시 저작권자와 민속원의 서면동의를 받아야 합니다.